MATKALLA ESPANJASSA

Teija Försti

MATKALLA ESPANJASSA

suomalaisten kokemuksia ennen seuramatkoja

Kiitos Suomen tietokirjailijat ry:lle, joka on tukenut apurahalla kirjan kirjoittamista.

Kustantaja: BoD · Books on Demand, Mannerheimintie 12 B, 00100 Helsinki, bod@bod.fi
Kirjapaino: Libri Plureos GmbH, Friedensallee 273, 22763 Hampuri, Saksa

ISBN: 978-952-80-9654-2

Sisällysluettelo

LUKIJALLE

Ollakseen tavallisten turistireittien varsilla on Espanja liian kaukainen, liian eristetyssä asemassa ja senvuoksi se tavalliselle eurooppalaiselle onkin kenties tuntemattomampi kuin monet muut Euroopan kolkat.[1]

Keväällä 1950 *Etelä-Suomen Sanomissa* todettiin oikean matkakuumeen vallanneen suomalaiset sodan jälkeen. Kaipuu kaukomaille oli suljettujen sotavuosien jälkeen niin voimakas, että jokainen, jolla siihen oli mahdollisuus, pyrki matkustamaan ulkomaille. Matkakuumeen seurauksena oli myös matkakirjallisuus herännyt kukoistukseensa. Lehdessä arvioitiin toimittaja ja kirjailija Tapio Hiisivaaran edellisenä syksynä ilmestynyttä matkakirjaa *Hurja, viehkeä Espanja.* Kirjaa pidettiin aihepiiriltään tuoreena, sillä Espanja oli ollut pitkään eristyksissä ja matkailijoiden reittien ulottumattomissa.

Ajanjakso 1940–1950-luvun taitteessa oli erityinen, koska Espanja oli vasta toipumassa repivästä ja kansaa jakaneesta sisällissodasta ja sitä seuranneesta henkisesti ja taloudellisesti ankarasta vuosikymmenestä. Maa alkoi 1950-luvun taitteessa avautua uudelleen muulle maailmalle. Suomalaisille matkailijoille tämä näkyi keventyneinä matkustusmuodollisuuksina, mutta vielä 1940-luvun lopulla viisumia oli vaikea saada. Espanjan lähetystösihteeri oli siirretty Tukholmaan vuonna 1945, ja

7

Espanjan ja Suomen väliset viralliset suhteet olivat jäissä noin kahdeksan vuoden ajan.[2]

Espanjaa hallitsi sisällissodan jälkeen uusi diktaattori, kenraali Francisco Franco, aina kuolemaansa vuoteen 1975 asti. 1950-luvun kuluessa matkailusta alkoi kasvaa tuottoisa elinkeino. Matkailun edistäminen vaati uusien teiden ja hotellien rakentamista sekä uutta työvoimaa. Francon hallitus myönsi muun muassa lentokenttien modernisointiin varoja. Turismilla haettiin samalla kansainvälistä hyväksyntää Francon johtamalle espanjalaiselle yhteiskunnalle.[3] Ongelmatonta kasvava turismi ei silti ollut. Turismi elinkeinona toi köyhtyneeseen maahan toivottua valuuttaa ja taloudellisia mahdollisuuksia, mutta Franco pelkäsi suurien matkailijamäärien tuovan mukanaan myös vapaamielisiä ulkomaalaisia ja moraalia rappeuttavia vaikutteita.[4]

Matkailun kasvu alkoi 1950-luvun alussa näkyä myös perinteisten kulttuurinmuotojen kaupallistumisena ja kallistuneina hotellihintoina sesonkiaikoina. Vielä oli kuitenkin pitkä matka tähän päivään, jolloin massaturismin lieveilmiöt ovat alkaneet herättää suurimittaista vastustusta paikallisissa asukkaissa.

Tämä käsillä oleva kirja kertoo suomalaisten matkailijoiden kokemasta Espanjasta ennen järjestettyjen seuramatkojen ja räjähdysmäisesti kasvaneen massaturismin aikakautta. Kirjan matkaajat olivat alussa mainitun Tapio Hiisivaaran kaltaisia ammatikseen kirjoittavia ihmisiä, jotka jakoivat Espanjan kokemuksiaan julkaistuissa matkakirjoissa ja -kertomuksissa. Kirjan keskeisenä lähdeaineistona olevat matkakertomukset ajoittuvat pääosin Espanjan sisällissodan (1936–1939)

8

jälkeiseen aikaan, 1940-luvun loppuun ja 1950-luvun alkuun. Ajallista perspektiiviä tuomassa yhtenä päälähteenä on ollut myös yksi 1920-luvun lopulla julkaistu matkakirja, kirjailija Tyyni Tuulion nimimerkillä Jeannette kirjoittama matkakirjeiden kokoelma.

Suomalaiset eivät 1900-luvun ensimmäisellä puoliskolla matkustaneet – ainakaan ensisijaisesti – kuvitellun ikuisen auringonpaisteen takia Espanjaan. Heitä ohjasi suurelta osin kiinnostus kulttuuriin, mutta jopa Tyyni Tuulio myönsi Andalusian lämmön houkuttavan syksyllä 1926 Madridin kylmissä kirjastoissa vietettyjen viikkojen jälkeen:

Kun suomalainen kerran pääsee näille leveysasteille – ja kun Madridin marraskuu alkaa olla niin kolea, että hyvä auringonpaiste (Sevilla) tai hyvä keskuslämmitys (Helsingin) tuntuvat perin haluttavilta – ottaa hän mistä tahansa sen ajan ja ne pesetat, jotka tarvitaan pientä etelän kierrosta varten.[5]

Lähteinä olevat matkakertomukset ovat täynnä aistivaikutelmia, joten aistien näkökulma kulkee mukana yhtenä kirjan teemoista. Matkustamisessa korostuu katsomisen merkitys, sillä paikkoja mennään ensisijaisesti *katsomaan*. Mutta matkanteko Espanjassa tuntui myös koko kehossa. Elokuun kuuma ja helteinen sää oli suomalaisille usein lähes sietämätön kokemus. Majoituspaikat olivat kesällä niin kuumia, että yöllä oli mahdotonta saada unta. Syysaikaan matkustaneita ilahdutti Suomen syksystä poikennut lämmin sää. Talven koleus sai kaipaamaan Helsingin keskuslämmitettyä kotia. Espanjan äänimaailmaan kuuluivat

9

esimerkiksi kirkonkellot, suomalaisten korvaan ihmisten äänekkäämpi puhe ja eläinten, kuten aasien ja muulien äänet. Espanjassa tarjottu ruoka maistui ja haisi oudolta, öljyltä ja valkosipulilta, mutta myös mehukkailta ja hyvältä tuoksuvilta appelsiineilta ja uusilta vihanneksilta, joille ei oikein edes tuntunut löytyvän suomenkielistä nimeä.

Lukuisien moskeijoista kirkoiksi historian aikana muovautuneiden rakennusten, katedraalien ja museoiden taideaarteiden lisäksi espanjalaisen arjen kulttuurissa, tavoissa ja sosiaalisessa kanssakäymisessä oli suomalaisilla ihmettelemistä. Ihmisten joustavuus, vieraanvaraisuus ja ystävällisyys tuntui hiljalleen tarttuvan matkaajiinkin. Kaikkialla vastaan tullutta köyhyyttä oli vaikea ohittaa. Kerjäävät lapset ja etelän rantojen kalastajien hökkelikylät tyrmistyttivät, kunnes kaikkeen hiljalleen tottui – jos tottui.

Espanja oli käytännössä 1950-luvun lopulle asti harvojen suomalaisten matkakohde, ja vasta seuraavilla vuosikymmenillä 1960–1970-luvuilla matkailu arkipäiväistyi paketoitujen seuramatkojen myötä koskemaan kaikkia yhteiskuntaluokkia. Ennen seuramatkojen aikakautta ilmestyneet matkakertomukset avasivat ikkunan Espanjaan niille aikalaisille, jotka vasta saattoivat haaveilla matkustamisesta kauas Euroopan toiselle laidalle. Samalla näissä matkakertomuksissa tuotettiin espanjalaisuudesta mielikuvia, jotka jäivät elämään pitkäksi aikaa. Matkaajat kertoivat paikallisista ihmisistä ja heidän tavoistaan, liikkumisestaan eri puolilla Espanjaa ja vierailemistaan paikoista, kylistä ja kaupungeista.

Matkakirjallisuutta tutkinut Yrjö Varpio on kuvannut matkasta kirjoittamista eräänlaiseksi uudeksi matkaksi. Matkakertomus on

10

kirjoittajansa laatima kirjallinen esitys aiemmin tehdystä fyysisestä matkasta.[6] Nykyajan Espanjan kävijöille matkakertomuksista löytyy tunnistettavia asioita ja paikkoja, mutta niiden välittämä kuva Espanjasta vaikuttaa myös kovin vieraalta. Tämän kirjan lähteinä olleet vanhat matkakertomukset lisäävät ymmärrystä Espanjan historiasta ja kiinnostavasta murroskohdasta Espanjan matkailun historiassa, ja samalla ne tarjoavat kirjallisen matkan jo kadonneeseen aikaan.

SUOMALAISET MATKAAJAT

Turisti! Kuten lienet huomannut, hyvään matkakirje- ja matkakirja-
tyyliin kuuluu torjua se lukijan aivoissa mahdollisesti syntynyt har-
hakäsitys, että kirjoittaja lukeutuisi turisteihin. Kirjoittaja ryydittää
tekstinsä sarkastisilla huomautuksilla siitä kuinka turistit käyttäyty-
vät, kun taas hänen o m a matkustusmenetelmänsä lankeaa johonkin
korkeampaan kategoriaan.[7]

Kirjailija ja kääntäjä Sinikka Kallio-Visapää julisti matkaesseekokoel-
mansa *Santiagon simpukka* (1952) alkusivuilla olevansa matkakirjaili-
joiden halveksima "halpa-arvoinen turisti". Samalla hän teki pilaa mat-
kakirjailijoista, jotka halusivat kaikin tavoin esittää olevansa parempia
matkailijoita kuin "tavalliset turistit". Myöhemmin hän kuitenkin suo-
rastaan paheksui turisteja, jotka hänen mielestään täyttivät ja pilasivat
Andalusian pääkaupungin Sevillan.

Yhtenä matkakirjallisuudelle tunnistettavana piirteenä on pidetty
sitä, että matkailun lisääntyessä matkaajat alkoivat kirjoituksissaan ko-
rostaa eroa turisteihin. Matkakirjallisuutta tutkineen Ilona Lindhin mu-
kaan vapaaehtoisessa matkailussa on jo 1800-luvun lopulta nähty kaksi
ryhmää: itsenäisyyttä ja autenttisuutta etsivät *matkailijat* ja toisaalta *tu-*
ristit, jotka kuluttavat ennalta määrättyjä turistinähtävyyksiä ja -palve-
luita. Lindh on esittänyt, että omaehtoisten matkailijoiden suhde turis-
miin on usein ristiriitainen, sillä he saattavat käyttää samoja palveluita
kuin turistit. Toisaalta he haluavat myös erottautua turisteista

12

esimerkiksi ottamalla tarkkailevan position näihin nähden.[8] Matkailun tutkimuksen määritelmissä turistien on ajateltu ahtautuvan sinne, minne kaikki muutkin menevät. Toisin kuin omia polkujaan kulkeva matkaaja, turisti ei näe vaivaa kokeakseen jotain ainutlaatuista.[9]

Tämän kirjan suomalaisia voisi varsin perustellusti kutsua omaehtoisiksi matkailijoiksi, mutta tästä huolimatta muilta turisteilta oli mahdotonta välttyä suosituissa kulttuurikohteissa, kuten Sevillassa ja Alhambran palatsissa Granadassa. Nämä suomalaiset matkaajat viettivät pitkiä aikoja Espanjassa ja kiersivät eri puolilla maata. Kuvailisin heitä myös kulttuurimatkaajiksi, sillä heidän matkojensa ytimessä oli espanjalaiseen kulttuuriin ja yhteiskuntaan perehtyminen eri tavoin. He puhuivat tai ymmärsivät espanjan kieltä ainakin jossain määrin, mikä oli myös avain kulttuurin paremmin ymmärtämiseen.

Myös sosiologi Antti Karumo on Aurinkorannikon eläkeläisiä käsittelevässä tutkimuksessaan todennut Jeannetten [Tyyni Tuulio], Tapio Hiisivaaran, Håkan Mörnen ja Simo Penttilän kuvanneen traditionaalista Espanjaa ja aikaa ennen turismin tuloa kultivoituneen kulttuurimatkailijan katseella.[10] Lisään tähän Espanjaa kiertäneiden suomalaisten kulttuurimatkaajien listaan vielä fiktiivisen ritarin don Quijoten jalanjälkiä seuranneen toimittaja Soile Järvelä-Kaireniuksen ja taidehistoriallisia matkaesseitä kirjoittaneen Sinikka Kallio-Visapään.

Kirjailija ja kirjallisuudentutkija Tyyni Tuulio teki muutaman kuukauden mittaisen Espanjan-matkan puolisonsa kielentutkija Oiva Tallgren-Tuulion kanssa syksyllä 1926.[11] Molemmilla oli Espanjaan liittyvät kirjalliset työnsä valmisteilla, ja matkaa varten oli saatu apurahaa.[12]

13

Espanjassa pariskunnan pääkohde oli Madrid, missä he työskentelivät kaupungin kirjastoissa ja mistä käsin he tekivät retkiä muihin kaupunkeihin, Toledoon, Sevillaan ja Granadaan. Kyseessä oli siis osin työmatka, jonka seurauksena syntyi Tyyni Tuulion kirjoittamia *Uusi Suomi* -lehdessä syksyllä 1926 julkaistuja matkakirjeitä. Matkakirjeiden julkaiseminen sanomalehdissä oli ulkomailla matkustaneelle sivistyneistölle niin tavanomaista, että *Uusi Suomi* -lehdessä todettiin seuraavasti: "Sellainen kirjailijatoimintahan kuuluu meillä melkein hyvään tapaan."[13]

Tyyni Tuulion nimimerkillä Jeannette kirjoittama matkakirjeiden kokoelma *Me lähdimme Ranskaan ja Espanjaan* julkaistiin seuraavana vuonna. Tuulio pakinoi Jeannette-nimimerkillä espanjalaisesta arjesta matkansa jälkeen myös *Kotiliesi*-lehdessä. Matkalle lähdön päätavoitteena ollut Espanjan kirjallisuuden historiaa käsittelevä laaja teos ilmestyi vasta vuosia myöhemmin.

Toimittaja ja kirjailija Tapio Hiisivaara korosti olevansa keräämässä tietoja pitkään eristyksissä olleesta Espanjasta elo-syyskuussa 1949 tekemällään matkalla. Kyseessä oli jo hänen kahdeksas Espanjan matkansa. Hiisivaara kiersi junalla laajasti eri puolilla Espanjaa. Toisinaan hän tunsi halua jäädä johonkin kauniiseen tai mielenkiintoiselta vaikuttaneeseen paikkaan, mutta tämä olisi hänen mukaansa ollut "turistailua". Kokeneen Espanjan kävijän teos *Hurja, viehkeä Espanja* ilmestyi hyvin nopeasti neljä viikkoa kestäneen matkan jälkeen. Matkan tuloksena ilmestyi lisäksi *Helsingin Sanomissa* julkaistu artikkelisarja.

14

Kirjailija Håkan Mörne kierteli eri puolilla Andalusiaa joulusta 1950 eteenpäin noin neljän kuukauden ajan vaimonsa Svanhildin kanssa. Näiden kuukausien aikana hän teki lisäksi retkiä andalusialaisiin pikkukaupunkeihin ja -kyliin ruotsalaisen musiikintutkijan Dan Grenholmin seurassa tavoitteenaan päästä tutustumaan paikalliseen romanikulttuuriin. Håkan Mörnen kertomus Andalusian-matkasta julkaistiin ruotsiksi vuonna 1951 nimellä *Spanskt Paradis. En resa i Andalusien*. Suomeksi kirja ilmestyi vuonna 1952 Kai Kailan käännöksenä nimellä *Aurinkoista Andalusiaa*. Kirjan valoisasta nimestä huolimatta kirjailija pohtii siinä toistuvasti Espanjan poliittisia ja taloudellisia epäkohtia eikä pyri antamaan matkakokemuksistaan liian paratiisillisia mielikuvia. Kirjan ilmestyessä Mörne oli jo saavuttanut mainetta matkakirjoillaan. WSOY:n kirjamainoksessa kerrottiin kuuluisan maailmanmatkaajan vaeltaneen Espanjaa kaukana turistien valtateiltä "mustalaisten luolakylissä, sardiininkalastajien ja vuoristoasukkaiden majoissa ja viinikaupunkien sokkeloissa".[14]

Aiemmin mainitun Sinikka Kallio-Visapään teos *Santiagon Simpukka* (1952) on tyyliltään lähempänä kaunokirjallisuutta kuin perinteisiä matkakertomuksia. Kirjan matkaesseissä Kallio-Visapää tarkastelee Espanjan taide- ja kulttuurihistoriaa asiantuntevasti ja samalla älykkään humoristisella tavalla. Kirjaa markkinoitiin etenkin taiteesta ja historiasta kiinnostuneille lukijoille. Muiden suomalaisten matkakirjoista poiketen espanjalaisen arjen ja tapojen kuvaaminen jää tässä teoksessa vähäisemmälle huomiolle, mutta kirjailija tekee teräviä havaintoja maan ihmisistä ja yhteiskunnallisesta tilanteesta, etenkin kasvaneen turismin seurauksista.

Matkaesseissä tunnutaan useimmiten liikkuvan ajallisesti enemmän menneisyydessä kuin niiden kirjoittamisajankohdassa, mihin kiinteimmin liittyi matkanteon väline. Kallio-Visapää kutsui kulkuvälineenä käyttämäänsä henkilöautoa ja autonkuljettajaa "Shelliksi" viitaten sillä hauskana sanaleikkinä pyhiinvaeltajien tunnukseen simpukkaan ja simpukkatunnuksestaan tunnettuun energiayhtiöön. Kirjailijan matka Espanjaan alkoi Ranskasta Santiago de Compostelaan johtavalta reitiltä ja jatkui pyhiinvaelluskohteesta edelleen Valladolisiin, Salamancaan ja Madridiin. Kallio-Visapään matkaesseet eivät reitistä huolimatta kuvanneet kirjailijan omaa pyhiinvaellusmatkaa. Kirjallisuudentutkija Veli-Matti Pynttäri on osuvasti todennut matkaesseiden olevan autolla taitettu matka Santiago de Compostelan syvään kulttuurihistorialliseen maastoon.[15]

Paremmin kirjailijanimellään Simo Penttilä tunnetun toimittaja-kirjailija Uuno Ilmari Hirvosen matkakirjan *Linna Espanjassa* (1953) alaotsikko "matkakuvia" kuvaa osuvasti kirjan sisältöä tyylillisesti ja rakenteellisesti. Kirjan luvut ovat humoristiseen sävyyn kirjoitettuja eloisia kuvauksia keväällä 1951 ja syksyllä 1952 Espanjaan tehtyjen matkojen varrelta. Penttilä vieraili lyhyesti myös Tangerissa, Marokossa. Kirjan nimi saa selityksen teoksen alussa. Kun suomalainen haaveilee matkoista, hän rakentaa tuulentupia ja pilvilinnoja. Pilvilinna-sanonnan eräs ranskalainen vastine on *Château en Espagne* ja englantilainen vastine on *Castle in Spain* eli linna Espanjassa. Sanonta paikallistaa

pilvilinnat, mistä syystä Penttilä valitsi tämän kirjansa oivalliseksi ni-
meksi. Kepeällä tyylillään kirja poikkesi huomattavasti samoihin aikoi-
hin matkansa tehneen Håkan Mörnen yhteiskunnallisesti suuntautu-
neesta matkakertomuksesta ja Sinikka Kallio-Visapään taide- ja kult-
tuurihistoriallisista matkaesseistä. Matkakirjansa lisäksi Penttilä kir-
joitti yksinoikeudella *Uusi Suomi* -lehdelle tarkoitettuja matkakuvauk-
sia Espanjasta.

Penttilän kirjan keväällä 1953 arvostellut *Länsi-Savo* -lehden toimit-
taja totesi suomalaisten matkustushalun kasvaneen vuosi vuodelta yhä
suuremmaksi. Kesälomien lähestyessä matkailijat olivat suuntaamassa
lentokoneilla, junilla ja turistibusseilla kohti suosittuja kohteita, kuten
Ruotsia ja Välimeren maita. Nämä alueet olivat olleet suosittuja jo en-
nen sotaa, ja uudeksi suomalaisten suosikkikohteeksi oli tuloillaan Es-
panja edullisten valuuttakurssien ansiosta. [16]

Toimittaja Soile Järvelä-Kaireniuksen joulumarkkinoille vuonna
1955 ilmestynyt matkakirja *Don Quijoten Espanja* johdatteli lukijansa
Espanjan sydämeen La Manchaan. Innoituksen matkaansa Järvelä-Kai-
renius sai länsimaisen romaanitaiteen isänä pidetyn espanjalaisen kir-
jailijan Miguel de Cervantesin (1547–1616) kahtena niteenä julkais-
tusta veijariromaanista *Don Quijote* (1605 ja 1615). [17] Järvelä-Kai-
reniuksen matkakirja julkaistiin 350 vuotta Cervantesin klassikon en-
simmäisen osan ilmestymisen jälkeen. Matkaseurana oli puoliso, toi-
mittaja Erkki Edvard Kairenius, josta kirjassa käytetään lempinimeä
Bueno (suom. Hyvä). Puolison lempinimi oli lainattu *Don Quijote* -

teoksesta, sillä se oli ritariksi ryhtyneen don Quijoten eli Alonso Quijano Buenon elämänsä varrella saama lisänimi.[18]

Pariskunnan Espanjan-matka toteutui vuonna 1954, ja se kesti kuusi viikkoa. Matka alkoi lennolla Helsingistä Madridiin, mistä retki jatkui kohti don Quijoten oletettua kotikylää Argamasilla de Albaa ja päättyi Barcelonan rannikolle. Vuodesta 1944 lähtien *Uusi Suomi* -lehden toimittajana työskennellyt Järvelä-Kairenius kirjoitti lehdelle lisäksi artikkeleita tästä fiktiivisen ritarin jalanjäljissä tekemästään Espanjan-matkasta.

Viittaan lyhyemmin muutamaan kirjaan, joiden kirjoittajat vierailivat Espanjassa samoihin aikoihin kuin edellä mainitut matkaajat. Pakinoitsija ja kirjailija Heikki Sakari Marttilan eli Arijoutsin pakinakokoelma *Melkein Afrikassa* kertoo vuonna 1949 rahtilaivalla tehdystä matkasta, jonka aikana vierailtiin kahdeksassa eri maassa mukaan lukien Espanjassa, Almerian kaupungissa Andalusiassa. Arijoutsi työskenteli *Helsingin Sanomissa*, jossa osa matkapakinoista julkaistiin jo ennen matkakirjan ilmestymistä. Kirjasta tuli varsin suosittu, ja siitä otettiin nopeasti toinen painos.

Aarne Haapakoski eli Outsider kertoo kirjassa *Filmausmatka maurien maahan* (1953) filmiryhmän pari kuukautta kestäneestä matkasta Espanjaan ja Marokkoon vuonna 1952. Málagassa elokuvaryhmä vietti kaikkiaan lähes neljä viikkoa. Tämä oli ensimmäinen kerta, kun suomalainen elokuvaryhmä lähti kuvaamaan elokuvaa kauemmaksi kuin vain naapurimaihin. Matkalla kuvattiin komediaelokuvaa *Rantasalmen sulttaani* (1953), joka sai aikalaisyleisöltä heikon vastaanoton. Elokuvan juoni kytkeytyi epäsuorasti 1950-luvulla suosittuihin Outsiderin kirjoittamiin Pekka Lipposen ja Kalle-Kustaa Korkin seikkailuihin. Elokuva kertoo Ville Lipposesta (Oke Tuuri) ja tämän sihteeristä (Esa Pakarinen), jotka matkustavat Outsiderin kutsumina Málagaan. Filmiryhmä kuvasi Málagassa esimerkiksi suuria tanssikohtauksia, joissa esiintyi paikallisia romaneja. Elokuvan kuvauspaikkoina toimivat muun muassa Gibralfaron mauriaikainen linnoitus sekä härkätaisteluareena.

19

JUNASSA

Jos tahtoo nähdä sen maan kansaa, jota on tullut katsomaan, alku-
asukkaita, tyyppejä, on oikeastaan matkustettava kolmannessa luo-
kassa. [19]

Millä tavoin suomalaiset matkaajat liikkuivat Espanjassa? Suomalais-
ten suosima kulkuväline Manner-Espanjan kaupunkien välillä liikku-
essa oli juna, sillä maantiet olivat usein huonossa kunnossa ja autokanta
vanhaa. Junassa saattoi vaihtuvien maisemien ohella seurata muita mat-
kustajia ja heidän tapojaan. Katsominen ja tarkkailun kohteena olemi-
nen oli vastavuoroista, sillä myös suomalaiset kiinnostivat paikallisia
ihmisiä.

Espanjalaisten ihmisten ystävällisyys ja vieraanvaraisuus kiinnitti
suomalaisissa huomiota. Hyviin espanjalaisiin tapoihin kuului tarjota
omista matkaeväistä ensin muille, mistä Tyyni Tuulio oivalsi nopeasti
seuraavan olennaisen seikan: "Tämä on nähtävästi silkka muodollisuus
(kaunis muodollisuus), sillä asiaan kuuluu vastata vain "pitäkää hy-
vänänne", joka tässä yhteydessä sanottuna merkinnee samaa kuin sak-
salaisten "Mahlzeit".[20]

Tähän samaan vieraanvaraiseen tapaan Simo Penttilä viittasi matka-
kirjassaan noin parikymmentä vuotta myöhemmin. *Bodegassa* eli viini-
tuvassa oli kohteliasta ottaa vastaan espanjalaisen tarjoama viini, mutta
junassa tilanne oli aivan toinen:

20

Junassa sen sijaan ei pidä hyväksyä eväitten jakotarjousta, minkä
jokainen espanjalainen tekee pakettinsa avattuaan. Niinikään ei sovi
ottaa sananmukaisesti nöyrää palvelijaanne taikka että taloni on ko-
konaan teidän. Ne sanonnat ovat periytyneet menneiltä ajoilta niin
kuin teitittelymuodon usted, joka on lyhennys teidän armostanne,
vuestra merced.[21]

Myös Tapio Hiisivaara kirjoitti tästä kohteliaasta tavasta. Eräällä juna-
matkalla vastapäätä istunut nuori nainen tarjosi hänelle maan tavan mu-
kaan eväslaukkunsa sisältöä. Kokeneena Espanjan matkaajana Hiisi-
vaara kommentoi tällaisen seremonian kuuluvan Espanjassa asiaan.
Syömään käydessä tarjottiin aina toisille, ja tästä kuului kiittää. Kos-
kaan ei kuitenkaan pitänyt tehdä sellaista vakavaa erehdystä, että ottaisi
tarjouksen vastaan:

Olen saanut lukemattomia kertoja hengessäni kiemurrella lukiessani
kuvauksia matkoista Espanjassa, joissa ulkomaalaiset ovat ihastel-
leet espanjalaisten tapaa jakaa vierailleen matkaeväänsä. Sellaiset
poloiset eivät ole tunteneet espanjalaisen kohteliaisuuden alkeita-
kaan ja ovat nolanneet itsensä perin pohjin. Espanjalaiset ovat vain
niin hienotunteisia, etteivät halua saattaa toisia noloon asemaan kes-
keyttämällä tarjoilunsa.[22]

21

Täysissä junanvaunuissa kohtasi monenlaisia ihmisiä. Paikallisten ihmisten joustavuus teki erityisen vaikutuksen Tyyni Tuulioon junamatkalla Toledosta Madridiin. Vaunussa matkusti nuorten sotilaiden lisäksi vanhoja rouvia ja kirkonmiehiä, jotka kaikki katsoivat nuorten menoa huvittuneina, "miltei hellästi", kuten Tuulio kommentoi. Vanhempaa kirkkoherraa suorastaan nauratti poikien huudot ja ilonpito. Tuulion oman sietokyvyn rajat olivat kuitenkin koetuksella:

Viereisillä penkeillä oli nuoria sotapoikia, kuusi iloista veikkoa, jotka nähtävästi olivat käyneet Toledon juhlilla ja nyt palasivat kasarmiin. Ja taas sain ihmetellä espanjalaisten hyväntuulisuutta ja pitkämielisyyttä. Sillä nämä pojat pitivät niin hirvittävää meteliä, että kaikki pohjoismaisen tädin ainekset minussa nousivat pystyyn. He lauloivat niin että korvia huumasi, tanssivat (junan kulkiessa) niin että tomu lensi silmiini ja antoivat viinipullon kiertää. En luule, että he olivat hutikassa, se ei kuulu maan tapoihin, vaan luulen, että he pikemminkin tahtoivat hukuttaa koti-ikävänsä ja jonkin muun surun hyvään valkoviiniin ja repäisevään esiintymiseen. Mutta luuletteko, että kukaan muu pahentui kuin minä. Ei edes matkatoveri, joka leikkii espanjalaista.[23]

Kun edes "espanjalaista leikkinyt" puoliso ei pahastunut nuorten miesten ilonpidosta, Tyyni Tuulion oli todettava: "Eipä siinä auttanut muu kuin kuolettaa pahentuva pohjoismainen täti itsessään ja nauraa mukana. Nyt ollaan Espanjassa."[24]

22

Suomalaiset ihmettelivät myös tavaramääriä, joita espanjalaiset näyttivät aina kuljettavan junissa mukanaan. Erilaisten laatikoiden, korien ja vasujen lisäksi mukana kuljetettiin lemmikki- ja kotieläimiä, koiranpentuja, kanoja ja jopa kilipukkeja. Matkallaan Astorgasista Salamancaan Hiisivaara todisti, miten junaan nousi väliasemalta nelihenkinen perhe, jolla oli matkatavaroiden lisäksi mukanaan neljä suurta ruukkukasvia. Oudoin perheen mukanaan kuljettamista matkatavaroista oli kokoon taitettu sateenvarjo, sillä alueella ei ollut satanut puoleentoista vuoteen. Ruukkukasvien sijoittelu aiheutti pienimuotoisen konfliktin, koska konduktöörin mielestä ne veivät liikaa tilaa. Apuun pyydetty kansalliskaartilainen ratkaisi asian toteamalla, että ruukut eivät häirinneet muita, koska perheellä oli oma välikkö. Hiisivaaralle tämä oli yksi esimerkki espanjalaisten joustavuudesta: "Espanjalaisilla on aimo annos joustavuutta kaikissa asioissa. Joskus se tuntuu kiusalliselta, mutta enimmäkseen sen hyväksyy täydellisesti. Varsinkin jos itse haluaa ottaa asiat rauhallisesti."[25]

Joustavuutta ja kykyä sietää odottamista tarvittiin myös Málagasta Granadaan kulkevassa pikajunassa eli *Rapidossa.* Juna ei täysin vastannut nimeään, sillä matkan varrella juna teki lukuisia pitkiä pysähdyksiä. Espanjalaisia tämä "etanan vauhti" ei tuntunut häiritsevän, mutta Håkan Mörne oli turhautunut:

He tuntuvat viihtyvän junissaan ja olen vakuuttunut, että he olisivat valmiita istumaan niissä päiväkausia vain kokeakseen sen epäilyttävän nautinnon, että näkevät toistensa parransängen kasvavan.[26]

Ihmisiä täydessä vaunussa eväineen ja tavaroineen. "Los de la orden botijil",
Inocencio Medina Vera, 1907, CC0.

Rautateillä matkustamisen huonoja puolia oli avonaisista ikkunoista si-
sälle leijuva noki, joka levisi kaikkialle ja tarttui matkustajien kasvoi-
hin. Hiisivaara kuvaili erästä junamatkaa, joka koetteli koko kehoa ikä-
västi. Juna keikkui kuin laiva merellä, joten oli vaikea pysyä pystyssä,
jos piti kiinni vain yhdellä kädellä. Jokaisen kiskonjatkon kohdalla
vaunu hyppi ja heittelehti edestakaisin. Meteli oli niin kova, että vierus-
toverille oli huudettava. Vaunun puuosat ritisivät ja valittivat, ylös nos-
tetut ikkunat hyppäsivät itsestään alas ja matkalaukut olivat vaarassa
tipahtaa alas hyllyiltä. Tunnelma oli erityisen tiivis matkustajien tö-
niessä toisiaan ja keikkuessaan kilpaa vaunun kanssa.

Kaikki junat eivät toki olleet samanlaisia. Parempaa kyytiä sai mak-
samalla enemmän matkasta, ja junissa oli alueellisia eroja. Pohjoisen
junat tuntuivat Tyyni Tuuliosta tilavilta ja jopa erinomaisilta, mutta ete-
lärannikolla junanvaunun likaisuus hirvitti häntä. Vaunuun noustiin
oven ja ikkunan yhdistelmästä, eikä vaunussa ollut minkäänlaista käy-
tävää:

*Onneksi oli vaunu aika tyhjä, ja pysyi tyhjänä. Ja jos onnistui um-
mistamaan silmänsä sen "etelämaisuudelta", etten sanoisi likaisuu-
delta, ja katseli uljaita vuorimaisemia, jotka levisivät molemmille
puolille, sivuuttaen kylien ja kaupunkien sunnuntaista rauhaa ja ih-
mistyyppien värikkyyttä, tuli matkasta siedettävä, vieläpä nautintori-
kas.*[27]

Moottorikiitojunassa matkustaminen oli miellyttävämpi liikkumisen tapa kuin paikallis- tai postijunat. Tällaisessa junassa oli vain ensimmäinen ja toinen luokka sekä baari ja voileipätarjoilua. Moottorikiitojuna pysähtyi ainoastaan suuremmilla asemilla, joten matkakin kulki joutuisammin. Tällaiseen junaan pääsi vain paikkalipulla, mikä lisäsi sen mukavuutta verrattuna edullisempiin juniin. 1940-luvun lopulla matkalla olleen Tapio Hiisivaaran mielestä tämän kaltaiset junat olisivat sopineet mainiosti myös Suomen rautateille. Molemmissa maissa etäisyydet olivat suuria ja radat vanhanaikaisia, heikkoja ja mutkikkaita.

Simo Penttilän mielestä Madridin eteläpuolella olisi kaikkiaan ollut järkevämpää lentää, sillä se ei 1950-luvun alussa ollut paljonkaan rautateitse liikkumista kalliimpaa ja junamatkailussa oli omat ongelmansa:

Asia on vain sillä lailla, että junassa matkustaminen tässä vuoristomaassa ei ole ihanaa. Outo ruoka ja aterioiden ajat aiheuttavat helposti vatsavaivoja; junassa saa lisäksi pelätä suolisolmua. Ja junat lähtevät aina epäkristilliseen aikaan ja saapuvat perille pimeässä.[28]

KANSOJEN VÄLISTÄ YSTÄVYYTTÄ

Vanha, käheä-ääninen venemies tuli soutamaan meitä Atlantille. Ja mikä ihme! Hän tiesi, mikä on Suomi. Tiesi, että se on suuren juoksijan Nurmen kotimaa. Samaa tapahtui muuten jo Pariisissa, jossa hotellipoika vieläpä lausui Nurmen nimen aivan oikein: Nurmi, eikä Nyrmii. [29]

Matkansa alussa Tyyni Tuulio iloitsi, miten odottamattomalta aina tuntui, kun Suomi ja suomalaiset tunnettiin maailmalla. Millä tavoin espanjalaiset suhtautuivat suomalaisiin vierailijoihin ja mitä he Suomesta tiesivät?

Granadassa kävi ilmi, että Suomi tiedettiin kaupungissa aivan erityisestä syystä. Granadan oma poika, kirjailija Ángel Ganivet toimi Helsingin konsulina vuosina 1896–1898, ja hänen kirjoittamiaan artikkeleita Suomesta oli julkaistu granadalaisessa lehdessä. Kirjeet julkaistiin myöhemmin kirjana nimeltä *Cartas finlandesas* (1905, *Suomalaiskirjeitä* suom. 1964). Eräs "poste restanten virkamies" kertoi Tuulioille Ganivetin olleen onnettomasti rakastunut suomalaiseen naiseen. Kyseessä oli nuori Marie Sophie Diakovsky, joka oli toiminut Ganivetin kieltenopettajana Helsingissä ja joka innoitti tätä kirjoittamaan runoteoksen ranskaksi. Suhde tai yksipuolinen ihastus päättyi kuitenkin

Ganivetin vakituisen naisystävän aiheuttamaan mustasukkaisuuskohtaukseen.[30]

Minä olen näillä matkoillani keskustellut monien oikein mukavien señorien kanssa. Heidän joukkoonsa mahtuu sekä professoreja että jarrumiehiä eikä puheisiin joutuminen olisi mitenkään mahdollista ilman: 1. kahviloita ja 2. junia. Hotellit ovat tietysti myös olleet suurena tukena, mutta turistien avulla ei tutustu maahan.[31]

Simo Penttilä kertoi päässeensä paikallisten miesten kanssa juttusille kahviloissa ja junissa, mutta naisten kanssa suomalaiset miespuoliset matkaajat pääsivät keskustelemaan vain satunnaisesti. Nuorten naisten seurassa oli aina joku sukulainen tai vanhempi nainen esiliinana varmistamassa ettei mitään sopimatonta päässyt tapahtumaan. Arkiasioissa heikollakin espanjan kielen taidolla pärjäsi mainiosti, sillä espanjalaisilla näytti olevan ilmiömäinen taito arvata vieraan ajatuksia. Läheisempi tutustuminen paikallisiin ihmisiin oli kuitenkin vaikeampaa.

Málagalaisessa kahvilassa Penttilä pääsi lyhyesti tutustumaan paikallisiin naisiin istahdettuaan täydellä terassilla erään almerialaisen miehen pöytään. Vieressä istuvia naisia nauratti ulkomaalaisen kömpelö espanjan kielen taito. Vanhemmat naiset puhuivat mielellään Penttilän kanssa, kun taas seurueen nuoret naiset ainoastaan hymyilivät ja olivat hiljaa. Naiset tiesivät Suomen vain nimeltä, mutta almerialainen mies kehui Suomen olevan sivistynyt ja sympaattinen maa sen perusteella, että eräs hänen tuttavansa tuttava oli käynyt siellä kahdesti.

Penttilä rohkaistui kysymään yhdeltä vanhemmista naisista, miten Málagassa viihtyvät ulkomaalaiset erosivat espanjalaisista. Hän oli valmistautunut kuulemaan taas jonkin "joutavanpäiväisen kohteliaisuuden", mutta yllättyneenä ulkomaalaisen kiinnostuksesta nainen vastasi kysymykseen rehellisesti. Nainen oli ollut vain vähän tekemisissä ulkomaalaisten kanssa, mutta hän ihmetteli sitä, miten julkisesti monet turistit ihmettelivät ja arvostelivat maan asioita. Espanjalainen ei koskaan ulkomailla tekisi sellaista. Nainen kertoi käyneensä vain kerran ulkomailla, Pariisissa. Ranskassa hänen mieheltään oli kyselty Espanjan sisäisistä asioista ja vieläkö Franco johti maata, mikä oli vaikuttanut epäkohteliaalta. Penttilä pelkäsi tahdittomalla kysymyksellään vaikuttaneensa täydeltä tomppelilta, mutta keskustelu päättyi nauruun. Naisten poistuttua pöytään jäänyt mies vakuutti keskustelun olleen naisille elämys, josta puhuttaisiin pitkään. Penttilän utelias kysymys ei ollut sisältänyt minkäänlaista arvostelua Espanjaa kohtaan, joten kaikki oli mennyt hyvin. Maataan koskevaa arvostelua espanjalaiset eivät nimittäin sietäneet.

Kohtaamisissa paikallisten kanssa ei yleensä puhuttu Espanjan yhteiskunnallisista ongelmista tai politiikasta. Näistä aiheista vaiettiin tai niitä koskeviin kysymyksiin vastattiin vältellen. Tapio Hiisivaara tulkitsi sen kymmenisen vuotta sitten päättyneen sisällissodan seuraukseksi, kun taas Penttilä liitti sen espanjalaiseen mentaliteettiin. Maassa ei ollut tapana valittaa vieraille puutteesta tai koettelemuksista: "Se ei suinkaan johdu hallituksen pelosta, vaan kansallisesta itsetunnosta ja ylpeydestä, mikä ei milloinkaan likaa omaa pesäänsä."[32]

Jokaisen oli helppo havaita maan puutteet, ja Espanjan koettelemuksista tiesi koko maailma, mutta espanjalainen ei halunnut puhua asioistaan vierailijoille.

Useimpien espanjalaisten tiedot Suomesta olivat joko hataria tai stereotyyppisiä. Etenkin kylmä sää liitettiin Suomeen. Tämän seikan Suomesta tiesi esimerkiksi eräs vanhempi mies, joka kertoi käyneensä kerran Kööpenhaminassa ennen ensimmäistä maailmansotaa ja näin ollen ilmoitti tuntevansa Suomen hyvin. Madridissa erään suuren liikkeen myyjä kertoi Simo Penttilälle tuntevansa suurta sympatiaa Suomea kohtaan ja Suomen varapresidentin vierailun herättäneen suurta arvostusta paikallisissa sanomalehdissä. Pienen pohdinnan jälkeen Penttilä oivalsi nimikirjainten perusteella, että kyseinen "varapresidentti" oli ollut virkamies ja urheiluvaikuttaja Erik von Frenckell.

Simo Penttilä kertoi seuraavan humoristisen jutun valdepeñalaisen hotellin omistajattaresta, joka saatuaan selville kirjailijan olevan suomalainen eikä ranskalainen, oli kiintynyt häneen kuin sukulaiseen:

Hänen hotellissaan oli näet kauan asunut muuan suomalainen, joka oli ollut ihastuttava ihminen; ei osannut lainkaan espanjaa ja vain muutaman sanan ranskaa eikä tutkinutkaan niitä vaan Valdapeñasin kuuluisaa viiniä. Sellainen señor oli pian saavuttanut koko tienoon luottamuksen. Hänessä oli ja hän ymmärsi sitä alegriaa, joka määrää espanjalaisen koko elämän tyylin.[33]

Espanjan kielen sana *alegria* merkitsee käännettynä iloa, mutta Penttilän mielestä sillä oli filosofisempi merkitys espanjalaisille. *Alegria* oli tapa suhtautua ikäviinkin asioihin hymyllä, koska niihin ei voi itse vaikuttaa. Se ei ollut kohtaloon alistumista puutteen ja koettelemusten keskellä, vaan kohoamista niiden yläpuolelle.

Córdobassa Penttilä eksyi liikemiehille tarkoitettuun yksityiseen klubiin. Ulkomaalaisena hän sai erityisen hyvää palvelua, ja pian tarjoilijat alkoivat arvailla hänen kansallisuuttaan. Kuultuaan Penttilän olevan Suomesta nuorempi tarjoilija luetteli iloisesti suomalaisten satamakaupunkien nimiä ja pari kirosanaa. Kävi ilmi, että tämä oli purjehtinut pari vuotta merillä ja vieraillut suomalaisissa satamissa. Hän moitti Suomen ilmastoa kylmäksi ja oli edelleen kirjeenvaihdossa lähellä Turkua asuvan naisen kanssa. Tarjoilija jopa loukkaantui Penttilän jättämästä juomarahasta, koska hehän olivat tämän keskustelun jälkeen ystäviä. Penttilän tarjoaman savukkeen jälkeen syntyi taas sopu, ja tarjoilija tarjoutui Penttilälle paikallisoppaaksi.

Mitään kovin ikäviä kohtaamisia paikallisten kanssa tai negatiivista kohtelua suomalaiset eivät kokeneet tai niistä ei ainakaan kirjoitettu. Poikkeuksen tähän tekee Håkan Mörnen kohtaamiset viranomaisten kanssa, mutta palataan tähän hieman myöhemmin. Espanjalaisten suhtautuminen matkailijoihin oli useimmiten ystävällistä ja vieraanvaraista. Vain merkittävien matkailukohteiden liepeillä pyörineet "ammattikerjäläiset" hermostuttivat suomalaisia matkaajia.

Sotasankareita

Toimittaja ja kirjailija Tapio Hiisivaara kirjoitti huomiota herättävän usein kohtaamistaan sotilaista ja poliiseista. Suomen sodista, joissa Hiisivaara oli itsekin taistellut mukana, ja maailmansodasta oli kulunut vasta joitain vuosia. Sota oli vielä 1940-luvun lopulla lähellä ajallisesti ja mentaalisesti. Hiisivaara kirjoitti myös toistuvasti tilanteista, joissa ihmiset alkoivat kehua suomalaisia sankareiksi kuultuaan, mistä hän oli kotoisin. Näin tapahtui esimerkiksi junassa matkalla La Coruñaan keski-ikäisen herrasmiehen kysyttyä hänen kansallisuuttansa:

Suomalaiset ovat sankareita, ja sitten hän kuuluttaa kansallisuuteni koko vaunuosastolle ja aivan ujostuttavan kunnioittava hiljaisuus seuraa, seitsemän silmäparin katsellessa minua niin myötämielisen näköisenä, että haluan vajota maan alle. Olemme heti kaikki ystäviä.[34]

Eräällä junamatkalla Hiisivaara kävi vilkasta keskustelua nuoren naisen ja siviilipukuisen sotilaan kanssa. Kun hän kertoi olevansa suomalainen, molemmat äännähtivät spontaanisti hyväksyvästi: "…on aivan liikuttavaa nähdä, miten he suhtautuvat sen jälkeen minuun kunnioittavalla ystävyydellä."[35] Sama toistui myös toisella matkalla Hiisivaaran käydessä keskustelua sodasta junailijan kanssa: "Hän suorastaan sulaa ja silmät välähtävät innokkaasti. – Suomen kansasta me espanjalaiset pidämme enemmän kuin mistään muusta." Hiisivaara jakoi

32

sotakokemuksiaan junailijan kanssa ja kuuli myöhemmin, miten tämä kuulutti asemasillalla kävellessään, että junassa matkusti suomalainen: "Todella yksi meikäläisistä. Katsokaa, että hän saa olla yksin ja rauhassa. Kukaan ei saa häntä häiritä."[36]

Näiden kohtaamisten kuvauksista tulee mieleen Hiisivaaran sotahistoriallisille teoksille ominainen isänmaallisuutta ja sankarillisuutta korostava romantisoiva tyyli, jonka tavoitteena oli suomalaisen identiteetin vahvistaminen.[37] Tämä todennäköisesti myös puhutteli suomalaista yleisöä sotien jälkeen. Väistämättä herää myös kysymys, missä määrin nämä kohtaamiset olivat kirjailijan värittämiä. Täysin keksittyjä ne tuskin silti olivat.

En tässä kirjassa paneudu syvemmin Espanjan ja Suomen välisiin suhteisiin maailmansodan aikana, mutta on aiheellista muistuttaa, että jatkosodan aikana Espanja lähetti joukkojaan taistelemaan Neuvostoliittoa vastaan. Virallisesti espanjalaiset joukot taistelivat Saksan armeijan tukena, mutta välillisesti espanjalaiset sotilaat tukivat suomalaisten sotaponnisteluja samoilla rintamilla.[38] Vaikka maiden viralliset suhteet olivat 1940-luvun lopulla hetkellisesti pakkasen puolella, yhteistä vihollista vastaan käyty sota yhdisti yksilöiden tasolla.

On myös hyvä muistaa, että suomalaisia oli vapaaehtoisina taistelemassa Espanjan sisällissodassa niin tasavaltalaisten kuin Francon kansallismielisten joukkojen puolella. Virallisesti Suomi oli puolueeton, eikä ottanut kantaa Espanjan sisällissotaan. Suurelle osalle suomalaisista Espanja maana ja Espanjan sisällisota oli kuitenkin etäinen 1930-luvulla.[39]

33

Guardia Civil

Kansalliskaarti eli *Guardia Civil* on sotilaallisesti järjestäytynyt ja asevoimiin kuuluva santarmilaitos, joka hoitaa pääosin poliisitehtäviä ja jonka tehtäviin kuuluu sekä siviili- että sotilastoimintoja. Francon diktatuurin aikana *Guardia Civil* tunnettiin ennen kaikkea Francon kansalliskaartina. Tästä syystä *Guardia Civil* oli sodan jälkeen monen sisällissodassa tasavaltalaisten puolella taistelleen pelkäämä toimija yhteiskunnassa. Tapio Hiisivaaran arvostus näitä aseistettuja miehiä kohtaan oli kuitenkin korkea ja välittyy hyvin seuraavassa lainauksessa:

Viereisessä välikössä istuu kaksi guardia civiliä, toisella konepistooli, toisella karpiini. Tarkkailen heitä silloin tällöin ja totean jälleen, että Espanjan kansan parhaimmisto on valittu tähän valiojoukkoon. He ovat todella joka suhteessa parhainta väkeä mitä Espanjasta suinkin löytää. He ovat tyyniä, harvapuheisia, vuosikausien auktoriteetin rauhoittamia ja ymmärtäväisiä. Heistä sanotaan, että he ovat ainoat miehet Espanjassa, joita ei voi lahjoa pienimmässäkään asiassa. Sellainen ylipoliisikunta olisi paikallaan muissakin maissa. [40]

Hiisivaaran näkemys kansalliskaartilaisten lahjomattomuudesta vaikuttaa kovin ylevältä. Se myös kyseenalaistuu, kun lukee galicialaisen toimittajan ja kirjailijan Nacho Carreteron kuvausta salakuljetuksen historiasta Galiciassa. Carreteron mukaan yhteispeli kansalliskaartin kanssa

34

siivitti salakuljetustoimintaa alusta alkaen sisällissodan jälkeen. Sala-kuljetustoiminta oli 1940-luvulla aluksi erilaisten välttämättömyystarvikkeiden, kuten elintarvikkeiden ja lääkkeiden salakuljetusta rajan yli. Toiminta oli alussa väkivallatonta, eikä sitä edes pidetty moraalittomana, koska ihmiset kituuttelivat säännöstelyannosten varassa. Kansalliskaartilaiset kärsivät nälästä, kuten muutkin, ja useimmiten juuri he ehdottivat voimien yhdistämistä.[41]

Kirjeenvaihtajana 1980–1990-luvun taitteessa Madridissa työskennellyt Markku Saksa on kirjoittanut paikallisten muistelemasta *Guardia Civilin* herättämästä pelosta sisällissodan jälkeisinä vuosina. Andalusiassa kansalliskaartilaiset vartioivat suurtilallisten maita. Päivätyöläiset, jotka erehtyivät nälän takia varastamaan viljaa, piestiin raa'asti. Kun kaikesta oli puutetta, ruuan salakuljettaminen oli yleistä. Eräs ruokaa salakuljettanut kertoi ajaneensa kansalliskaartin tiesuluista jopa läpi, jotta nämä eivät olisi varastaneet ruokalasteja. Myös poliiseilla oli nälkä. Sodan jälkeen puutteesta ja pelosta kärsivät kaikki muut paitsi yläluokka, johon kuuluivat suurtilalliset, korkeat virkamiehet ja upseerit.[42]

KÖYHYYTTÄ JA KERJÄLÄISIÄ

Matkaajat kohtasivat Espanjassa köyhiä ja kerjääviä ihmisiä kaikkialla missä liikkuivat, juna-asemilla, katukahviloissa istuessaan, kaupunkien kaduilla ja aukioilla sekä tunnettujen nähtävyyksien lähellä. Köyhyydessä elävien ihmisten kohtalo kosketti suomalaisia eri tavoin, samoin kerjäämisen eri muodot aiheuttivat vaihtelevia reaktioita.

Tyyni Tuulio kutsui 1920-luvulla Espanjassa kohtaamiaan kerjäläisiä "pyytäjiksi". Sanana "pyytäminen" viittaa enemmän luonnolliseen tarpeeseen kuin kerjääminen. Ihmiset pyysivät nälkäänsä. Tuulio kirjoitti kaikkiaan enemmän kulttuurista kuin sosiaaliluokkien eroista tai yhteiskunnallisista ongelmista, mutta muiden suomalaisten naispuolisten matkaajien tavoin hän kiinnitti huomiota etenkin lasten eriarvoiseen asemaan espanjalaisessa yhteiskunnassa.

Madridin Retiro-puistossa Tuulio näki lapsia leikkimässä hoitajiensa valvonnassa: "Toisin sanoen rikas, ylhäinen Madrid, köyhät lapset taas ajelehtivat kaduilla."[43] Köyhän kansanosan vauvat kulkivat kerjäläis- ja kaupustelijaäitien mukana sylissä tai käsivarrella keskellä katujen vilinää, missä äidit viettivät päivänsä hankkien elantoa perheelle. Silmiinpistävää oli, että aivan pienillä tyttölapsilla oli jo korvakorut korvissa, olivat nämä sitten vauraasta tai köyhästä perheestä. Tuulion mielestä oli vaikea ajatella espanjalaista naista ilman korvakoruja, joten vaikutti

36

luonnolliselta, tosin myös kivuliaalta, että lääkäri napsautti reiät korviin jo aivan pienille tytöille.

Espanjalainen luokkayhteiskunta näkyi lasten puhtauden ja vaatetuksen tasossa sekä tekemisissä. Vauraan kansanosan lapsia valvottiin tiukasti. Köyhyys kosketti kuitenkin suurta osaa lapsista, jotka joutuivat jo varhaisessa vaiheessa elämäänsä kantamaan vastuuta omasta ja perheensä toimeentulosta. Paikalliset lapset toimivat esimerkiksi oppaana matkalaisille ja vierailijoille nähtävyyksiin, kauppoihin tai huvituksiin, jopa ilotaloihin.

Sinikka Kallio-Visapää kuvasi Burgosissa näkemiään "tenavia", jotka tappelivat kiihkeästi siitä, kuka ehtii kiillottaa matkailijoiden kengät. Lapset olivat oppineet jo aikuisten tavat ja tappelivat savukkeiden jämistä ja haistelivat ihastuneesti tupakan tuoksua. Samaan aikaan torikaivon ohitse käveli ylemmän sosiaaliluokan naisia kauniisti puettuine lapsineen ja mukanaan *dueña,* hoitaja.

Vuonna 1949 lyhyesti Almerían kaupungissa Kaakkois-Espanjassa vieraillut pakinoitsija Arijoutsi kirjoitti näkemistään eri-ikäisistä kerjäläisistä, joita riitti kaupungin kaduilla pienistä lapsista aina vanhuksiin asti. Ulkomaalaiset otettiin kaduilla vastaan jatkuvilla kerjäävillä lauseilla, ja innokkaimmat pyytäjät seurasivat kielloista huolimatta matkailijoita. Vaikka Arijoutsi kuvaili tätä kaikkea pakinoitsijalle ominaiseen humoristiseen sävyyn, kerjääminen näytti selvästi ahdistavan häntä. Kaupungissa kaikkialla näkynyt köyhyys herätti vaikutelman, että "sosiaalinen huoltotyö" oli Espanjassa aivan alkuasteillaan. Hän pohti näkemiään arpoja myyneitä sokeita vanhuksia, joita pienet pojat taluttivat:

Oletettavasti molemmat olivat yhteiskunnan hylkäämiä, jotka joutuivat etsimään turvaa toisistaan. Heidän asunto-osoitteensa saattoi tietenkin jokainen arvata; se johti kaikkein alkeellisimmin kaiverrettuun koloon Alcazaban kalkkikivivuoren rinteillä.[44]

Köyhyys ilmeni ihmisten alkeellisissa luola-asumuksissa, vaatimattomissa ruuissa ja vaatetuksessa. Almerían syrjäkatujen kauppojen ikkunoissa oli esillä hyvin vaatimattomia kenkiä, joiden pohja oli leikattu paksusta auton renkaan päällyskumista jalkaterän mittaiseksi. Tähän pohjaan oli kiinnitetty säkkikankaasta leikatut remmit, joilla jalkine pysyi jalassa. Tämä yksinkertainen kenkä kuvasi Arijoutsin mielestä osuvasti almerialaisen työläisen elintasoa. Satamatyöläiset ja muut työläiset työskentelivät ahkerasti, mutta työteho ei ollut yhtä tehokasta kuin muissa maissa johtuen varsin vaatimattomista ruoka-annoksista. Sataman malminlastaajat saivat palkkaa 20 pesetaa päivässä, mikä näytti jotenkin riittävän heidän elämiseensä, mutta ei paljon muuhun: "Kuinka heidän perheensä tulevat toimeen, sitä taas ei ymmärrä kukaan."[45]

Tavaraa oli tarjolla kaupoissa runsaasti, mutta espanjalaisten palkkatasoon nähden hinnat olivat liian korkeita. Mustan pörssin kauppa ja kaikkialle levinnyt korruptio ja nepotismi estivät yhteiskunnan kehittymistä. Arijoutsi kertoi espanjalaisten yrittäjien toivovan Francon vallan päättymistä ja kuningasvaltaan paluuta puhtaasti bisneksen takia.

38

Uudelta järjestelmältä odotettiin jälleen kauppasuhteiden avautumista muun maailman kanssa. Maatalous tarvitsi kipeästi lannoitteita ja teollisuus uusia koneita. Espanjan omille tuotteille, kuten maataloustuotteille, hedelmille ja viinille, kaivattiin ulkomaalaisia markkinoita, Tavallinen kansa taas toivoi muutosta mihin tahansa, joka kohottaisi elintasoa ja vapauttaisi painostavasta eristäytyneisyydestä. Pieniä merkkejä paremmista ajoista oli jo nähtävissä, sillä amerikkalaiset pankit olivat myöntäneet maalle luottoa ja Espanjan tilanteesta keskusteltiin kansainvälisesti.

Tapio Hiisivaara kirjoitti samana vuonna (1949) loiston ja kurjuuden elävän kaikkialla Espanjassa rinnakkain. Espanjalaisia ja etenkin kastilialaisia ihailevalta Hiisivaaralta ei riittänyt myötätuntoa Andalusian kerjäläisille: "Espanjassa on, eräitä etelän kerjäläisiä lukuunottamatta, ihmeen helppo pitää ihmisistä."[46] Hiisivaara ei erityisemmin kauhistellut kohtaamaansa köyhyyttä, sillä ihmiset näyttivät hänen mielestään hyväksyneen elämänsä olosuhteet osana kohtaloaan, johon ei itse voinut vaikuttaa:

Melkein kaikkialla muualla olisivat sellaiset ihmiset surkeita, alistuneita ja sairaita. He tuntisivat alennustilansa ja häpeäisivät. Mutta eivät nämä. Köyhiä on aina ollut ja tulee aina olemaan ja he sattuvat olemaan köyhiä. Entä sitten?[47]

Espanjalaisten elämänasenne, jonka ansiosta köyhinkin ihminen saattoi kantaa kurjuutensa taakan arvokkaasti, perustui Håkan Mörnen

39

mielestä omalaatuiseen uskonnollisuuteen: "Espanjalaista kiinnostaa melkoisen vähän mitä hänelle tapahtuu tässä elämässä, mutta kaikki sen ajallisten rajojen ulkopuolella oleva askarruttaa suuressa määrin hänen ajatuksiaan ja tuottaa hänelle huolia."[48]

Soile Järvelä-Kairenius muisteli don Quijoten sanoja kuvaillessaan espanjalaista kansanluonnetta: "Taivaassa on Jumala, joka ei unohda rangaista pahaa ja palkita hyvää."[49] Hänen tulkintansa mukaan samarialainen laupeus ja hyvyys tarvitsevia kohtaan oli kirjoittamaton laki espanjalaisille. Ihminen, joka ei anna almua kerjäläiselle, osoittaa kovaa ja jumalatonta luonnetta. Kerjäläisen torjuminen töykein ja halveksivin sanoin oli rikos itse Jumalaa kohtaan. Tämän käsityksen seurauksena kerjäämistä ei pidetty häpeällisenä, sillä lausuihan kerjäläinen korvauksena jokaisesta saamastaan lantista hyvän sanan Herran tuomioistuimen edessä.

Espanjan köyhyyteen 1940-luvun lopulla vaikutti Francon toisen maailmansodan jälkeen valitsema eristäytymispolitiikka, joka suojasi Espanjan sisäisiä teollisuusmarkkinoita, mutta katkoi samalla siteet Euroopan markkinoille. Teollisuus ja talous olivat vanhanaikaisia. Lisäksi Espanja oli YK:n kauppaboikotissa vuosina 1946–1950 Francon vallan aikana harjoitetun politiikan vuoksi, mikä lisäsi maan eristäytyneisyyttä. Sisällissota hidasti Espanjan taloudellista kehitystä niin, että espanjalaisten keskitulo nousi vasta vuonna 1954 samalle tasolle kuin ennen sotaa.[50]

Useita vuosia Andalusiassa ennen Espanjan sisällissotaa asunut brittiläinen kirjailija Gerald Brenan teki sodan jälkeen matkan Francon

40

hallitsemaan Espanjaan vuonna 1949 ja julkaisi matkastaan kertovan kirjan *The Face of Spain* vuonna 1950. Brenan kirjoitti tavallista kansaa vaivanneesta valtavasta köyhyydestä ja mustan pörssin kaupalla ja korruption avulla vaurastuneesta luokasta. Samalla hän ylisti espanjalaisia ihmisiä ja maan poikkeuksellista kauneutta. Englantilaisille matkailijoille Espanja oli helppo ja miellyttävä. Hotellit olivat erinomaisia ja niissä tarjoiltu ruoka oli hyvää. Hinnat olivat kohtuullisia. Vuonna 1965 julkaistun painoksen esipuheessa hän täydensi aiemmin kirjoittamaansa ja totesi Espanjan muuttuneen lähes tunnistamattomaksi vuodesta 1949. Maa oli vaurastunut pitkän taloudellisesti heikon kauden päätyttyä amerikkalaisen lainan ja miljoonien turistien avulla sekä teollisuuden ja asumisen kehittämisohjelmien seurauksena.

Vain hieman yli vuotta myöhemmin kuin Heikki Marttila eli pakinoitsija Arijoutsi, Tapio Hiisivaara ja Gerald Brenan Andalusiaa vaimonsa kanssa kiertänyt Håkan Mörne kertoi saaneensa paikallisista ihmisistä välittömästi maahan tultuaan avuliaan ja ystävällisen vaikutelman. Ulkomaalaisia kohdeltiin hyvin, mutta pinnan alta oli nähtävissä jännitteitä. Ihmisten köyhyyttä oli mahdotonta ohittaa kevyesti, mutta kaikkia kerjäläisiä kohtaan ei myöskään Mörneltä riittänyt myötätuntoa. Yli kolme kuukautta Espanjassa vietettyään hän ahdistui Alhambran ympäristössä pyörivistä matkailijoita ahdistelevista "ammattikerjäläisistä", joiden toimintaan kukaan ei näyttänyt puuttuvan:

Saattoi tuskin astua askeltakaan kohtaamatta jotain nuorta eikä suinkaan huonosti pukeutunutta vetelehtijää, joka vaatimalla vaati

41

rahaa tai savukkeita, tai mustalaisnaista, joka pyöreää vatsaansa osoittaen pyysi lahjaa syntymättömälle pojalleen.[51]

Suomalaisten asennetta kerjäläisiä kohtaan kuvaa hyvin seuraava Sinikka Kallio-Visapään määritelmä: "Puhdas nälkä-, ryysy- ja jopa huvikerjäläisyys on asia sinänsä, mutta muuksi naamioitu kerjäläisyys ei herätä sääliä vaan halua käyttää kärpäslätkää."[52] Kallio-Visapää yritti ymmärtää näkemäänsä köyhyyttä ja jopa maan hallitusta, jota ei hänen mielestään voinut yksin syyttää maan yleisestä kurjuudesta: "Suurimmat syypäät ovat Espanjan pinnanmuodostus ja maan varsin omalaatuinen historia, jonka vaiheet eivät ole yhteismitallisia muiden länsimaiden rinnalla."[53] Missä luonto vain tarjosi mahdollisuuksia työntekoon, siellä myös tehtiin töitä. Hedelmättömiltä erämailta taas suuntana olivat vähitellen asutuskeskukset, joissa moni työtön jo kilpaili turistien matkalaukuista. Jos työtä ei ollut, ainoa mahdollisuus oli liittyä toreilla torkkuvien kerjäläisten joukkoon tai palata kotikylään näkemään nälkää.

Keskustellessani tohtorin, insinöörin ja pankinkamreerin kanssa pääsin selville, että maa oli vaipunut syvään taloudelliseen rappioon ja että Espanja-potilaan yleistila oli paljon huonompi kuin mitä huhut olivat tienneet kertoa.[54]

Muista suomalaisista poiketen Håkan Mörne onnistui käymään jopa huomiota herättävän usein keskusteluja paikallisten kanssa Espanjan yhteiskunnallisesta tilanteesta ja sosiaalisista epäkohdista. Yllä mainitun keskustelun hän kävi sevillalaisessa kantakahvilassaan. Maan taloudellista elämää vaivasi miesten kertoman mukaan "kauhistuttava turmeltuneisuus". Lahjukset ja mustan pörssin kauppa olivat systemaattista toimintaa. Miehet moittivat tasapuolisesti niin vallanpitäjiä, kirkkoa kuin armeijaa.

KONTROLLOITUA LIIKKUMISTA

Håkan ja Svanhild Mörne saapuivat Gibraltarille rahtilaivalla Ahvenan-maalta joulukuussa 1950. Tästä alkoi heidän neljä kuukautta kestänyt Andalusian matkansa. Rajapoliisi ja tulli olivat ulkomaalaisia matkaajia kohtaan kohteliaita, ja siirtyminen rajan yli tapahtui ripeästi. Saapuminen Espanjaan ja Andalusiaan oli Mörnen mielestä 1950-luvun alussa helpompaa kuin hänen aikaisemmin tekemillään matkoilla. Vaikutti siltä, että Espanjassa oli poistettu käytöstä joitain hankalia muodollisuuksia, jotka olivat aikaisemmin olleet esteenä ulkomaalaisten saapumiselle maahan.

Vielä kesällä ja syksyllä 1949 Tapio Hiisivaara ja pakinoitsija Arijoutsi olivat kohdanneet erilaisia vastoinkäymisiä yrittäessään hankkia viisumin Espanjaan. Hiisivaara onnistui saamaan läpikulkuviisumin Tukholman lähetystöstä Portugaliin ja Espanjaan. Lähetystövirkailija huomautti, että Hiisivaara ei kuitenkaan saisi matkustaa Lissabonista eteenpäin Madridiin ilman oikeaa viisumia. Lissabonissa kävi ilmi, että Suomen pääkonsuli oli sairaana, eikä varsinainen viisumi ollut vielä saapunut. Hiisivaara ei antanut hitaan ja koukeroisen byrokratian lannistaa, vaan osti junalipun Madridiin iltapäivällä lähtevään junaan ja pääsi maahan ongelmitta.

Arijoutsia puolestaan huvitti, että matkakumppanina olleen vaimon nimeä ei lopulta näkynyt yhdessäkään vaivalla hankitussa

44

dokumentissa. Vaimo kulki mukana kuin "matkatavarain tai käsipakaasin asemassa", mistä Arijoutsi vitsaili: "Sitä ei Espanja ole saanut vielä tänäkään päivänä anteeksi."[55]

Jouluna 1950 ovea Espanjaan oltiin kuitenkin taas avaamassa raolleen muulle maailmalle, ja Mörnet pääsivät siirtymään vaivattoman tuntuisesti Gibraltarilta La Línean rajakaupunkiin. Paikallisten ihmisten liikkumisen tiukka kontrollointi kertoo Francon diktatuurin ajasta. Gibraltarin rajalla ja La Línean linja-autoasemalla kansalliskaartilaiset tutkivat tarkasti paikallisten matkatavarat ja taskut löytääkseen aseita tai salakuljetettua tavaraa. Linja-autoasemalla matkustajien tuli esittää henkilöllisyystodistus, jossa oli valokuva ja sormenjäljet, ja heidän nimensä kirjoitettiin muistiin. Tämä koski kuitenkin vain paikallisia, kuten La Líneasta linja-autolla Málagaan jatkaneet Mörnet havaitsivat: "Meidän sälymme sitä vastoin saivat olla rauhassa, sillä olimme ulkomaalaisia ja meillä oli matkašekkejä, niin tervetullutta tuontitavaraa, että sen rinnalla ei ollut paljonkaan merkitystä matkalaukkujemme sisällöllä."[56] Sama kuvio toistui perille Málagaan päästyä. Paikallisten ihmisten paperit ja tavarat tutkittiin tarkkaan, mutta ulkomaalaiset matkalaukkuineen ohitettiin kohteliaasti kunniaa tekemällä.

Ulkomaalaisia valvotaan

Kuten edellä kävi ilmi, saapuminen Espanjaan ja linja-autolla liikkuminen rajakaupungista Málagaan oli Mörnen Andalusian-matkan alussa ollut varsin mutkatonta. Ulkomaalaisten mukanaan tuomaa valuuttaa tarvittiin, ja heidät oli otettu ystävällisesti vastaan. Ongelmia

45

viranomaisten kanssa syntyi vasta myöhemmin, kun Mörne lähti tutustumaan andalusialaisiin pikkukyliin ruotsalaisen muusikkoystävänsä Dan Grenholmin kanssa.[57] Mörne halusi perehtyä Espanjan romaniväestön kulttuuriin ja Dan toivoi pääsevänsä tallentamaan kansanmusiikkia. Viranomaiset eivät katsoneet lainkaan suopeasti heidän mielenkiintoaan maan oloja ja tavallisten ihmisten sekä vähemmistöryhmien arkea kohtaan.

Eräässä andalusialaisessa kylässä *Guardia Civilin* kapteenille oli ilmoitettu, että Mörne ja Dan olivat ottaneet valokuvia köyhälistökortteleista ja olleet kanssakäymisissä "rahvaan" kanssa. Tästä seurasi pienimuotoinen kuulustelu. Kapteeni halusi tietää, miksi ulkomaalaiset miehet olivat kiinnostuneita köyhien oloista ja elämästä: "Köyhiä ihmisiä on teidänkin maassanne ja kerjäläisiä kaikkialla maailmassa. Täällä Espanjassa meillä on hyvä olla ja me elämme oikein hyvin!"[58] Tähän ei pohjoismaalaisilla miehillä ollut mitään lisättävää. Lyhyt keskustelu päättyi kohteliaisuuksiin, minkä jälkeen miehet jatkoivat välittömästi matkaa seuraavalle paikkakunnalle.

Tämä ei jäänyt ainoaksi kerraksi, kun Mörne joutui ulkomaalaisia valvovan poliisin silmätikuksi. Arcos de la Fronteran kaupungissa Dan onnistui keräämään tietoja kaupungin parhaista flamencolaulajista, ja miehet järjestivät ikimuistoisen musiikki-illan yhdessä kaupungin luola-asumuksista. Seuraavana päivänä juhlintaa jatkettiin maanalaisessa kapakassa, jossa paikalliset miehet halusivat kuulla edellisenä iltana taltioituja musiikkiesityksiä. Siestan jälkeen vanhahko mies tuli apeana kertomaan Mörnelle ja Danille, että eräiden falangistien paikalle hälyttämä poliisi oli pidättänyt koko luolakapakan iloisen seurueen. Miehiä pidettiin putkassa siihen saakka kunnes ulkomaalaiset poistuivat Arcosista. Ainoa vaihtoehto oli siis jatkaa matkaa. Seuraavaksi Mörne ja Dan suuntasivat Ubriquen valkoiseen kylään.

Jossain vaiheessa matkalaisten seuraan liittyi hieman tunkeilevasti tavanomaisesta talonpoikaisväestöstä pukeutumisellaan poikennut mies, joka ryhtyi esittelemään kylän nähtävyyksiä, paria nahkatehdasta ja koulua. Seuraavana päivänä Dan jatkoi kansanlaulujen tallentamista, ja Mörne kirjoitti muistiinpanojaan parissa kahvilassa. Illalla Dan osasi kertoa, mitä Mörne oli tehnyt ja mitä hän oli kahviloissa juonut. Koko kaupunki oli seurannut kaksikon tekemisiä, mukaan lukien poliisi.

Aamulla miesten majoituspaikkaan saapui kansalliskaartilainen, joka kohteliaasti pyysi heitä käymään poliisiasemalla. Poliisin tehtävänä oli valvoa ulkomaalaisia etenkin pienissä kaupungeissa. Mörne arvioi, että tähän poliisia usein patisti falangi, "eräänlainen siviiliasussa kulkeva poliittinen santarmisto". Poliisiasemalla heitä vastassa oli tuttu oppaaksi tuppautunut vaikeasti määriteltävä mies. Pohjoismaalaisen kaksikon puuhat olivat poliisin silmissä epäilyttäviä:

Tuntui siltä, että hän ei ymmärtänyt eikä uskonut lyhyttä selitystämme, jonka mukaan keräilimme kansanmusiikkia ja aineksia kirjaan. Kirjoittaminen oli ylipäänsä epäiltävää puuhaa tällaisella syrjäkolkalla, jossa juuri ja juuri puolet väestöstä oli kirjoitustaitoista.[59]

Kuulustelijan oli vaikea uskoa, että paikkakunnasta löytyi mitään mielenkiintoista kirjoitettavaa, vaikka Mörne vakuutti, että esimerkiksi mies itse oli kiinnostava kirjoituksen aihe. Vierailu poliisiasemalla ja Ubriquessa päättyi lyhyeen, ja varhain seuraavana aamuna muukalaiset jatkoivat taas matkaansa.

Mörne kertoi viettäneensä Andalusian-matkansa valoisimpia ja miellyttävimpiä viikkoja Granadassa, mutta sielläkään ei voinut välttyä yhteiskunnan epäkohdilta. Guadixin luola-asumuksille suunnatun retken päätteeksi poliisi otti talteen romanimiehen, josta Mörne oli ottanut valokuvan linja-autoasemalla juuri ennen lähtöä. Samaan aikaan innokas, siviiliasuinen falangisti oli hyökännyt Danin kimppuun uhaten rikkoa tämän kameran, jos tämä vielä rohkenisi kuvata "mokomaa roskajoukkoa".

MONIKASVOINEN ESPANJA

Suomalaisten kulttuurimatkaajien reitit veivät suuriin kaupunkeihin ja maaseudun pieniin kyliin, Atlantin rannoilta Välimerelle, kuivaan La Manchaan ja vuoristoseutuihin. On hyvä huomata, että vuoden 1979 perustuslaki jakoi maan 17 itsehallintoalueeseen, joiden rajat perustuivat historiallisiin kuningaskuntiin tai vanhoihin maakuntiin. Maakuntia on nykyään viisikymmentä. Matkakertomuksissa nousevat esille Espanjan eri alueille ominaiset kulttuuriset piirteet ja luonnon monimuotoisuus sekä niiden vaikutukset ihmisten elämään.

Espanjalaisten rakkaus omaa kotiseutuaan kohtaan ei jäänyt matkaajilta huomaamatta. Laajasti vuonna 1949 Espanjaa kiertänyt ja maassa useasti aikaisemmin vieraillut Hiisivaara kuvaili tätä seuraavasti:

Maassa on noin kaksikymmentä erilaista aluetta, joista jokainen luontonsa puolesta poikkeaa toisistaan jopa niin, että rajavuoriston tai rajajoen ylittäessään luulee saapuvansa kokonaan toiseen maailmanosaan. Tästä on syntynyt espanjalaisten keskipakoisuus, particularismo, nurkkakuntaisuus tai kotiseuturakkaus, miten hyvänsä tuon sanan haluaa kääntää. Jokainen maakunta haluaa olla oma itsensä ja olla mahdollisimman vähän tekemisissä muiden kanssa.[60]

Paikallisidentiteetin merkitys on ollut perinteisesti tärkeää Espanjassa. Ihmiset ovat olleet sitoutuneita ennen kaikkea omaan kotiseutuunsa, kyläänsä, kaupunkiinsa tai maakuntaansa. Myös suomalaiset liittivät eri maakuntien ihmisiin erilaisia mielikuvia tai stereotypioita. Kirjallisuudessa rakennetuilla mielikuvilla on ollut merkitystä siihen, millaisia ihmisiä suomalaiset ovat myöhemmin mieltäneet espanjalaisten olevan.

Millaisia nämä mielikuvat sitten olivat? "Baskit ovat kookasta ja komeata väkeä, pitempiä kuin muut espanjalaiset", kuvasi Tyyni Tuulio San Sebastianissa näkemiään baskimaalaisia.[61] Tapio Hiisivaaran mielestä Espanjan todellinen sielu ja syntymäseutu oli historiallisten syiden takia Castilia la Vieja, Vanha Kastilia. "Pehmeä Andalucia tai veltto Valencia" eivät koskaan olisi voineet synnyttää kastilialaisen veroista henkeä. Kastilialaiset olivat espanjalaisista espanjalaisimpia hänen näkemyksensä mukaan.

Andalusialaisiin liitettiin yleisesti, ei siis vain suomalaisten mielestä, muita espanjalaisia kevyempi ja huolettomampi ote elämään ja työntekoon. Håkan Mörnen mielestä andalusialaisilta saattoi oppia, miten kantaa köyhyyttä yhtä arvokkaasti kuin kuluneita kauniita vaatteita ja että hyvällä omallatunnolla harjoitettu laiskuus kuuluu ihmisen hyveisiin. Mörne myönsi kuitenkin, että ihmiset tai kansat eivät ole todellisuudessa sellaisia, millaisiksi kirjailija heitä kuvaa.

Toimittaja Markku Saksan haastattelema sosiologian professori Amando de Miguel Rodríguez kritisoi sitä, miten monien ulkomaalaisten mielikuvat espanjalaisista rakentuvat ulkomaalaisten kirjailijoiden tuottamille mielikuville. Eri sukupolvien kirjailijat ovat lainanneet

50

toisiaan ja toimineet toistensa lähteinä niin, että mielikuvat ja virheetkin ovat toistuneet ja vahvistuneet matkan varrella. Professorin mukaan monet kirjailijat ovat kirjoittaneet Andalusiasta ikään kuin se olisi koko Espanja, mikä ei lainkaan vastaa todellisuutta.[62]

Myös tässä kirjassa eniten tilaa saa Andalusia, sillä suomalaisia kiinnostivat erityisesti etelän suuret historialliset kaupungit, kuten Sevilla ja Granada. Håkan Mörnen koko kirja keskittyi Andalusiaan. Andalusia ei kuitenkaan ole koko Espanja, eivätkä edes Andalusian eri kaupungit ja alueet ole toistensa kaltaisia. Kaikista stereotypioista huolimatta on hyvä huomata, että ei olemassa yhtä Espanjaa ja yhdenlaista espanjalaisuutta.

BISKAJANLAHDEN RANNIKOLLA

Älkäämme päättäkö mitään liian nopeasti. Mutta ensi vaikutus aina-kin meillä oli se, että olimme kaiken maailman markkinoilta (Pariisista) tulleet kaukaiseen seutuun, jossa ihmiset vielä ovat alkuperäisiä, tuoreita, hyviä ja uteliaita.[63]

Tuuliot saapuivat junalla Ranskasta Espanjaan. Raja-asemalla oli vaihdettava junaa eri raideleveyden takia. Siirtymä maasta toiseen näkyi myös ihmisissä. Tyyni Tuuliosta tuntui kuin vastaan olisi tullut koko Espanjan kansa. Biskajanlahden poukamassa sijaitsevan San Sebastianin asukkaat vaikuttivat Pariisin jälkeen erityisen aidoilta ja ystävällisiltä.

Tuuliot olivat tulleet kaupunkiin vaihtaakseen valuuttaa, mutta joutuneet jäämään sinne muutamaksi päiväksi huonojen jatkoyhteyksien takia. Tämä osoittautui onnekkaaksi sattumaksi, sillä San Sebastian ja sen asukkaat olivat heidän mielestään mitä ihastuttavimpia.

Kesäisin San Sebastian oli vielä 1920-luvulla vilkas lomakaupunki ja suuren maailman kylpyläkaupunki. Lokakuussa kylpyläsesonki oli juuri loppunut, mutta vielä oli täysi kesä: "Täällä on jo palmuja ja pinjoja ja sypressejä, ja ihmiset ovat mitä herttaisimpia". [64] Oiva Tuuliota luultiin espanjalaiseksi, ja Tyyniä hänen ranskalaiseksi rouvakseen. Espanja vaikutti Tuulioiden silmissä myös siistimmältä kuin Ranska.

52

San Sebastian oli Espanjan suosituin merenrantakohde aina 1830-luvulta lähtien kunnes 1930-luvun sisäpoliittiset konfliktit katkaisivat tämän matkailuperinteen vuosiksi. Matkailijoita San Sebastianiin houkuttelivat terveellinen vuoristoilma ja mineraalilähteet. Sinne oli myös hyvät liikenneyhteydet muualta Euroopasta, sillä kaupunki sijaitsi Pariisista Madridiin johtavan junaradan varrella. Vuonna 1887 avattu Gran Casino lisäsi San Sebastianin suosiota niin, että vuonna 1910 kaupungissa vieraili noin 50 000 henkeä. Kaupunki oli etenkin aristokraattien suosiossa, ja sieltä tehtiin retkiä lähiseuduille, merenrantakohteisiin ja maaseudulle.[65]

Varhain keväällä 1952 pohjoisen rannoilla vuokra-autolla liikkunut Sinikka Kallio-Visapää sai nauttia Biskajanlahden kauniista maisemista kaikessa rauhassa. Galician ja Cantabrian välissä sijaitsevan Asturian maakunnan rannat olivat aina autioita ja kaukana ihmisasumuksista:

Mehän jo alkumatkalla pistäydyimme Baskien Maan rannikolla, nauttimassa hiekkaisten rantojen ihanuuksista, jotka saimme pitää ominamme, koska kylpyläkauden mondeeni kuhina ei vielä ollut päässyt alkuun. Täällä sellaista ei ole koskaan, ja rannat ovat aina yhtä autiot kuin tälläkin hetkellä, sillä jokaista lahtea ei Luojan kiitos kannata varustaa hotelleilla ja kasinoilla.[66]

Missään ei näkynyt edes eväspapereita kertomassa "sivilisaation edustajien vierailusta". Autolla liikkuessa oli mahdollista pysähtyä eväsretkelle juuri tällaiselle luonnonkauniille paikalle. He hautasivat ateriansa syötäväksi kelpaamattomat jäännökset maahan, eivätkä lyöneet tyhjäksi nautittua valkoviinipulloa kallion kylkeen pirstaleiksi vaan kunnioittivat luontoa: "Ja kun aallot tasoittavat ne syvennykset, jotka me painoimme hiekkaan aurinkokylpyä ottaessamme, jäävät merilinnut, perhoset ja äyriäiset taas omaan koskemattomaan valtakuntaansa."[67]

San Sebastianin Gran Casino ja Urgullin kukkula. Arquivo de Villa Maria, CC0.

CORUÑA JA GALICIALAISET

Näiden ihmisten eleissä ja olemuksessa ei ole mitään kastilialaisten terävyyttä. Tekisi mieli verrata heitä alankomaalaisiin, jos näistä ensin poistettaisiin se hitunen preussilaisuutta, mikä heissä on.[68]

Tapio Hiisivaara havaitsi ihmistyypin muuttuneen matkustaessaan junalla Kastiliasta Galiciaan. Hänen junassa kohtaamansa siististi pukeutunut galicialainen talonpoika muistutti jollain tapaa myös puheliasta ja poikkeuksellisen puheliasta hämäläistä "isäntämiestä", sillä molempien olemuksessa on hiukan samaa arvokkuutta ja perusteellisuutta.

La Coruña oli kuin toinen valtakunta, eivätkä maakunnan ihmiset muistuttaneet lainkaan hänen aikaisemmin tapaamiaan espanjalaisia. Heidän käyttämänsä murre oli lähempänä portugalia kuin espanjaa. Hiisivaaraa huvitti, että hän itse ymmärsi portugalin taitonsa avulla paikallista murretta paremmin kuin samassa junassa istunut kastilialainen.

Galicialaisten katse ja elämä suuntautui merelle ja valtamerentakaisiin maihin. He saivat elantonsa merestä ja olivat Hiisivaara mukaan Espanjan parhaita merimiehiä, sillä heidän rannikkonsa oli vaikea ja vaarallinen. Milloin tahansa saattoi puhjeta kova hirmumyrsky. Talvisin Biskajan lahden ankarat koillismyrskyt saattoivat ajaa suuria höyrylaivoja hätäsatamaan.

Hiisivaaran mielestä galicialaiset olivat katalonialaisten rinnalla Espanjan työteliäintä väkeä. Kaikkialla huokui vastaan vauraus ja hyvinvointi. Galicialaisissa yhdistyi omituisella tavalla vanhanaikaisuus, kuten kansallispukujen käyttö, nykyaikaiseen vireään talouselämään. Hiisivaara kirjoitti: "Heitä pidetään Espanjan henkisesti vireimpänä heimona ja myös ovelimpana."[69]

Hän oli myös kuullut sanottavan, että Franco ei olisi onnistunut löytämään tasapainoa "Espanjan keskipakoisten poliittisten voimatekijöiden keskellä", ellei hän olisi "kaukaa viisas galicialainen". Kenraali Francon kannatus oli todennäköisesti suurinta juuri Galiciassa, sillä Franco oli syntynyt tässä maakunnassa El Ferrolin laivastotukikohdassa ja galicialaiset, kuten muutkin espanjalaiset, tunsivat suurta yhteenkuuluvaisuuden tunnetta omaa maakuntaansa kohtaan.

Hiisivaaraa ihastutti Galiciassa sen luonto, ilmasto ja ihmiset. Atlantin rannikolla sijaitsevan Galician maaperä ei ollut yhtä hedelmällinen kuin Kastilian, mutta siellä satoi ympäri vuoden. Galicia vaikutti olevan yhtämittaista hedelmätarhaa ja puutarhaa päästä päähän. Junan ikkunasta Hiisivaara näki viikuna-, omena- ja päärynäpuita sekä muita paljon vettä vaativia hedelmäpuita. Viiniköynnökset olivat suuria ja niin reheviä, että vaativat ristikon tuekseen. Ihmeekseen Hiisivaara näki myös valkokylkisen koivun: "Sanovat, että Galicia on ainoa maakunta Espanjassa, jossa niitä kasvaa."[70] Maakunnan halki virtaavissa joissa riitti vettä jopa kuumana kesänä, tosin vähänlaisesti. Yhtään kuivunutta joenuomaa Hiisivaara ei onnistunut näkemään, kuten muualla päin Espanjaa.

Tilojen pienuuden korvasi sadon suuruus, ja tämän takia galicialaiset talonpojat olivat Hiisivaaran mielestä "ylivoimaisesti onnellisimmat kaikista Espanjan maanviljelijöistä". Galicialaiset talot olivat siistejä ja kauniisti rapattuja, ja niiden ympärillä kasvoi varjostavia puita. Toisin kuin Kastiliassa tai La Manchassa täällä ihmiset asuivat erillään toisistaan peltojen keskellä, eivät ryhmäkylissä.

Elokuussa Espanjan sää oli suomalaiselle matkaajalle lohduttoman kuuma. Maata vaivasi lisäksi poikkeuksellisen pitkään kestänyt kuuma ja kuiva ajanjakso kesällä 1949. Hiisivaara matkusti Galiciaan Atlantin rannalle osittain juuri sään vuoksi, sillä hän toivoi saavansa siellä hetken helpotuksen jatkuvaan helteeseen. Mutta täälläkin oli junassa aivan yhtä kuuma kuin muualla auringon noustessa korkealle. Junamatkalla Lugosta Sierra de la Loballe vuoriston korkeimman kohdan jälkeen koitti hetkellinen helpotus, kun juna lähti kulkemaan alamäkeä:

Atlantin raikas tuuli puhaltaa vesihuurua kasvoilleni ja se tuntuu suunnattoman ihanalta läkähdyttävän kuumuuden jälkeen. Mutta ilo on lyhytaikainen. Juna jyrisee alamäkeä laaksoihin, jotka tosin ovat vehreydessään viehättäviä ja kauniita, mutta täsmälleen yhtä hornamaisen kuumia kuin Kastilian ylätasangon kaikkein kuivin kohta.[71]

Näköala junasta hevosenkengän muotoisen lahden toisella puolella sijaitsevaan Coruñaan oli suurenmoisen kaunis. Kaupunki nousi lahdesta kapeiden kujien ja suurien puistojen keskellä kohti vihreitä kukkuloita. Atlantti oli taivaansininen ja valkopurjeiset veneet lepäsivät

57

liikkumattomina sen pinnalla. Kauneutta himmensi vain kuumuus, joka sai silmät kipinöimään ja kirvelemään hiestä, sydämen läpättämään ja hengityksen raskaaksi. Ensimmäisen kerran matkansa aikana Hiisivaara totesi olevansa niin väsynyt kaikesta valvomisesta ja "vielä runsaammasta kasvisruuasta", että silmät hädin tuskin pysyivät auki. Hikoileminen ja "täysin rasvattoman ruuan syöminen" saattoivat viedä ihmiseltä täysin voimat, hän kirjoitti. Painokin oli pudonnut vajaan kahden viikon aikana vähäisen syömisen ja kaksikymmentäneljä tuntia vuorokaudessa jatkuneen hikoilun takia. Hiisivaaran vierailu Coruñassa jäi lopulta lyhyeksi. Aika meni kävellessä juna-asemien välillä ja jonotellessa matkalippuja. Kaiken tämän jälkeen kanttiinista ostettu jääkylmä olut maistui taivaalliselta.

SANTIAGON SIMPUKKA

Seitsemänkymmentäviisi kilometriä etelään La Coruñasta juna py-
sähtyy Espanjan tärkeimpään pyhiinvaelluspaikkaan Santiago de
Compostelaan. Se on Espanjalle samanveroinen paikkakunta kuin
Mynämäki olisi Suomelle, jos Suomi olisi pysynyt katolilaisena, sillä
Espanjan Pyhän Henrikin, apostoli Santiagon, muistot liittyvät tähän
kaupunkiin yhtä läheisesti kuin Pyhän Henrikin Mynämäkeen. [72]

Kirjailija Tapio Hiisivaara suhtautui kaikkiaan kristinuskon myytteihin
kriittisesti. Santiago de Compostelan suojeluspyhimyksen elämänvai-
heista kerrotut tarinat eivät vakuuttaneet Hiisivaaraa pitämään niitä to-
dellisina historiallisina tapahtumina. Häntä ennemmin askarrutti, kuka
oli se "tuntematon sotilas", jonka ruumista palvottiin apostoli San-
tiagona. Pyhimyslegendan vaikutuksia Espanjan historian tapahtumille
oli kuitenkin mahdotonta kieltää.

Apostoli Jaakobin haudan löytymiseen juuri tältä paikkakunnalta liit-
tyy useita legendoja. Hiisivaaran kertoman yhden pyhimystarinan mu-
kaan apostoli Santiago [Sant Iago] eli Pyhä Jaakob nousi maihin El Pad-
ronin satamassa Galiciassa nykyisen Santiago de Compostelan etelä-
puolella vähän jälkeen Kristuksen kuoleman. Hän toi kristinuskon Ibe-
rian niemimaalle ja saarnasi seitsemän vuoden ajan Galiciassa. Tämän
jälkeen apostoli Santiago vaelsi Espanjan halki ja palasi Pyhään maa-
han, missä hän kohtasi marttyyrikuoleman 44 jKr. Opetuslapset veivät

59

apostolin ruumiin ensin Jaffaan ja toivat takaisin Galiciaan, missä he pystyttivät sille mausoleumin Pico Sagron huipulle.

Tietokirjailija Carl Jacob Gardbergin kertoman toisen legendan mukaan Jaakobin kaksi opetuslasta kuljettivat apostolin mestatun ruumiin Jaffan satamaan ja antoivat enkelin johdattaa laivan ilman ihmisten apua yli koko Välimeren Atlantille. Mestatun Jaakobin matka jatkui pitkin Portugalin rannikkoa Galiciaan, jossa tälle tehtiin hauta roomalaisessa satamakaupungissa Iria Flaviassa, nykyisessä Padronissa, olleeseen luolaan. Tämä matka tehtiin 700-luvulta olevan perimätiedon mukaan siksi, että Jaakob oli aikoinaan tehnyt lähetystyötä Hispaniassa ja perustanut sinne seurakunnan.[73]

Apostolin ruumis katosi kristittyjen vainon aikana kolmannella vuosisadalla ja oli kateissa kuudensadan vuoden ajan. Myös haudan löytymisestä on olemassa erilaisia legendoja. Hiisivaara kertoi legendasta, jonka mukaan yhdeksännellä vuosisadalla piispa Theodemir de Iria näki kirkkaan tähden, jota seuraamalla hän löysi apostolin ruumiin Santiagon kaupungin nykyiseltä paikalta.

Gardberg kertoo toisesta legendasta, jonka mukaan vuoden 813 tienoilla maurien marssiessa Pohjois-Espanjan kristittyjä vastaa, erakko nimeltä Pelagius näki unissaan näkyjä. Näyssä erityisen kirkas tähti näkyi Ulla-joen rannalla kasvavan tammen luona. Unessa äänet kertoivat erakolle tammen kasvavan paikalla, jonne apostoli Jaakobin pyhäinjäännökset oli haudattu. Unien toistuttua erakko Pelagius otti yhteyttä paikalliseen piispa Theodemiriin, joka tutkitutti paikan. Kun maasta löytyi kolme haudattua ruumista, joista yksi oli mestattu, piispa ymmärsi tämän olevan Jaakobin hauta.

Hautalöytö sopi erityisen hyvin tilanteeseen, jossa Pohjois-Espanjan kristityt taistelivat islaminuskoisia maureja vastaan. Paavi Leo III, jolle Asturian kuningas oli ilmoittanut hautalöydöstä, laati pyhäinjäännöksiä näkemättä todistuksen, että kyseessä oli Jaakob vanhemman hauta ja näin Espanjan kristityt saivat suojeluspyhimyksen. Apostoli Jaakob kuvataan usein ratsastamassa valkoisella ratsulla kädessään miekka ja hatussaan kampasimpukka, josta on tullut myös Santiago de Compostelassa käyneiden pyhiinvaeltajien tunnus.[74]

Pyhäinjäännökset katsottiin parhaimmaksi siirtää rannikolta turvallisempaan paikkaan, joka sai nimekseen San Jago (Pyhä Jaakob). Tästä tuli myöhemmin nimi Santiago, ja legendan mukaan nimi Compostela tulee latinan sanoista *Campus Stellae*, tähtikenttä. Erään etymologisen tulkinnan mukaan nimi tulee sanoista *Composita Tella*, mikä tarkoittaa hautausmaata. Paavi Urban II antoi paikkakunnalle 1000-luvulla oikeuden käyttää nimeä Santiago de Compostela.

Gardberg tiivistää legendojen suhteen todennäköisiin faktoihin seuraavasti. Nykyajan tutkijoiden mukaan vuonna 813 tehty hautalöytö on epäilemättä roomalaisajalta, mutta sen pyhyys liittyy uskoon, ei tietoon. Luut ovat hyvin epätodennäköisesti Jaakob vanhemman. Mutta kun ajatellaan kaikkea Jaakobiin liitettyä perimätietoa 1200 vuoden ajalta, luiden alkuperällä ei ole tässä kontekstissa merkitystä.[75]

Ranskalainen munkki ja pyhiinvaeltaja Aymeric Picauc kirjoitti ohjeita Pyhän Jaakobin tietä kulkeville pyhiinvaeltajille vuonna 1140 suunnatussa käsikirjoituksessaan *Codex Calixtinuksessa.* Tuolloin Ranskan puolelta saapuvien pyhiinvaeltajien vaaroina olivat Cantabrian karhut ja maantierosvot ja hankaluuksia tuottivat heikkokuntoiset tiet, korkeat lumivuoret ja ilmasto, sekä kylmä että helle.

Sinikka Kallio-Visapää saapui maahan Ranskan ja Espanjan rajalta Pyreneiden vuoriston kautta kulkevaa reittiä, joka on yksi Santiago de Compostelaan johtavista tärkeimmistä pyhiinvaellusreiteistä ja tunnetaan nimellä *Camino Frances,* Ranskalainen reitti. Kyseinen reitti otettiin Unescon maailmanperintölistalle vuonna 1993.

Toisin kuin jalan kulkeneet pyhiinvaeltajat, kirjailija liikkui vuokratulla autonkuljettajan ohjaamalla henkilöautolla, jota kirjailija kutsui *Shelliksi.* Reitti läpi Pyreneiden vuoriston ja Somportin solan oli jäinen ja luminen, mutta henkilöautolla liikkuvalle huomattavasti helpompi kuin menneisyyden pyhiinvaeltajille. Reitti oli kirjailijan mielestä myös kaunein kaikista Pyreneiden porteista, vaikka ei yhtä maineikas kuin läntinen Roncevaux'n reitti. Matkakumppanina oli lisäksi fiktiivinen Simpukka, joka matkan varrella antoi kirjailijalle erilaisia ohjeita. Näiden simpukoiden avulla Kallio-Visapää kulki Ranskasta kohti Santiago de Compostelaa:

Vähitellen joudumme tekemään tuttavuutta itsensä Simpukan ja monien sitä koskevien seikkojen kanssa, mutta toistaiseksi on tärkeintä, että Linnunradan mielikuvaan tästä lähtien liittyy taukoamaton simpukankuorien kilinä ja että näemme niiden vilkkuvan kulkijoiden olkapäillä, pieninä heleinä pisteinä, joista muodostuu tähtitien vastine maan päälle.[76]

Kirkkojen kaupunki

Santiago de Compostelan komein ja tärkein rakennus on katedraali, jonka rakentaminen aloitettiin vuoden 1100 paikkeilla. Tällä kyseisellä kirkolla Kallio-Visapää ehdotti olleen samanlainen katolista yhteyttä symboloiva tehtävä Pyreneitten niemimaalla kuin Pietarinkirkolla on ollut Roomassa koko paavikunnan yhteen liittäjänä. Katedraali on Espanjan vanhimpia, mutta sitä on täydennetty ja uudelleen rakennettu niin usein, että lopputulos ulkoapäin muistuttaa espanjalaista myöhäisbarokkia. Apostoli Jaakobin hauta on katedraalin pääalttarin alla.

Etäältä katsottuna Santiago de Compostela näyttäytyi Galician ylätasangon keskeltä nousevana harmaana graniittikaupunkina, jonka keskeltä korkeimpana kohosi graniittinen jättiläiskatedraali. Kaupungin sisällä kirkkojen torneja ja edes katedraalin huippuja oli kuitenkin mahdotonta nähdä, sillä talot oli rakennettu niin kiinni toisiinsa. Kaupungin ahtailla kaduilla ja matalien kaariholvikäytävien alla oli vaikea olla törmäilemättä muihin ihmisiin, kuten Sinikka Kallio-Visapää havaitsi:

Kaiken ikäisiä ja monia arvoasteita edustavia pappishenkilöitä, äänekkäitä ylioppilaita, munkkeja ja maallikoita, lihavia rouvia ja solakoita tyttäriä, runsaasti herroja mutta hyvin vähän heittiöitä, ja

63

kerjäläisiä tuskin nimeksikään, sillä Santiago de Compostela on varsin "señoril", sävyltään ylhäinen herraskaupunki.[77]

Kaupungin asukkaat olivat Kallio-Visapään mielestä iloisia, ystävällisiä ja huumorintajuisia, ja he ottivat vieraat hyvin vastaan. Mutta vastoin ennakkokäsityksiä kaupungilla liikkuneet eivät ainakaan ulospäin näyttäneet pyhiinvaeltajilta, sillä kukaan muu ei näyttänyt kantavan simpukkaa mukanaan kuin kirjailija.

Santiago de Compostela oli merkittävä pyhiinvaelluskohde keskiajalla, mutta uskonpuhdistuksen jälkeen sen suosio väheni merkittävästi. 1900-luvulla pyhiinvaeltajia oli vähän johtuen muun muassa maailmansodista ja Espanjan sisällissodasta aina 1980-luvun loppupuolelle asti, jolloin kaupungin suosio alkoi taas kasvaa nykyajan pyhiinvaeltajien myötä. Pyhimyksen vuosipäivä 27. heinäkuuta on vuoden suurin juhla, jolloin kaupunkiin saapuu pyhiinvaeltajia kaikkialta Espanjasta.

Kaupunki henki aivan omanlaistaan ilmapiiriä. Tapio Hiisivaaran mielestä Santiago de Compostela oli ennen kaikkea kirkkojen kaupunki. Pääkatu muistutti hänen mielestään Ranskan La Rochellen vanhaa keskustaa holvikaarien alla kulkevine jalkakäytävineen. Sinikka Kallio-Visapää kertoi tämän katedraalin vanhimman sisäänkäynnin ovelle johtavan pääkadun kivilaattojen kuluneen vaarallisen liukkaiksi pyhiinvaeltajien askeleista. Aamuisin näki ja ennen kaikkea kuuli olevansa kirkkojen kaupungissa:

Varhain aamulla ihmisten vielä nukkuessa ja vain tyhmien muuka-
laisten ollessa liikkeellä Rua del Villar [Rúa do Vilar] on kuin kul-
lalla silattu, sillä aurinko liukuu sen pintaa pitkin ennen kuin kiipeää
niin ylös, että talojen varjot vuorostaan pääsevät luistelemaan sen
poikki. Ja kun kellot alkavat pauhata kaupungin sadassaneljässä-
toista kirkontornissa, niin ääniaallot poukkoilevat katua myöten kuin
pallot, ja kaiku vahvistaa ne moninkertaisiksi ja pusertaa ne yhteen,
niin ettei eri kellojen ääntä enää erota kukaan muu kuin Simpukka.[78]

Illalla kaupunki tuntui pieneltä ja hiljaiselta. Hiisivaarasta tuntui omi-
tuiselta kävellä tähtikirkkaassa illassa tämän pienen kaupungin katuja
ja katsella graniitista rakennettua katedraalia ja muita uskonnollisia ra-
kennuksia ajatellen, että uskomalla tässä paikassa sepitettyyn pyhimys-
tarinaan espanjalaiset olivat saaneet voimaa niin suuriin tekoihin kuin
mitä heidän historiansa oli täynnä.

Koko Espánjan matkansa ajan kuumuudesta kärsinyt Hiisivaara
nautti vilvoittavasta Atlantilta puhaltavasta tuulesta, joka teki öisestä
kävelystä erityisen miellyttävän kaupungin hiljaisilla kujilla. Ihmiset
sulkeutuivat iltaisin huoneisiinsa, ja kaduilla liikkui paljon vähemmän
kulkijoita kuin joissain vastaavankokoisissa kaupungeissa: "On kuin ih-
miset sulkeutuisivat pimeän tullen huoneisiinsa ja antaisivat mennei-
syyden varjojen vapaasti liikkua kapeilla, mutkikkailla kujilla ja pie-
nillä toreilla."[79]

65

NYKYAIKAINEN VIGO

Neljäntoista kilometrin matkan juna kiertelee Vigon vuonon rantaa.
Vasemmalla ovat korkeat vuoret, oikealla sinisenä kimmeltävä meri
ja sen takana vastaranta, jossa sievät, pienet ja vihreän metsän ver-
hoamat kylät välkkyivät valkeiksi rapattuine taloineen todella kuin
helminauhana. Ilma on koboltin sinisen autereinen ja rasvatyyni At-
lantti levittäytyy vuonon suulla.[80]

Tapio Hiisivaara kuvailee edellä Atlantin rannalla Espanjan luoteis-
osassa sijaitsevan Vigon vuonon näkymiä junan ikkunasta nähtyinä. Ai-
kaisemmilla matkoillaan hän oli ihastellut näitä kauniita maisemia lai-
van kannelta päin. Vigon kauneus oli vuonoissa ja vuoristossa, eikä val-
tamerisatamastaan tunnettu kaupunki kiinnostanut Hiisivaaraa lopulta
tämän enempää. Kaupungissa ei hänen mielestään ollut mitään histori-
allisesti kiinnostavaa, mutta suurin syy haluun jatkaa matkaa kaupun-
gista pois oli läkähdyttävä kuumuus ja huonosti nukuttu yö.

Sinikka Kallio-Visapää matkusti Shellinsä kanssa "tämän Luojan
siunaaman rannikon pääpaikkaan" Vigoon, missä sijaitsi Espanjan val-
tamerentakaisen kaupan suursatama ja monien ulkomaalaisten rahti- ja
matkustajalinjojen solmukohta. Täältä oli lähtöisin suuri määrä maail-
man sardiinipurkkeja.

Galiciassa sijaitseva Vigo oli kirjailijalle yllätys paitsi kauneutensa vuoksi myös siksi, että siellä ei ollut jälkeäkään "historiansyömästä romanttisesta Espanjasta". Roomalaisten aikaan kaupungin paikalla oli ollut asutusta, ja se oli toiminut kaupankäynnin ja kalastuksen keskuksena. Merkittävämmäksi kaupungiksi Vigo kasvoi vasta keskiajalla ja teollistumisen myötä 1800-luvulla. 1950-luvun alussa Vigo näyttäytyi hyvin nykyaikaisena kaupunkina. Se oli valoisa, vauras ja siisti vaaleine graniittirakennuksineen:

Kaduilla kulkiessa voisi luulla olevansa Tukholmassa, Zürichin Bahnhofstrassella tai Helsingin siivotuimmissa osissa, ja vain valtavat kalahallit leimuavat värikkäinä ja meluisina, vaikka niissäkin vallitsee tyrmistyttävä hygieenisyys ja raikkaus.[81]

Vihreänä kimaltaneessa satama-altaassa tanssivat ja sukeltelivat delfiinit välittämättä vähääkään laivoista ja ihmisten melusta. Sinikka Kallio-Visapää ei voinut kuin ihmetellä "täkäläisiä ylinopeita siirtymiä maailmasta toiseen", millä hän tarkoitti Espanjan alueiden erilaisuutta. Vigosta etelään runsaan sadan kilometrin päässä Portugalin puolella olisi vielä ollut Porto de Oporto, eräs Euroopan mielikuvituksellisimmista satamakaupungeista, jonka rinnalla Marseille ja Genova tuntuivat kesyiltä rauhan valkamilta. Visiitti Vigossa oli virkistävä vanhojen, historiallisten kaupunkien välissä jopa taidehistoriasta nauttivalle Kallio-Visapäälle:

Äkkijyrkkä hyppäys keskelle nykyajan sivilisaatiota on vaihteen
vuoksi ollut hyvin miellyttävä seikka, mutta onhan meillä kotonakin
Taka-Töölö ja Lauttasaari, joten ehkä jätämme mukavuuksista naut-
timiset vigolaisille itselleen.[82]

Galician rannikolla liikkuessa olisi Sinikka Kallio-Visapään mielestä
saattanut kuvitella olevansa Norjassa. Vain ihmisten vaatetuksesta ja
puheesta saattoi päätellä, ettei näin ollut. Jyrkkärantaiset ja kiilamaiset
rannat olivat kuin vuonoja, ja vain lumi puuttui vuorien huipuilta. Vuo-
nojen pehmeinä ja samettisina toisiinsa sulautuvissa väreissä matkaaja
näki kuitenkin hivenen etelän hehkua.

Euroopan mantereen läntisimmälle alueelle väriä ja liikettä antoivat
merenkulku, kauppa ja kalastus. Täällä oli kirjailijan mielestä hauska
katsella kalastajakylien ja pikkukaupunkien maalauksellista menoa
vuonojen "vastaanottokyvyn ylärajaa" hipovan kauneuden rinnalla. Ka-
lastajat nostivat merestä ylös isoja *merluzoita* ja mustekaloja, kampelaa
ja ankeriaita, merianturaa, hopeisia sardiineja ja erilaisia värikkäitä pik-
kukaloja. Pyydyksistä nousi oikea herkkuäyriäisten joukko, isoja ja pie-
niä langustiineja, hummereita, ostereita ja kaiken mallisia simpukoita,
jotka maultaan voittivat tavallisen katkaravun. Paikan kuvauksselli-
suutta lisäsivät naiset, jotka aamuisin kuljettivat kaikki nämä merenelä-
vät päälaella keikkuvissa valtavissa vasuissa myyntipaikoille.

KASTILIA JA LEÓN

Kastilioita on kaksi, pohjoisempana Vanha ja etelämpänä Uusi,
mutta yhteisesti niitä nimitetään vain pelkäksi Castillaksi, Linnojen
Maaksi, minkä merkkinä Kastilian vaakunakilpeä koristavat sakara-
harjaiset linnantornit.[83]

Kun muu Espanja joutui maurilaisten valtaan, kastilialaiset vetäytyivät
vuorilleen ja rakensivat vuorten huipuille jylhästä kivestä nousevia lin-
noja. Linna on latinaksi *castella* (esp. *castillo*), ja näistä vapauden ja
vastarinnan tunnusmerkeistä maakunta sai todennäköisesti nimensä
Kastilia. Aluksi tätä nimeä käytettiin vain Burgosin ympäristöstä, mutta
sitä mukaa kun kastilialaisten valta levisi maureja vastaan käytyjen tais-
teluiden jälkeen Kastilian alue laajeni. Katolisten Kastilian Isabellan ja
Aragonian Ferdinand II avioliiton (v.1469) seurauksena kuningaskun-
nat yhdistyivät, mitä pidetään nykymuotoisen Espanjan syntymänä.
Maurien hallinnassa olleiden alueiden takaisinvaltaus päättyi vuonna
1492, kun viimeinen Nasrid-dynastian hallitsija, emiiri Boabdil antau-
tui Granadassa.

Maantieteellisesti alue ulottui Madridin pohjoispuolella kohoavan
Sierra de Guadarraman ja länsipuolella olevan Sierra de Gredosin hui-
puilta pohjoiseen Biskajan lahdelle. Alue oli 1940-luvun lopulla Tapio
Hiisivaaran sitä kiertäessä Länsi-Euroopan harvimmin asuttua ja yksi-
toikkoista seutua. Kastilialle tyypillistä ovat tiiviisti rakennetut kylät,
joita Hiisivaara kuvaili seuraavasti:

69

Kylän talot tarttuvat kiinni toisiinsa kuin turvaa etsien, kadut ja kujat ovat niin kapeita kuin suinkin, sillä väljyys on pahasta. Mitä enemmän varjoa on kesällä, sitä parempi. Sillä täällä on "nueve mezes de invierno y trez mezes de infierno", yhdeksän kuukautta talvea ja kolme kuukautta helvettiä.[84]

Alueen ankara ilmasto, kuiva ja kuuma kesä sekä kylmät talvet olivat Hiisivaaran mielestä syy siihen, että juuri se oli "Espanjan kansallisen hengen kehto". Kastilialle tyypillinen rakentaminen vuorten huipuille ja rinteille antoi asukkaille enemmän näköalaa, mistä Hiisivaaran mukaan seurasi henkistä vireyttä. Yhdellä katseella saattoi nähdä monta asiaa. Myös kastilialaisten puhe miellytti suomalaista matkaajaa. Se oli selkeää ja niukkasanaista. Kastiliaan ja sen ihmisiin erityisen ihastunut Hiisivaara kertoi, miten Kastilian pohjoisosassa saattoi vielä kohdata espanjalaisen hengen edustajia heidän alkuperäisessä muodossaan:

Vanhat kastilialaiset ovat ankaria, itsepäisiä, omistautuneita kovan ja köyhän maakuntansa viljelemiseen, mystiikkaan taipuvaisia, tavoiltaan yksinkertaisia, kuuluisia uljaudestaan sekä horjumattomia uskollisuudessaan uskontoaan ja isänmaataan kohtaan.[85]

Nykyinen Kastilia ja Leónin -itsehallintoalue, Castilla y Léon, perustettiin vuonna 1983. Se sijaitsee Madridin pohjoispuolella ja on Espanjan itsehallintoalueista pinta-alaltaan suurin. Tyyni Tuulio ja Sinikka

Kallio-Visapää vierailivat tällä alueella sijaitsevassa vanhassa kuninkaankaupungissa Burgosissa. Tapio Hiisivaara teki lyhyen vierailun Salamancan yliopistokaupunkiin, samoin Kallio-Visapää, joka pahoitteli visiittinsä pituutta ja ajankohtaa: "Salamanca sunnuntaina ei varmaankaan ole sama kuin Salamanca tiistaina tai perjantaina."

BURGOS – CIDIN KAUPUNKI

Ja sitten oltiin Burgoksessa, aution maan kaupungissa, jonka katedraalin tornit olivat jo kauas erottuneet taivaanrannalta. Täällä puhalsi tuttu, kylmä viima vastaan. Oli vaikeata ajatella, että edellisenä päivänä olimme uineet Atlantin kitkeränsuolaisessa vedessä. Täällä on ilma sellainen kuin meikäläisen mielestä sopiikin olla lokakuussa.[86]

Tyyni Tuulion matkakirje "Cidin jäljillä" kertoi lyhyestä pysähdyksestä Burgosissa matkalla San Sebastianista Madridiin. Vaikka sää muistutti syksyisestä Helsingistä, kaupunki ei muuten muistuttanut lainkaan kirjailijan kotikaupunkia. Ensimmäisenä matkaajia oli vastassa vanhoja, mutkikkaita katuja pitkin kulkenut kirkollinen juhlakulkue pyhiä esineitä kantavine pappeineen ja mustapukuisine munkkisaattueineen. Tuulio kiinnitti huomiota vanhan kaupungin arkkitehtuuriin ja suuriin, moniruutuisiin, ulkoneviin ikkunoihin, jotka peittivät talojen seiniä lähes yhtenäisesti. Toisena iltana heidän kävellessä pitkin hiljaisia katuja alkoi äkkiä kuulua pienten tiukujen helinää. Ääni tuli lammaslaumasta, joka palasi kotiin vuorilta.

"Burgos'issa on kaikkea sitä mikä tekee muinaistutkijan onnelliseksi, turistin epätoivoiseksi ja panee alkuasukkaan haaveilemaan oman postikorttikaupan perustamisesta."[87] Tämän vaikutelman saivat

Soile Kallio-Visapään mielestä aikaan kymmenet palatsit, epälukuisa määrä kirkkoja ja luostareita sekä avarat näköalat Castillon kukkuloilta. Alkuaikojen "linnunratalaiset" eli varhaiset pyhiinvaeltajat olivat pysähdelleet näihin kirkkoihin ja luostareihin, etenkin Monasterio de las Huelgasiin, ennen kuin Burgosin katedraalin rakentaminen aloitettiin 1200-luvulla. Keskiaika näytti "ainiaaksi pesiytyneen" 800-luvulla perustetun Burgosin muurien ja talojen välisille kujille näkö-, kuulo- ja hajuaistia koettelevasti.

Tässä Vanhan Kastilian entisessä kuninkaankaupungissa oli Kallio-Visapään mukaan erityisen hyvä mahdollisuus perehtyä Espanjalle tyypilliseen rehevään ja runsaaseen heraldiikan käyttöön. Värikkäät rakennusten kiviseiniin hakatut kuninkaalliset vaakunat kertoivat Espanjan historiasta:

Näistä ja monista muista asioista kertovat meille Burgos'in avomieliset vaakunat, jotka varhaisessa, naiivin rehevässä asussaan suuresti poikkeavat nyky-Espanjan kalseasta valtiovaakunasta. Léonin leijonat seisovat takajaloillaan pirteinä ja nuorekkaina, samoin kuin Kastilian heraldiset castillot kohoavat alustaltaan tarmosta paisuen, täynnä ajankohtaista voitonvarmuutta. Granadan granaattiomena halkeaa omaa luonnollista kypsyyttään, niin kuin se kerran tekikin, ja jopa Habsburgien ikävä kaksoiskotka on täällä vilpittömästi ylpeä ja mahtava, koska se juuri silloin kun se veistettiin oli täysimmän kunniansa kukkuloilla.[88]

73

Vaakunatarinoita riitti Burgosin seinissä, mutta yleensä taidehistoriaan keskittyneestä tyylistään poiketen Kallio-Visapää malttoi kuvata myös nykyajan kaupunkielämää Plaza de Libertadin torikaivolla. Kapeilta kujilta torille päin ahtautui äänekkäiden aasien kantamia risu- ja tavarakuormia sekä tukevatekoisempia muulien vetämiä rattaita. Auringon lämmetessä torin hajumaailmaan tulvi lampaanvillan, öljyn ja valkosipulin tuoksuja. Torikaivolla istuskeli matkailijoiden lisäksi vain paikallisia, joita ei Kallio-Visapään mielestä voinut varsinaisesti nimittää "yhteiskunnan kermaksi". Kengänkiillottajat tappelivat siitä, kuka ehtisi kiillottaa turistien pölyiset kengät. Paikallisten kengät kiilsivät aina, koska he mielellään istahtivat katukahviloihin, joiden vakiokalustoon kengänkiillottajat kuuluivat.

Kengänkiillottajat olivat lapsia, jotka ottivat innostuneesti vastaan matkailijoiden tarjoamat purukumit. Lapset olivat oppineet aikuisten paheet ennen kuin lapsenmieli oli ehtinyt haihtua. Oli parempi jättää polttamatta savuke ulkona, ellei halunnut nähdä, miten lapset tappelivat savukkeiden jäännöksistä ja vetivät sieraimiinsa sen hajua.

Burgos tunnetaan legendaarisen tarujen ja laulujen ylistämän, kastilialaisen sotilasjohtajan El Cidin kaupunkina. Rodrigo Díaz syntyi Burgosissa noin 1043 ja kuoli Valenciassa 1099 vallattuaan ensin kaupungin maureilta. Kuolemansa jälkeen Cidiä juhlittiin kansallissankarina. Tyyni Tuulio kirjoitti historiallisen henkilön Rodrigo Díazin ja legendojen Cidin keskinäisestä ristiriidasta ja asian herättämästä hämmennyksestä:

Täällä muuttuu satu historiaksi ja historia saduksi. Historian Rodrigo Díaz oli rettelöivä vasalli, vehkeilijä, joka saavutti paljon voittoja maureista, antautuakseen taas heidän palvelukseensa, kun niiksi tuli. Mutta hän, jonka tomu lepää noiden kivien alla, on laulujen Cid Campeador, vapaan, kristityn Espanjan voitollinen symboli, ja katedraali on hänen aatteensa valtava muistomerkki.[89]

Sinikka Kallio-Visapää kirjoitti sarkastisesti ottavansa osaa Burgosin närkästykseen siitä, että Valencia kutsui itseään Cidin kaupungiksi: "Ellemme näin myöntäisi ja vannoisi, meitä tuskin päästettäisiin edes Burgos'in katedraalinovien sisäpuolelle, missä Cid ja hänen puolisonsa Jimena, corneillelaisittain Chimène, nukkuvat viimeistä untaan."[90]

Burgosin katedraali oli Kallio-Visapään mielestä kuin "vieraanmaan laiva". Ranskalaisten esikuviensa mukaan rakennettu suurkatedraali olisi yhtä hyvin voinut sijaita Bourgesissa Ranskassa. Lopullisesti tämä valtava kirkko valmistui 1560-luvulla, jolloin se ajan hengen mukaisesti sai goottilaisille muodoilleen *platereskin* silauksen. Kallio-Visapää määritteli tätä espanjalaiselle arkkitehtuurille ominaista tyyliä lukijoita sivistäen seuraavasti:

Hopea on espanjaksi "plata" ja platereskityyli siis tavallaan "hopeistyyliä", jonka ylipursuavan rikkaat ja pintakoristeellisuuteen taipuvat muodot ovat luonteenomaisia löytöretkien jälkeiselle Espanjalle. Nykyajan silmissä se on oikea Espanjan kansallistyyli, oudon rehevä, tuhlaavainen ja fantastinen.[91]

Kallio-Visapään mielestä tyyli kuvasi oivallisesti sitä kulta- ja hopealastien sekä seikkailunhalun värittämää mielialaa, joka oli vallinnut siirtomaakuumeen ja maailmanvallan Espanjassa 1500-luvulla. Tyyliä näki kaikkialla Espanjan kirkoissa, luostareissa ja palatseissa ylenpalttisesti, aivan kuin ihmiset noina aikoina eivät olisi tienneet, minne kaikki rikkaudet tulisi panna.

Katedraalin tyylien ja yksityiskohtien runsaus oli suorastaa lumoavaa myös Tyyni Tuulion mielestä. Kirkon kolmessa laivassa olisi riittänyt katseltavaa päiviksi. Korkealle erään kappelin seinään ripustettu puinen, miltei hajoamistilassa oleva Cidin arkku sai hänet jälleen hämmästelemään, oliko tämä satua vai historiaa. *Cid*-runoelmassa kerrottiin, että sankari oli ennen lähtöään maanpakoon jättänyt hiekalla ja kivillä täytetyn arkun Burgosin juutalaisille pantiksi ja kertonut sen sisältävän kaikki hänen aarteensa. Näin hän onnistui saamaan matkarahat. Taru ei kuitenkaan kertonut mitään lainan takaisinmaksusta.

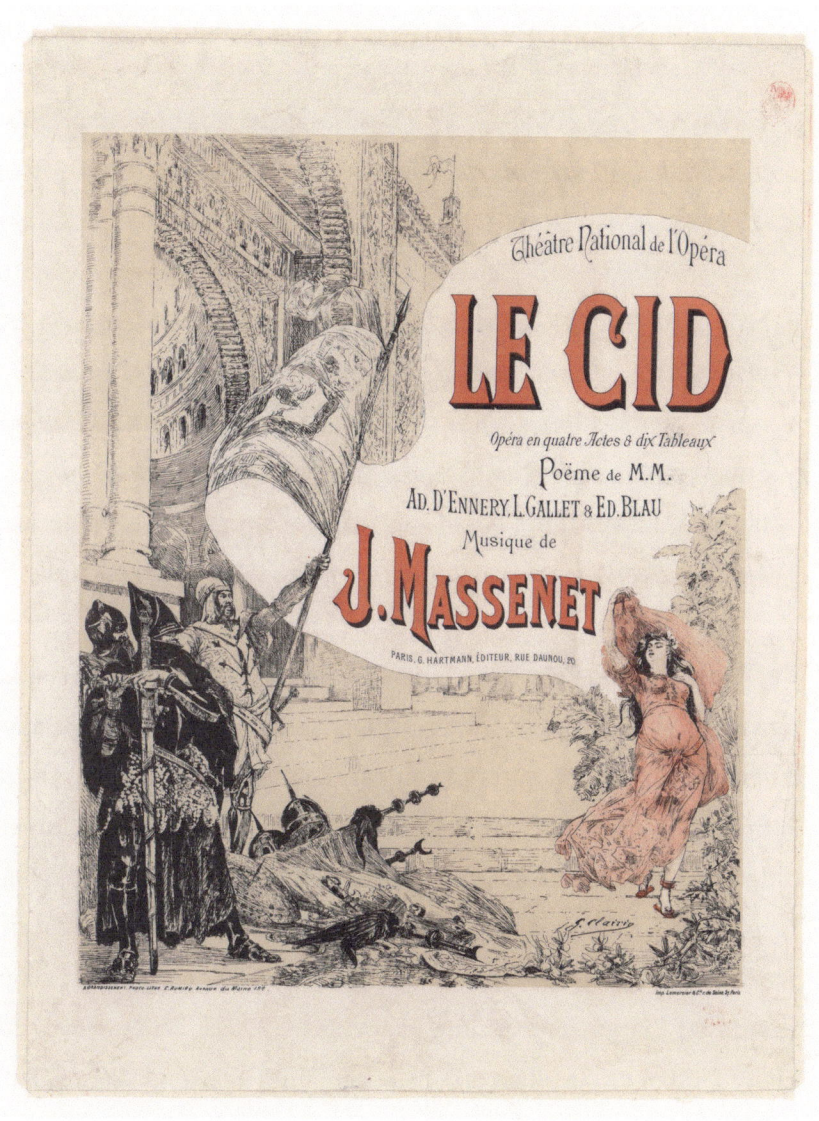

Cidin legendasta on syntynyt kirjoja, näytelmiä ja elokuvia. Yllä ranskalaisen säveltäjän J. Massenet'n *Le Cid* -oopperan ensi-illan juliste, v. 1886. CC0.

AMBRANVÄRINEN SALAMANCA

Täältä nähtynä Salamanca on kastilialaisin kaikista Kastilian kaupungeista, niin Leónin maakunnassa kuin onkin. Se ei olekaan oikeastaan muuta kuin suurennos mistä hyvänsä Kastilian ylätasangon talonpoikaiskylästä. Kaukaa katsoen sen rakennusten herkkä ambran väri muuttuu samanlaiseksi harmaanruskeaksi, mitään sanomattomaksi, yhdentekeväksi värisoinnuksi kuin missä muualla hyvänsä. Sen kirkkojen tornit ovat kaukaa katsoen vain suurennoksia kyläkirkkojen torneista. Salamancan rakennukset pakkautuvat tiiviisti yhteen niin kuin missä kylässä hyvänsä etsien toistensa varjoa kesän helteellä ja suojaa talven lumimyrskyiltä.[92]

Tapio Hiisivaara katseli Salamancan siluettia roomalaiselta sillalta, jonka alla virtasi Tormes-joki. Kastilian ylätasangon keskellä sijaitseva Salamanca muistutti niitä yhteen rakennettuja kyliä, joista Kastilian kerrotaan saaneen nimensä. Kaupungin ympäröivät muurit nousivat tasangosta kuin "kastilialaisen talonpoikaistalon kivijalka". Näkymä on tyypillinen Kastilian ja Leónin kaupungeille, kuten Sinikka Kallio-Visapää kuvaili. Kaupunkien tornit ja rakennukset nousevat kuin suoraan mesetasta: "Ja joka kerran kun kaupungista lähtee, on mentävä pitkän kivisen sillan yli, ja sillan alla on joki, paljon kapeampi kuin sillan pituus."[93]

Myös Sinikka Kallio-Visapää katseli Salamancan kaupunkia joen ylittävältä sillalta. Hän vietti Salamancassa vain yhden sunnuntain,

78

joten kaikkien merkittävien nähtävyyksien ovet olivat valitettavasti kiinni: "Sillan takana kaupungin kullanruskea kauneus tekee parhaansa lunastaakseen matkailumainosten lupaukset, ja lähdemme nyt katsomaan edes kulisseja, koska sunnuntai sulkee pois kaikki muut mahdollisuudet."[94]

Kaupungin sisällä sen omalaatuisuus tuli esille etenkin ambran värisävynä, minkä väriseksi kaupungissa rakennusaineena vuosisatojen ajan käytetty kivi oli patinoitunut. Tämä harvinainen värisävy antoi kaupungin kaduille ja kujille leiman, jonka vuoksi sitä ei voinut verrata mihinkään muuhun kaupunkiin.

Salamanca tunnetaan etenkin 1200-luvun alussa perustetusta yliopistostaan, jonka paavi Aleksanteri IV oli vuonna 1254 määrännyt rinnastettavaksi Euroopan parhaiden yliopistojen rinnalle. Espanjalaisten kristittyjen yliopistojen korkeatasoisuus rakentui maurien perinnölle. Maureilla oli ollut omia korkeakoulujaan, joiden opetuksesta olivat päässeet nauttimaan myös kristityt maanmiehet ja ulkomaalaiset. Kallio-Visapää kertoi arabien tieteellisiin tuomisiin kuuluneen muun muassa Aristoteleen filosofian tunnetuksi tekemisen. Samoin skolastiikan, matematiikan, kemian, tähtitieteen ja luonnontieteiden harjoittajina Espanjan arabit olivat olleet edellä länsimaisia tieteilijöitä.

On varsin kuvaavaa, että maurien ja juutalaisten joukkokarkoitusten jälkeen alkoi Espanjan yliopistojen vähittäinen rappeutuminen. Jonkin aikaa kehitys kyllä jatkui omalla painollaan, niin että esimerkiksi Salamancan kukoistus ja maine kohosi ylimmilleen vasta 1500-

luvulla: kirjoissa olevia ylioppilaita oli lähes seitsemäntuhatta, ja opetuksen taso oli suoraan verrannollinen opiskelijoiden lukumäärään.[95]

Sekä Hiisivaara että Kallio-Visapää kirjoittivat lähes samoin sanoin yliopiston kukoistuksen vuosista, joten tiedot saattoivat olla samasta lähteestä. 1950-luvulle tultaessa Salamanca sai vain tyytyä ylpeilemään hienoista perinteistään, sillä Espanjan yliopistoista se oli kahdeksannella sijalla, Kallio-Visapää kertoi. Tiedekuntia yliopistossa oli enää neljä, ja opiskelijoita puolitoistatuhatta. Se oli liian syrjässä uuden elämän valtaväyliltä, ja nykyaikaisemmat Madrid, Barcelona ja Valencia olivat muiden muassa ajaneet sen ohi.

Yliopiston uudet rakennukset ovat suurelta osin peräisin 1500-luvulta. Hiisivaara kertoi, kenties mukanaan kuljettamansa matkaopaskirjan tekstiä lainaten, yliopistorakennuksen olevan platereskisen arkkitehtuurin kauneimpia luomuksia. Kallio-Visapää kirjoitti kulttuurihistorioivalla tyylillään rakennusten olevan yliopiston historian loistavimmalta vuosisadalta, jolloin sekä lahjoittajilla ja rakennuttajilla alkoi olla runsaasti "Amerikankultaa": "Kalliit ja suuritöiset platereskit kukoistavat itse yliopiston ja siihen kuuluvien rakennusten julkisivuissa, ja colegiot kilpailevat keskinäisestä komeudesta, samoin kuin monet kirkkoruhtinaiden ja aatelissukujen palatsit, luostarit ja kirkot."[96]

Kadun toisella puolella sijaitsee Salamancan varsin erikoinen tuomiokirkko. 1100-luvulla alettiin rakentaa sen vanhinta osaa, joka on ensimmäisiä Espanjan goottilaisia kirkkoja. Katedraalin laajentaminen alkoi 1500-luvulla. Rakennustyöt kestivät 200 vuotta, joten se on sekoitus kulloinkin muodissa ollutta tyyliä, myöhäisgoottilaista, platereskista ja barokkiajan tyyliä. Hiisivaara piti tätä tyylien sekasotkua odotustensa vastaisesti hyvin kauniina. Kallio-Visapää totesi suosituimmille arkkitehdeille, kuten barokin ajan José Benito de Churrigueralle, riittäneen töitä Salamancassa. Tämän arkkitehdin aikaansaannos oli muun muassa Salamancan uusi katedraali.

Santiagon simpukkaa ja keskiajan pyhiinvaeltajien reittejä seurannutta Sinikka Kallio-Visapäätä kiinnosti Santiagon kaupunginosa ja apostolin nimikkokirkko, mutta ennen kaikkea *Casa de las Conchas*. Tämä kuningatar Isabella Katolilaisen aikainen Simpukkatalo oli kuulunut Santiagon ritarikunnan pääpaikkoihin. Rakennuksen kullanruskeat seinät on koristeltu veistetyillä simpukoilla, ja ikkunoiden edessä olevien takorautaisten kalterien tangoissa kimmeltää pieniä simpukoita. Nykyään talossa toimii kirjasto.

Tapio Hiisivaaran mielestä Salamancan pääaukio, Plaza Mayor, oli Espanjan kaunein ja tyylipuhtain. Sinne jätti myös Sinikka Kallio-Visapää kuvitellun lukijansa istumaan siksi aikaa, kun itse meni yliopistolle tapaamaan erästä tuntemaansa hispanistia:

Sinut taas jätän istumaan tähän äärettömän upean Plaza Mayorin pylväskäytävien alle, leppoisaan katukahvilaan, missä sinulla on tilaisuus nauttia erinäisiä nesteitä, kiilloituttaa kenkäsi vaikka kymmenen limpiabotas'in voimalla, katsella siestan jälkeen vilkastuvaa sunnuntaikävelyä ja ihailla tätä plazaa itseään.[97]

Siestan jälkeen kadut täyttyivät ihmisistä ja joukkoon mahtui myös muulivaljakko, aivan kuten Burgosissa. Sinikka Kallio-Visapää pääsi sunnuntain päätteeksi vierailemaan sisällä yliopiston tiloissa tuttunsa kanssa. Erityisesti häntä ilahdutti eteläisestä galleriasta alas patiolle johtanut porrashalli ja sen veistokuvin koristellut porraskaiteet. Niihin oli tallennettu riemastuttava kuvakertomus 1500-luvun ylioppilaselämästä uskollisine kirjatoukkineen ja pulleine juomaveikkoineen, jotka näyttivät pitävän enemmän koirista ja hevosista kuin kurssikirjoista. Porraskaiteisiin oli tallennettu muiden aikakaudelle tyypillisten hahmojen lisäksi jopa kokonainen härkätaistelu.

Kierroksen päätteeksi Kallio-Visapää kävi ystävänsä kanssa Plaza Mayorilla juomassa lasillisen sherryä, joka oli hänen mielestään "yhtä vanhaa ja kullanruskeaa ja harmonisesti kypsynyttä kuin Salamancan kaupunki."[98] Tämän jälkeen Kallio-Visapää joutui jatkamaan matkaa suunniteltua nopeammin Extremaduraan, koska hänen autonkuljettajallaan Marcelilla oli jo kiire palata kotiin pian synnyttävän vaimonsa luokse.

Casa de las Conchas. Constantin Uhde, 1888-1889. CC0.

MADRID – UUSI JA ILOINEN KAUPUNKI

Madrid sanoo: "Kas, kas, kuinka sinä olet erilainen kuin kaikki
täällä! En olisi uskonut! Mutta mitäs siitä, kyllä minä pidän huolta
siitä, että viihdyt, kunhan vain jätät pois tuon ulkomaalaisen nirpis-
tyksen ja olet iloinen ja välitön niin kuin muutkin.[99]

Jokainen kaupunki ottaa muukalaiset vastaan omalla tavallaan, Tyyni
Tuulio kirjoitti. Madrid otti vieraat hyvin vastaan, jos nämä itse olivat
avoimia kaupungille. Samassa junanvaunussa Tuulioiden kanssa Mad-
ridiin matkustanut sympaattinen espanjalainen nainen kuvaili maan
kaupunkeja erilaisin adjektiivein. Madrid oli hänen mielestään hyvin
iloinen, Toledo mielenkiintoinen, Málaga hauska ja Sevilla kovin sym-
paattinen kaupunki.

Ensimmäisen viikon aikana Tuuliot tutustuivat rauhassa Madridin
olemukseen. Nähtävyyksien katsomiselle pariskunnalla ei ollut kiirettä,
sillä he viettivät kaupungissa kaikkiaan nelisen viikkoa. Tyyni Tuulion
silmissä Madrid oli "uusi kaupunki", vaikka kaupunki oli ollut Filip II:n
ajasta lähtien Espanjan henkisen ja poliittisen elämän keskus. Madrid
oli uusi kaupunki hieman samalla tavoin kuin Helsinki: "Tai suuri Hel-
sinki – jos Helsingin taivas aina olisi näin säihkyvän sininen ja kaduilla
vilisisi vilkkaita, mustasilmäisiä ihmisiä."[100] Kaupungin historia näyt-
täytyi hiljaisena ja vaatimattomana nykyhetken pauhussa, vaikka se ai-
koinaan oli ollut suurempi maailmankaupunki kuin Pariisi tai Lontoo.

Tapio Hiisivaara puolestaan kuvaili Madridia "kuninkaan tahdosta tai oikusta" keinotekoisesti syntyneeksi kaupungiksi, sillä se alkoi välittömästi maaseudusta ilman minkäänlaista siirtymisaluetta. Pääkaupungin paikan oli määrännyt, kuten todettua, espanjalaisin kaikista Espanjan hallitsijoista, Filip II (esp. Felipe II) vuonna 1561. Kaupungin laidalla olevien rakennusten jälkeen alkoi välittömästi kuiva ja autio ylätasanko, jota reunustivat punaruskeat ja harmaat vuoret. Tuulioiden katsellessa tätä maisemaa Santa Cruzin kirkontornista Sierran huiput peittyivät usvaan ja pilvien varjoihin, ja maaseutu levisi heidän eteensä "pelottavassa kuivuudessaan ja aurinkoisuudessaan". Kaupunki näyttäytyi kaiken keskellä suurena peittäen koko taivaanrannan. Ympäröivästä tasangosta huolimatta Madrid sijaitsi valtakunnan keskellä, ja sinne oli ollut helppoa rakentaa liikenneyhteydet kaikkialta Espanjan mantereelta.

Elämää madridilaisessa pensionaatissa

Yhdeksän kymmenestä pohjoismaalaisesta olisi kääntynyt takaisin, ja azotea olisi jäänyt löytämättä. Luulen, että ulkomailla – myös Suomessa, silloin kun Suomi on "ulkomaa" – saa aina silmät ummessa sivuuttaa jonkin vähemmän miellyttävän esikartanon, s.o. unohtaa ennakkoluulonsa ja katsoa sormien läpi erinäisiä asioita, ennen kuin löytää azotean, s.o. sen, mikä maassa on erikoista, hauskaa ja kaunista. Sellaisia asioita ei mainita Baedekerissa. Ne eivät ole museoita eikä nähtävyyksiä, vaan elävää elämää.[101]

Tyyni Tuulio kirjoittaa yllä periaatteesta, joka jokaisen matkailijan olisi hyvä sisäistää. Vain ennakkoluulonsa ylittämällä saattaa vieraassa maassa löytää jotain ainutlaatuista ja kaunista, mistä matkaoppaat eivät kerro. Madridissa Tuuliolle tällainen löytö oli aluksi vaatimattomalta vaikuttaneesta pensionaatista löytynyt *azotea*, jolle hänen oli mahdotonta löytää suomenkielistä vastinetta. Tilaa ei voinut kutsua verannaksi, sillä siinä ei ollut kattoa eikä seiniä. Sitä ei voinut myöskään kutsua parvekkeeksi, koska se oli monta metriä pitkä ja lattiana oli alemman kerroksen katto. Kattoterassin idea oli hänelle niin uusi, että sitä oli kuvailtava tarkemmin: "Azotea on siis jonkinlainen terassi, korkealla kattojen tasalla, tai itse katto, jos katto on tasainen ja oleskelupaikaksi järjestetty. Tällaiselle aukeaa ovi madridilaisesta huoneestamme."[102]

Rakennus oli muuten vaatimaton, eikä ensivaikutelma houkutellut jäämään. Ensimmäisellä tutustumiskerralla alaovella oli vastassa joukko naisia ja lapsia sekä epämääräinen käytävä, jonka valkoinen katto oli aikojen myötä muuttunut mustaksi. Tuulion mukaan tässä kohtaa yhdeksän kymmenestä pohjoismaalaisesta olisi jo kääntynyt pois. Tummaa käytävää seurasi siistit portaat, jotka tosin olivat hyvin eri tyyliä kuin kotona Helsingissä Töölön uusissa taloissa. Varsinainen pensionaatti sijaitsi rakennuksen viidennessä kerroksessa. Kävely pitkin pensionaatin mutkikkaita käytäviä mustankirjavaan kotipukuun pukeutuneen emännän perässä ei sekään herättänyt luottamusta asumusta kohtaan. Mutta kun emäntä näytti *azotean* ja koska majoituksen hinta oli kohtuullinen, asia ratkesi heti.

Tuulioiden *azoteassa* oli kaunis, punainen kivilattia, ja sen toisessa päässä sijaitsi pieni *pergola*, jonne mahtui kaksi korituolia ja pieni teepöytä. Terassilta oli kaunis näköala yli Madridin punaisten kattojen, joilla liikkui kissoja. Tämä kuulosti niin ihastuttavalta, että Tyyni Tuulio koki tarpeelliseksi korostaa lukijoilleen pensionaatin vaatimattomuutta.

Puerta de Sol -aukiota lähellä sijainnut pensionaatti antoi Tuulioille mahdollisuuden kurkistaa espanjalaiseen elämään, sillä he olivat ainoat ulkomaalaiset asukkaat talossa. Vaatimattomassa täysihoitolassa ei ollut salonkia, eikä kenkiä harjattu talon puolesta, kuten paremmissa majoituspaikoissa. Ruokasaliin mahtui vain pitkä ruokapöytä ja sen ympärillä istuivat asukkaat sekä emännän apulainen: "Agapita eli Piitta, 'la preciosa', joka kantaa ruokia sisään ja ulos, kaataa vettä laseihin ja leikkaa leipää itämaisella hitaudella."[103]

Osa pensionaatin huoneista oli ikkunattomia alkoveja. Tavallisesti espanjalaisissa taloissa seinät olivat valkoiseksi kalkittuja, mikä Tuulion mielestä antoi asunnoille siistin ja rauhallisen vaikutelman. Tapetille ei ollut edes olemassa nimeä, koska ne olivat niin harvinaisia Espanjassa. Joissain kaupoissa myytiin "kuvapaperia seiniä varten". Huonekaluja oli espanjalaisessa kodissa vähän. Suomalaisten ja espanjalaisten siisteyskäsityksessä Tyyni Tuulio havaitsi joitain eroja, mutta hän ei eritellyt niitä kirjassaan tarkemmin: "Mitä muuten tulee siisteyteen, luulen, että espanjalaisilla on omat tarkat vaatimuksensa, vaikka ne eivät käy yhteen meidän vaatimustemme kanssa."[104]

Syksyllä toteutetun matkan jälkeen Tyyni Tuulio pakinoi suomalaisille perheenemännille suunnatussa *Kotiliesi*-lehdessä enemmän täysihoitolan siisteydestä. Hän kertoi keittiön, ruoka- ja vuodepuolen olleen pensionaatissa siistejä, mikä oli tärkeintä. Maalaamattomia lattioita ja ovia ei Espanjassa kuitenkaan pesty kovin usein. Tuuletuksessa oltiin Suomea edellä, hän kirjoitti humoristisesti. Lämpiminä päivinä kaikki ikkunat pidettiin avoimina, joten espanjalaiset olivat niin tottuneita vetoon, etteivät pelänneet sitä missään. Junanvaunuissakaan ei ollut koskaan raskas ilma, mutta ristivetoa sitä enemmän. Jos jotain moitittavaa Espanjasta oli sanottava, niin huoneiden kylmyys talvisaikaan oli "hirmuista": "Jos madridilaisessa huoneessamme yritimme loppuaikoina kirjoittaa tai lukea, täytyi istua palttoo päällä ja huopa polvilla."[105]

Myös Madridin kansalliskirjastossa piti istua päällysvaatteet päällä, mutta silti tuli kylmä. Suomessa kodit oli rakennettu kylmää talvea vastaan paremmin kuin Espanjassa, joten maaliskuussa 1927 julkaistun jutun päätteeksi Jeannette pakinoi kylmän ja pyryisen Suomen tuntuvan oikein lämpimältä ja herttaiselta maalta myöhäissyksyisen Espanjan jälkeen.

Madridilaisen pensionaatin asukkaat tekivät sisustukseltaan muuten epäkodikkaasta majoituksesta kodikkaan. Pari vanhempaa talossa pitkään asunutta herraa olivat talon kiinnostavinta sisältöä. Hienostunut, harmaatukkainen asianajaja Don Julio oli asunut talon pienessä ikkunattomassa alkovissa peräti 20 vuotta. Toinen vanhemmista herroista, Don Emilio, oli maistraatin virkamies ja muut asukkaat olivat miespuolisia opiskelijoita. Ihmisten erilainen mentaliteetti sai Tuulion kommentoimaan seuraavasti: "Heissä on kyllä vauhtia, mutta kiirettä ja hermostusta ei tunnu, ei edes silloin, kun Agapitan 'räättejä' saadaan odottaa ylettömän kauan."[106]

Kaikki vaikuttivat myös olevan aina hyvällä tuulella, vaikka väittelyt esimerkiksi Primo de Riveran politiikasta saattoivat olla hyvinkin kiihkeitä. Espanja oli tuolloin muodollisesti kuningaskunta, mutta maata hallitsi diktaattorimaisin ottein Primo de Rivera. Maan virallinen hallitsija, kuningas Alfonso XIII oli nimittänyt Riveran pääministeriksi tämän tehtyä vallankaappauksen sotilaiden tukemana syksyllä 1923. Riveran kausi päättyi vuonna 1930 toisen tasavallan aikaan.

Eräänä iltana ovi *azotealle* oli tiiviisti suljettu. Vaikka puissa oli vielä lehdet ja kukkaistutukset olivat hyvässä kunnossa, Madridiin oli tullut syksy. Ilma tuoksui Tyynin mielestä kotoisalta, aivan kuin kolealta kotimaiselta kesäpäivältä.

Tyylikkäitä madridilaisia Alcalá-kadulla Palacio de la Equitativa -raken-
nuksen edessä. Hauser y Menet, n. 1888–1898. CC0.

Madridin katuja ja aukioita

"Katu elää, sillä espanjalainen elää kadulla. Ja kadulle hän siirtää kodikkuutensa."[107] Madridissa Tyyni Tuulio havaitsi, miten tärkeä tila katu oli espanjalaisessa arjessa. Kaduilla tervehdittiin aina vastaantulijoita, ellei tämä selkeästi ollut ulkomaalainen. Espanjalaiset olivat suomalaisten silmissä kohteliaita ja avoimia. Paikalliselta ihmiseltä tietä kysyessä sai aina ystävällisen vastauksen.

Madridin ja lähes koko Espanjan keskus oli Puerta del Sol, auringonportti. Aukiolla yhtyivät raitiolinjat, ja sinne suuntautuivat ihmisten iltapäiväkävelyt. Parikymmentä vuotta Tuulioita myöhemmin Madridissa vierailleen Hiisivaaran mielestä Puerta del Sol ei ollut nimensä veroinen. Se oli pieni, pitkulainen ja kapea, eikä liikennettä ollut sanottavammin. Tämä kuvaus kuulostaa hyvin erilaiselta kuin muiden matkaajien kertomuksissa. Esimerkiksi Simo Penttilä kuvaili 1950-luvun alussa aukion eloisuutta seuraavasti:

Puerta del Solin suihkulähteet solisevat. Illalla ne valaistaan keltaisin ja sinisin valoin. Sadantuhannen kulkijan äänet muodostavat yhtenäisen kumisevan taustan kimeälle, vihlovalle kuorolle, joka toitottaa eri kilpailujen viime tuloksia tai tarjoaa arpajaisia, joissa onni tulee huomenna. Ehtoo on leuto ja terassikahvilat täynnä. Kello 22 tienoissa ihmiset kuljeksivat terveydekseen, sillä päivällinen on syöty tunti sitten eikä teatteriinkaan ole kiirettä, kun näytäntö alkaa klo 23.[108]

Tapio Hiisivaaran kävelyretket suuntautuivat useimmiten Pradon puistokadulle, jonka puistokahvilasta pääsi seuraamaan ihmisten ja liikenteen vilinää. Autoja, upeita raitiovaunuja ja kaksikerroksisia linja-autoja kulki ohi loputtomana virtana. Madridin kehittynyt liikennekulttuuri ja komeasti pukeutuneet liikennepoliisit tekivät vaikutuksen helsinkiläiseen toimittajakirjailijaan. Kahvilassa Hiisivaara nautti olutlasillisesta, "jossa jäänkappaleet kilahtelivat ihanasti laitoja vasten", ja ihmisten katselusta. Kaikki näyttivät liikkuvan hillityn arvokkaasti ja varmasti. Muualla Espanjassa saattoi kohdata ryntäileviä ihmisiä, mutta ei Kastiliassa eikä Madridissa.

Kaupungin olemuksessa oli suomalaisten kulttuurimatkaajien mielestä jotain ranskalaista. Simo Penttilä ihaili Madridin komeita katuja, joista Paseo del Prado muistutti häntä Pariisista. Illalla Alcalán mäkeä alas katsellessa hänelle tuli mieleen "maailman kaunein katu", Champs Elysées Pariisissa. Myös Hiisivaara näki Madridin arkkitehtuurissa ranskalaista vaikutusta, eikä kaupunki muistuttanut muita Espanjan kaupunkeja. Kaupunki oli hieman espanjalaisen näköinen, mutta varsinkin julkiset rakennukset muistuttivat ulkomaalaisista vaikutteista.

Limpiabotas – kengänkiillottajat

Suomalaisten silmissä Madrid oli tyylikäs ja ihmiset huoliteltuja. Madridilaisesta luonteenlaadusta saattoi Tyyni Tuulion mukaan päätellä jotain sen perusteella, että "lievästi liioitellen" joka toinen liike kaupungin mutkikkailla ostoskaduilla näytti olevan herrain vaateliike ja joka toinen "korvahelypaikka". Tapio Hiisivaara kiinnitti huomiota madridilaisten miesten tyylikkääseen pukeutumiseen:

Miehet ovat täsmällisyyden huippuja vaatetuksessaan. Oli miten hirvittävä helle hyvänsä, herrasmies ei koskaan esiinny ilman takkia ja solmiota. Puistossa, todellisessa kansanpuistossa eikä puistokadulla, voi takin ottaa käsivarrelleen, mutta viimeistään portilla herrasmies sen taas vetää ylleen.[109]

Madrid oli myös kaupunki, jossa kengät kiillotettiin parhaiten. Näin Tuulio kertoi lukeneensa, ja pariskunta oli todennut tämän todeksi reilun viikon kaupungissa asuttuaan. Katujen varsilla oli oikeita kengänkiillotussalonkeja (*limpiabotas*), ja kaduilla kenkiä kiillottavat olivat kehittäneet taitonsa miltei taiteeksi asti: "Kun eräät Suomesta ostetut kengät 10 minuuttia olivat olleet madridilaisen kiillottajan käsiteltävinä, kiilsivät ne kirkkaammin kuin kotimaassa konsanaan."[110]

Innokkailta kengänkiillottajilta oli mahdotonta välttyä Madridissa tai muissa kaupungeissa, joissa kengänkiillottajat löysivät nopeasti kahvilaan istahtaneet kanta-asiakkaat ja vierailijat. Kerran Madridissa Tapio Hiisivaara kaipasi juttuseuraa ja kengät olivat pitkän kävelyn jälkeen likaiset, joten hän päätti antaa kengänkiillottajan ansaita puolitoista pesetaansa. Kengänkiillottaja huomasi heti loppuun kuluneet kumikorot ja sanoi laittavansa uudet. Isänmaallisuutta korostaneelle tyylilleen ominaisesti Hiisivaara kertoi kengänkiillottajan tienneen Helsingin ja hieman muutakin Suomesta: "Suomessa on kylmä ja suomalaiset ovat hyviä tappelijoita ja hyviä sotilaita. Hyviä urheilijoita myös, varsinkin hiihtäjiä."[111]

Espanjan politiikasta kiinnostunut Hiisivaara halusi tietää, oliko kengänkiillottaja mahdollisesti ollut mukana sisällissodassa. Mies ei ollut halukas puhumaan aiheesta pidempään ja vastasi vältellen olleensa tasavaltalaisten puolella, mutta vakuutti olleensa tuolloin aivan nuori ja "vain autonkuljettajana". Keskustelu hankalasta aiheesta ei jatkunut tämän pidemmälle, mutta kengät tuli hoidettua uuteen kuntoon. Kuin huomaamatta kenkiin oli tullut uudet kumipohjat ja hinta nousi työn mukaisesti 29 pesetaan.

Palattuaan Madridiin Hiisivaara halusi kiillotuttaa kenkänsä vielä viimeisen kerran Puerta del Solilla. Huonosti puettu ja likainen, mutta reipas kengänkiillottajapoika huomasi heti kenkien pohjiin kiinnitetyt kumipohjat ja totesi ne tarpeettomiksi. Hän tarttui niihin sormillaan, veti irti ja repi kappaleiksi: "Että ovat kehdanneet panna tuollaiset pohjat herran kenkiin. Oletteko madridilainen?"[112] Toimittaja oli imarreltu tästä kysymyksestä ja tarjosi viisi pesetaa, jos poika arvaisi hänen kansallisuutensa oikein. Lyhyen keskustelun jälkeen Hiisivaara totesi kohdanneensa Espanjan-matkansa ainoan ihmisen, joka ei tuntenut sellaista maata kuin Suomi.

Pradon taidemuseo

Prado on Madridin päänähtävyys, miltei ainoa nähtävyys, mutta oi, kuinka ihana![113]

Madridin tärkein nähtävyys suomalaisten matkaajien mielestä oli Pradon taidemuseo. Suomalaisia viehättivät sen hienot kokoelmat, mutta myös hallittavissa oleva koko. Tyyni Tuulion mielestä Prado ei ollut yhtä toivottoman suuri kuin Louvren taidemuseo Pariisissa. Maallikko saattoi kahdessa tunnissa saada edes jonkinlaisen kokonaiskäsityksen museon kokoelmista samalla kuitenkin tiedostaen, että tänne olisi palattava uudestaan vielä monta kertaa. Myös Tapio Hiisivaara piti Pradoa yhtenä parhaimmista eurooppalaisista taidegallerioista, koska siellä ei tarvinnut kävellä kilometrejä nähdäkseen jotain hyvää. Pradossa ei ollut mitään, mikä ei olisi ollut mestariteos. Museossa kävijän ei silti tarvinnut olla taiteen asiantuntija saadakseen iloa näkemästään. Hiisivaara kertoi käyvänsä siellä omaksi ilokseen, sillä tauluista kirjoittamisesta ei olisi lukijoille paljonkaan iloa.

Pradon taidemuseo oli Sinikka Kallio-Visapään mielestä Madridin "Talo Numero Yksi" kaupungin lukuisten hienojen ja mielenkiintoisten rakennusten joukossa. Hän oli vieraillut Pradossa useasti aikaisemmilla matkoillaan, mutta keväällä 1952 suunnitelmana oli ohittaa ulkomaalaiset taiteilijat ja keskittyä vain espanjalaisiin "kruunupäihin, taiteilijoihin ja tavalliseen kansaan". Tähän oli silti välttämätöntä tehdä poikkeus venetsialaisen renessanssimaalarin Tizianin kohdalla. Ilman perehtymistä Tizianin teoksiin olisi ollut mahdotonta kohdata eräitä 1500-luvun huomattavimmista espanjalaisista. Espanjan hallitsijoista sekä Kaarle V että hänen poikansa Filip II pitivät Tiziania suuressa arvossa, joten Pradon kokoelmista sai hyvän kuvan taiteilijan töistä. Espanjan hallitsijat aina Isabella Katolilaisesta Bourboneihin asti olivat kaikki merkittäviä taiteen asiantuntijoita ja tukijoita.

Kallio-Visapää analysoi innostuneesti ja asiantuntevasti muun muassa Diego Velázquezin Espanjan hovia kuvaavia teoksia. Velázquezin merkittävimpänä pidetylle maalaukselle *Las Meninas* (1656) on Pradossa varattu oma huone. Taiteilija on maalannut myös itsensä seisomaan maalaukseen, joka kuvaa Filip IV:n perhettä ja hoviväkeä. Teoksen taidehistoriallisissa tulkinnoissa on pohdittu katsomisen ja katseen kohteena olemisen kysymyksiä. Teoksen peilit antavat sille merkitystasoja, ja saavat katsojan pohtimaan, onko hän itse lopulta katseen kohteena. Pradossa teoksen huoneeseen oli sijoitettu peili, joka korosti tätä illuusiota.

Mutta Velazquez'in nopea katse osuu suoraan rauhanhäiritsijän silmiin ennen kuin kukaan muu on vielä kunnolla ehtinyt tajuta mistä on kysymys: siinä on selvä poistumiskäsky kutsumattomalle vieraalle, joka on turmelemaisillaan hänen malliensa hienot asennot. Kuitenkaan katsoja ei sitä tottele, vaan jää herkuttelemaan tällä hiukan karmivalla ja omalaatuisella tunnelmalla, katselemaan ikään kuin kaukoputkella suoraan 1600-lukuun – katsomaan sitä

Velazquez'in silmin ja seisomaan samalla paikalla, samassa huoneessa missä hän seisoi. Tai: seisoo?[114]

Francisco de Goyan töille on Pradon museossa varattu useita saleja, joissa näkee hänen tyylinsä kehittymisen asteittain kohti groteskeja ja tummia aiheita. Maallikoksi taiteen suhteen itsensä mieltäneen Tapio Hiisivaaran mielestä Goyan tunnetut maalaukset *Alaston Maya* (n. 1795–1800) ja *Puettu Maya* (n.1800–1807) olivat suurenmoisia, mutta ne eivät olleet verrattavissa taiteilijan muihin maalauksiin. Hän arveli yleisön kiinnostuksessa tuntematonta kaunista naista esittäviä maalauksia kohtaan olevan "hiukan muutakin kuin taiteenharrastusta".

Hiisivaaraa järkyttivät etenkin Goyan teokset "Espanjan vapaussodan" ajalta, millä hän tarkoitti Espanjan itsenäisyyssodaksi kutsuttua Pyreneiden niemimaan sotaa 1800-luvun alussa Napoleonin johtaman Ranskan joukkoja vastaan. Hiisivaaran sotilastausta ja vain muutama vuosi aikaisemmin päättyneet Suomen sodat sekä maailmansota vaikuttivat selvästi hänen tapaansa katsoa teoksia, sillä hän kirjoitti. "Mutta niinpä Goya elikin Espanjan vapaussodan aikana, jolloin ranskalaisten harjoittamat julmuudet olivat paljon pöyristyttävämpiä kuin konsanaan toisen maailmansodan tapahtumat."[115] Pradon ulkoapäin arkiset seinät kätkivät sisälleen mieltä liikuttaneiden teosten lisäksi niin paljon mieluisaa nähtävää, että Hiisivaara kirjoitti poistuneensa museosta "pää tulvillaan ihastusta".

Madridin iltaelämää

Päivällinen syödään virallisesti klo 9, todellisesti kello 10. Jos oli-
simme oikeita madrileños, olisimme vielä menneet teatteriin. Iltanäy-
tännöt alkavat siinä puoli yksitoista (iltapäivänäytännöt kello seitse-
män). Raitiovaunut kulkevat yhteen asti, ravintolat ovat auki kol-
meen tai neljään. Niin, niin, Madrid on hyvin iloinen.[116]

Iltaelämä Madridissa alkoi ja kesti myöhään suomalaisesta kulttuurista päin katsottuna. Iltoihin ja yöhön kuului erilaisia huvituksia ravinto-loista teattereihin. Madrid tosiaankin oli iloinen kaupunki, Tyyni Tuulio totesi muistellen junassa kohtaamansa naisen sanoja. Suomalaisille poikkeuksellisen myöhäinen iltaelämä oli jopa huomioitu espanjan kie-len kirjoissa, kuten Tuulio huomautti: "Kun iltanäytäntö alkaa vasta puoli yhdeltätoista, ymmärtää, että jo espanjankielen oppikirjoihin on pantu lause: Madridissa ei nousta varhain".[117]

Kun Guadarraman vuoren rinteet kaupungin liepeillä olivat peitty-neet pimeään, alkoi se vuorokaudenhetki, jolloin Madrid liikkui ja ko-hisi, Simo Penttilä kuvaili 1950-luvun alussa iltaa Madridissa. Kello oli yhdeksäntoista. Tämä tunninaika ei kuulunut siihen Eurooppaan, johon matkaaja oli tottunut Pyreneiden pohjoispuolella: "Hotellin halleissa ja käytävissä vallitsee viileä rauha. Ihmiset ovat menneet ulos siihen es-panjalaiseen mereen, joka siestaluoteen jälkeen nyt vuoksen tavoin tul-vii ja täyttää torit ja kadut."[118]

Suomalaiset kävivät iltaisin teatterissa tai elokuvissa ja seurasivat espanjalaista kaupunkikulttuuria kaduilla, katukahviloissa ja ravintoloissa. 1920-luvun Madridissa oli parikymmentä teatteria, mutta vain 16–18 "elävienkuvien näyttämöä". Espanjan kieleen ja kirjallisuuteen perehtyneet Tuuliot kävivät katsomassa useita teatteriesityksiä Madridissa. Teatteriin lähtö oli yhtä helppoa kuin kotona Helsingissä oli elokuviin lähtö. Pukeutumisesta ei tarvinnut kantaa huolta, koska teatterissa saattoi istua tarpeen tullen vaikka päällystakki päällä. Säilytystiloja takeille ei nimittäin ollut, tai niitä ei käytetty. Tyyni Tuulio iloitsi siitä, että syksyn lämpimillä säillä teatteriin saattoi lähteä "sellaisena kuin oli, ilman hattua ja takkia". Koska teattereissa oli kaksi näytöstä illassa, lippuja ei juuri tarvinnut jonotella. Lippujen hinnatkin olivat kohtuulliset:

Ja taas pistää silmiin espanjalainen vaatimattomuus. Suuressa kuusikerroksisessa teatterissa ei ole oikeastaan mitään, jota voisi sanoa "lämpiöksi", ja ravintolaa edustaa pienoinen baaripöytä, jonka takana yksinäinen poika kaataa olutta tai virvoitusjuomia haluaville.[119]

Paikalta liikkuminen väliajalla oli teatterissa harvinaista. Väliaikatarjoiluista pitivät huolta kaupustelijat, jotka kaikuvalla äänellä myivät katsomossa karamelleja ja raikasta vettä. Paikallisiin tapoihin kuului mennä vasta näytöksen jälkeen johonkin kahvilaan juomaan kuumaa suklaata.

Teatterien ohjelmisto vaikutti 1920-luvun lopulla olevan yksinomaan kotimaista, ja suurelta osin teatterikappaleet olivat kohtalaisen uusia. Klassikoista teatterien ohjelmistossa oli Espanjan kultakauden ajan näytelmäkirjailijan Pedro Calderonin *Zalamean tuomari* (1640).

Pyhäinpäiväviikolla melkein kaikissa teattereissa esitettiin José Zorrillan 1800-luvun puolivälissä kirjoittamaa näytelmää *Don Juan Tenorio* erilaisina tulkintoina. Tyyni Tuulion mielestä yleisöä oli melkein yhtä hauskaa katsella kuin itse esitystä, sillä jokainen näytti osaavan säkeet ulkoa ja reagoi äänekkäästi esitykseen nauramalla ja taputtamalla tai jopa viheltämällä. Madridissa esitetyistä teatterikappaleista Tuuliot näkivät muun muassa Quintero-veljesten nuoruudenteoksen nimeltä *Los Galeotes* (1900), *Kaleeriorjat*, joka pohjautuu yhteen *Don Quijoten* kohtaukseen, sekä Jacinto Benaventen näytelmän *Princesa Bebé* (1906).

Vaatimattomissa majoituspaikoissa yleensä yöpynyt Tapio Hiisivaara halusi käydä katsomassa, miltä näytti madridilainen loistohotelli. Ylelliseen vuonna 1912 valmistuneeseen Hotelli Palaceen kuului muun muassa elokuvateatteri. Teatterin mahtipontisen marmoriportaikon katossa roikkui kristallikruunuja, ja kaikkiin vapaisiin nurkkiin asetetut marmoripatsaat olivat "kahden miehen korkuisia". Sisältä elokuvateatteri muistutti aivan kuin jotain keisarillista oopperaa kermanvärisine pintoineen ja kullattuine kirjailuineen.

Teatterissa esitettiin kaksoisohjelmaa, kuten Espanjassa näytti 1940-luvun lopulla olevan tapana. Komeassa elokuvateatterissa esitetyt elokuvat olivat kuitenkin vanhoja, sillä yhteydet länsimaihin olivat katkolla. Ensimmäinen elokuva oli Chaplinin *Nykyaika* (1936) ja toinen Ingrid Bergmanin ja Leslie Howardin tähdittämä *Intermezzo* (1939). Näitä yli 10 vuotta vanhoja elokuvia katseltuaan Hiisivaara vitsaili tunteneensa itsensä taas nuoreksi mieheksi ja poistuneensa kesken näytöksen, ettei alkaisi käyttäytyä nuorukaisen tavoin.

Ensimmäisellä vierailullaan Madridissa Simo Penttilä seurueineen kävi viettämässä iltaa Gran Vian varrella sijaitsevassa El Chicoten ravintolassa. Museo Chicoten nimellä tunnettu ravintola on perustettu vuonna 1931. Sisällissodan aikana tämä Madridin ensimmäinen cocktailbaari oli ulkomaalaisten sodasta raportoineiden toimittajien, muiden muassa Ernest Hemingwayn, kantapaikka, ja siellä ovat käyneet Hollywoodin tähdet ja kuuluisuudet, kuten Ava Gardner, Frank Sinatra ja Grace Kelly.

Penttilä kuvaili omalla humoristisella tyylillään ravintolan varjoelämää, jota ei enää nykyisissä matkailijoille suunnatuissa historioissa muistella. Ravintolaan kokoontui 1950-luvun alussa ulkomaalaisia ja paikallisia herroja katsomaan madridilaista niin sanottua "pariisilaiselämää", jonka koreografian mukaisesti paikalliset *caballerot* tervehtivät baarissa istuneita naisia kohteliaasti kuin perhetuttuja ja saivat näiltä luvan istua viereen. Tarjotun juoman ja lyhyen keskustelun jälkeen perhetuttuja esittäneet, mutta tosiasiassa toisilleen entuudestaan vieraat mies ja nainen poistuivat paikalta: "Yhden tunnin kuluessa minä lasken neljä iloista äkkikohtaamista. He näyttelevät kaikki vallan loistavasti: mikä luontevuus ja liikunnan hallinta. Eikä vuorosanoissa ole ainoatakaan väärää korostusta."[120]

101

Penttilän mukaan tällainen "pinnalta tasoittava kaava" koski kaikkea eri sukupuolta olevien ihmisten välistä kanssakäymistä Espanjassa. Aviottomien nuorten naisten ja miesten tavatessa paikalla oli aina joku sukulainen valvomassa naisen kunniaa. Baarissa maksullisten naisten ja miesten kohtaamiset olivat eräänlaista säädylliseksi naamioitua näytelmää, jossa osapuolet osasivat esittää sukupuolimoraalisesti hyväksyttyä käyttäytymismallia.

Muiden suomalaisten matkaajien tavoin Penttilä totesi iltojen Espanjassa olevan pitkiä, ja niihin mahtui paljon tekemistä. Teatterissa meni rattoisasti osa iltaa, ja aivan kuten Tuulio vuosikymmeniä aikaisemmin totesi, yleisön seuraaminen oli yhtä suurta hupia kuin itse näytöksen seuraaminen.

Penttilä havainnoi, miten länsimainen kulttuuri oli yhteyksien taas avauduttua vähitellen työntämässä tieltään vanhoja espanjalaisia perinteitä. Elokuvissa esitettiin "hollywoodilaisia huononnuksia samankaltaisista aiheista", ja amerikkalaisuus oli hiipimässä muillekin elämänalueille. Snackbaarien tyyppisiä pikkuravintoloita oli 1950-luvun alussa ilmestynyt Madridin pääkatujen varsille, ja nuorten kieleen oli jo tarttunut englanninkielisiä tervehdyksiä.

Amerikkalaisen kulttuurin tuotteet olivat 1950-luvulla leviämässä myös muualle Espanjaan. Soile Järvelä-Kairenius kertoi manchalaisen kaupungin keskiluokan muotijuomaksi tulleen hiljattain "maahan tunkeutunut" amerikkalainen Coca-Cola. Ihan amerikkalaistumisen, tai "dollaristumisen", kynnyksellä ei silti vielä oltu. Pessimistisimmät olivat jo pelotelleet, että kohta on samantekevää, meneekö Minnesotaan vai Madridiin, mutta Penttilä lohdutti asiaa pelkääviä näin:

Mutta kun minä Calle del Carmenin varrella katselen viinitupaa, jonka ikkunan ääressä kokki parastaikaa paistaa katkarapuja, niin että öljynkatku täyttää koko maiseman, niin minusta tuntuu muka-valta, vaikkei katku olekaan hyvä.[121]

Matkailijan jaloimpia ja vaikeimmin saavutettavia taitoja oli Penttilän mukaan arvostelemisen välttäminen. Jos maasta löysi vain moitittava, ei ollut syytä matkustaa lainkaan. Espanjalaiseen elämään mukautumi-nen vaati yleensä totuttelua, mutta se sujui vaivattomasti, kun vain unohti ennakkoluulonsa. Madridin syysleutona iltana Penttilä tunsi suo-rastaan haikeutta, sillä seuraavana iltana lähti pikajuna kohti sitä Eu-rooppaa, jossa aina vain satoi ja kaikki ihmiset pelkäsivät seuraavaa päivää. Penttilä tiivisti näitä 1950-luvun alun ja kylmän sodan aikakau-den tunnelmia Espanjan matkansa päätteeksi: "Eurooppaan, joka ei tunne alegriaa [iloa] vaan sitä paremmin atomipommin."[122]

FILIP II JA ESCORIAL

Oi Espanjan Filip II, kuinka me luterilaiset koulutytöt olemme sinua vihanneet! Olit kaiken synkän, ahdasmielisen, luihun, petollisen, vallanhimoisen ja verenhimoisen vertauskuva. Sillä sen tapaisia epiteettejä antoi historiankirjamme sinulle, ja mielikuvitus lisäsi niitä vielä toisen samanverran. [123]

Tyyni Tuulio epäili Espanjaan kohdistuneiden ennakkoluulojen johtuvan härkätaisteluista ja kuningas Filip II:sta. Negatiiviset mielikuvat olivat syntyneet jo koulussa luetuista historiankirjoista. Filip II eli espanjalaiselta nimeltään Felipe II esiintyi usein suomalaisten matkaajien kertomuksissa. Hän oli espanjalaisin Espanjan kuninkaista, kuten muutama matkaaja häntä kuvasi. Tuulion mielestä Filip II:n hahmosta lankesi kuitenkin edelleen synkkä varjo koko Espanjan kauniiseen maahan ja sen hauskaan kansaan.

Pyhän saksalaisroomalaisen keisarikunnan hallitsija Kaarle V luopui kruunustaan vuonna 1556 ja luovutti pojalleen Filip II:lle Euroopan mahtavimman valtakunnan, johon kuuluivat Espanjan lisäksi silloiset Alankomaat, puolet Italiasta, erillisalueita Pohjois-Afrikan rannikolta sekä siirtomaita Amerikasta, Karibialta ja Filippiineiltä. Filip II oli itsevaltias, jonka huono maine protestanttisissa maissa johtui suurelta osin hänen uskonnollisesta fanaattisuudestaan ja joka valtaansa vahvistaakseen pyrki taivuttamaan Eurooppaa katolisen kirkon tahtoon väkivaltaisesti turvautumalla inkvisitioon.

Inkvisition olivat tosin ottaneet käyttöön jo aikaisemmin 1400-luvun lopulla Aragonian Ferdinand ja Isabella Katolilainen, joiden avioliiton myötä oli syntynyt Espanjan kuningaskunta. Viimeisen islamilaisen kuningaskunnan Granadan kukistuttua vuonna 1492 muslimeille ja juutalaisille annettiin vaihtoehdoiksi kääntyä kristinuskoon tai karkotus. Inkvisitio vainosi uskostaan kiinnipitäviä ja valekristittyjä.[124]

Toimittaja Soile Järvelä-Kairenius kuvaili 1950-luvun puolivälissä mahtavaa, mutta synkkää Filip Toista seuraavasti:

Ranskalaisista Saint Quentinin luona saadun voiton kunniaksi rakennuttamassaan kuninkaallisessa Escorialin luostarilinnassa istui synkkämielinen, uskonkiihkoinen ja luuvaloinen herra, joka oli kokenut elämänsä suurimman pettymyksen voittamattoman armadan tuhoutuessa. Hän oli mahtava Filip II, jonka valtakunnassa aurinko ei koskaan laskenut ja jonka historia tuntee niin aitona espanjalaisena, että hänet tässä suhteessa voittaa vain Don Quijote.[125]

Espanjan armada oli Filip II:n hallinnon aikana koottu suuri sotalaivasto, jolle kuningas antoi vuonna 1588 tehtäväksi tehdä maihinnousu Englantiin. Tavoitteena oli palauttaa Englantiin katolinen kirkko sekä lakkauttaa englantilaisten tukema kapina Alankomaiden eteläisissä maakunnissa, joita kutsuttiin Espanjan Alankomaiksi. Espanjan Armada koki kuitenkin tappion, ja matkaan lähteneistä 130 aluksesta,

8000 merimiehestä ja 18000 sotilaasta takaisin Espanjaan selvisi vain 67 alusta ja vähemmän kuin 10000 miestä.

Filip II:n Armadaa pysyvämpi perintö jälkipolville on Escorialin luostari, *Real monasterio de San Lorenzo de El Escorial.* "Espanjan Versailles", kuten Tuulio valtavaa rakennusta kuvaili. Noin 45 kilometrin päässä Madridista sijaitseva Escorialin luostaripalatsi on lisäksi kirkko ja kuninkaiden hautakammio. Siihen kuuluu myös harvinaisen arvokas kirjasto, missä Tyyni Tuulion matkakumppani ja puoliso, kielentutkija Oiva Tuulio (Tallgren) oli saanut mahdollisuuden työskennellä jo ennen tätä 1920-luvulla tehtyä yhteistä matkaa.

Tapio Hiisivaara luonnehti Escorialia espanjalaisista espanjalaisimmaksi linnaksi maan lukemattomien linnojen joukossa, vaikka kyseessä olikin luostari. Tarinan mukaan Filip II oli vuonna 1557 Pyhän Laurentiuksen (*San Lorenzo*) päivänä nähnyt tykistönsä tuhoavan tälle pyhimykselle omistetun kappelin ja luvannut rakentaa uuden tuhoutuneen tilalle. Kaarle V vietti viimeiset vuotensa luostarissa ja esitti testamentissaan toiveen tulla haudatuksi uskonnolliseen rakennelmaan puolisonsa Isabella Portugalilaisen kanssa. Escorialin rakentaminen aloitettiin vuonna 1563, ja Filip II valvoi sen rakentamista tarkasti. Hiisivaaran mielestä synkkä rakennus ilmensi etenkin 1500-luvun Espanjan henkeä:

Siinä on 1500-luvun Kastilia ja Kastilian mukana koko Espanja, sillä Kastilian henki oli silloin vallitseva ja se vei tuona Amerikan valtauksen varmistamisen, kerettiläisvainojen ja noitien metsästyksen

aikakautena espanjalaisen hengen voittoon merentakaisissa maissa
ja määritteli espanjalaisuuden muodot muutamiksi vuosisadoiksi.[126]

Escorialin arkkitehtuuri, valtavat salit ja taideaarteet tekivät Hiisivaa-
raan vaikutuksen. Tästä huolimatta hän näki paikan ja sen aarteet men-
neisyyden kulisseina ja vertasi sitä don Quijoten päälleen vetämään
haarniskaan tämän rynnätessä sankaritekoihin. Vertailu Cervantesin
kuuluisan teoksen hahmoihin jatkui Hiisivaaran kertoessa, miten espan-
jalaiset olivat hänelle rakennusta kommentoineet. Eräs "Sancho Panzan
viisaudella varustettu" madridilainen totesi Escorialin kulkevan rappeu-
tumista kohti, koska sen ylläpitämiseen ei ollut enää varaa sen enempää
kirkolla kuin valtiolla. Toinen madridilainen, jonka mieli oli "lähem-
pänä don Quijotea", tulistui tämän kommentin kuultuaan. Hän väitti Es-
panjan kansan antavan viimeiset roponsa ja näkevän mieluummin näl-
kää kuin sallisi Escorialin rapistuvan.

Hiisivaaran näkemyksen mukaan Escorialin suuri ja apea rakennus
oli 1940-luvun lopulla edelleen kansallinen pyhäkkö, missä espanjalai-
set parhaiten tunsivat sulautuvansa yhteen kunniakkaan menneisyy-
tensä kanssa: "Escorial on Espanja itse."[127]

"Filip toinen rakennutti itselleen synkän linnan lähelle Madridia",
kertoi Sinikka Kallio-Visapää lukeneensa aikoinaan koulussa. Häikäi-
sevässä auringonpaisteessa keväällä 1952 oli kuitenkin vaikea liittää
linnaan mitään synkkyysattribuuttia. Kupolit ja tornit välkkyen raken-
nus hallitsi Escorialin kukkulaa ja hauskaa kylää niin hyvin säilyneenä
kuin se vasta olisi juhlinut harjannostajaisiaan. Escorialin ympärillä

liikkui 1950-luvun alussa "uteliaita matkamiehiä", ja alueella asui maan rikkaita hoidattamassa terveyttään ja haistelemassa terveelliseksi pidettyä ilmaa, aivan kuten Filipin aikoina.

Kuvailtuaan ensin Escorialin arkkitehtuuria, tiloja ja taidetta Kallio-Visapää päätyi toteamaan, että samalla kun Escorial oli Filip Toisen suurvallan ja tämän Espanjan symboli, jättiläislinna oli samalla kaiken sen hauta, minkä tunnuskuvaksi se oli kohotettu. Hänen kuvauksensa julmana pidetystä Filip Toisesta poikkesi muiden suomalaisten esittämästä kuvasta, ainakin Escorialista päin katsottuna:

Esteettinen uneksija suurissa ja ankarissa mittakaavoissa, valveilla ollessaan mustapukuinen itsensäkiduttaja, joka ruoski itseään velvollisuuksilla ja työllä, kiihkeä ja liikkumaton alttareihin tuijottaja: sellaiselta näyttää Filip Toinen, entisen Espanjan espanjalaisin kuningas, nähtynä Escorialin pateettista näyttämätaustaa vasten.[128]

HÄRKÄTAISTELUT

Härkätaistelut herättivät intohimoja espanjalaisissa. Kenraali Franco oli härkätaistelujen innokas kannattaja, *aficionado*, ja hänen aikanaan valtio suosi tätä urheilun ja kulttuurin yhdistävää lajia. Härkätaisteluille löytyi intohimoisia kannattajia, joille härkätaistelut edustivat perinteitä, suuria tunteita ja taidetta, sekä vastustajia, jotka pitivät lajia julmana eläinrääkkäyksenä.

Myös suomalaisilla matkaajilla oli useimmiten jonkinlainen mielipide tästä lajista. Tyyni Tuulio ja Soile Järvelä-Kairenius eivät halunneet käydä seuraamassa härkätaisteluita, mutta ne kiinnostivat heitä espanjalaiseen kulttuuriin kuuluvana ilmiönä. Tapio Hiisivaara puolestaan puolusti ja perusteli härkätaistelujen merkitystä kokonaisen luvun verran matkakirjassaan. Härkätaistelut eivät miellyttäneet ulkomaalaisia, mutta eihän niihin ollut pakko mennä, Simo Penttilä esitti omana kannanottonaan lajiin. Tämän enempää hän ei halunnut itse ottaa kantaa tähän mielipiteitä ja tunteita herättäneeseen kulttuurimuotoon, mutta kertoi muutaman esimerkin espanjalaisten suhteesta lajiin.

"Espanjalainen yleisö on herkkää", eräs madridilainen kuvaili Penttilälle härkätaistelujen yleisöä. Kansa raivostui, jos kaikki ei härkätaistelussa mennyt ikivanhojen sääntöjen mukaan, Ulkomaalaiset tulkitsivat usein raivostumisen verenhimoksi, mutta siitä ei tämän madridilaisen mielestä ollut lainkaan kysymys. Härkätaistelut eivät myöskään olleet urheilua, kuten monet ulkomaalaiset luulivat. Miehen mukaan härkätaistelut olivat lähempänä taidetta ja muistuttivat balettia. Kuuluisien matadorien kuolema oli koko kansakuntaa koskettava suru.

Toinen noin 70-vuotias mies paheksui jalkapallon jo vievän tilaa härkätaisteluilta niin lehdissä kuin ihmisten mielenkiinnon kohteena. Härkätaistelut eivät miehen mukaan enää olleet 1950-luvun alussa samaa kuin ennen. Härät olivat pienempiä ja niiden sarvia oli lyhennetty niin, että ne syöksyessään osuivat harhaan. Matadorit eivät enää oikeasti olleet hengenvaarassa, vaan ainoastaan näyttelivät vaaraa.

Toisin oli ollut menneisyydessä, jolloin härkätaisteluissa kuoli miehiä, hevosia ja härkiä. Carmenin tarinan kirjoittaja Prosper Mérimée on eräässä kirjeessään kertonut 1830-luvulla näkemästään härkätaistelusta, jossa härkä onnistui nousemaan katsomoon ja tuhansia katsojia loukkaantui ja kuoli.[129]

Håkan Mörne vieraili lyhyesti Rondassa kiertomatkallaan Málagan läheisissä maalaiskylissä ja pienemmissä kaupungeissa. Linja-auto pysähtyi linnoitusta muistuttavan härkätaisteluareenan vierelle. Härkätaistelujen näkökulmasta Ronda on merkityksellinen paikka, sillä kaupunkiin perustetussa kuninkaallisessa ratsastusakatemiassa aloitettiin nykyaikainen härkätaisteluperinne 1570-luvulla ja vuonna 1785 avautunut härkätaisteluareena on yksi Espanjan vanhimmista. Nykyään areena toimii härkätaisteluille omistettuna museona. Härkätaisteluja Mörne ei kaupungissa ehtinyt seuraamaan, mutta löysi nopeasti kaupungin toisen tärkeän nähtävyyden äärelle: "Emme ehtineet edetä montakaan askelta, kun jo härkätaisteluareenan toisella puolella eteemme avautui

kuvaamamme rotko, johon muinoin heitettiin picadorien surmansa saa-
neet hevoset korppikotkien ruoaksi.[130]

Tunnetuimpia härkätaistelujen ihailijoita on ollut yhdysvaltalainen
kirjailija Ernest Hemingway, joka innoittui kirjoittamaan niistä romaa-
nissaan *Ja aurinko nousee* (*The Sun Also Rises,* 1926). Kirjassa *Kuo-
lema iltapäivällä* (*Death in the Afternoon,* 1932) Hemingway kertoo
härkätaistelujen historiasta, perinteestä ja luonteesta omaelämäkerralli-
seen tyyliin. Rondaa tunnetuksi tehneelle Hemingwaylle on kaupun-
gissa omistettu katu, ja kaupungista löytyy hänen patsaansa ja nimeään
kantava hotelli.

Härkätaistelu Pamplonassa, n. 1901–1921, Fidel Astiz Iriarte, CC0.

111

Kansanhuvia

"Emme vielä ole niin espanjalaisia, että menisimme niitä katsomaan. Mutta tahdoimme nähdä sekä alkuhumun että loppuhumun tämän kuulun paikan ulkopuolella."[131] Tyyni Tuulio kertoi näin omasta ja puolisonsa suhtautumisesta Madridin *Plaza de Toros* -areenalla järjestettyihin härkätaisteluihin. Nähdäkseen kaiken mitä härkätaistelunäytöksen ympärillä tapahtui Tuuliot liittyivät pitkin Calle de Alcalá -katua kohti tiilenpunaista amfiteatteria kulkevien ihmisten virtaan.

Ennen härkätaistelua Madridin kaduilla vallitsi kiihkeä tunnelma. Vilkasta liikennettä, autojonoja ja täysiä raitiovaunuja oli Tyyni Tuulion mielestä miltei mahdotonta kuvata, mutta hän havainnoi kaikkea muuta ympärillä tapahtuvaa tarkasti. Ihmiset suorastaan juoksivat areenan lippuluukulle. Kauppiaat myivät äänekkäästi erilaisia tavaroita ja ruokia, kuten koreanvärisiä paperiviuhkoja, pähkinöitä, kastanjoita, "kuumia rinkiläntapaisia", banaaneja, arpoja ja raikasta vettä. Areenan ulkopuolella lapset leikkivät härkätaisteluleikkiä. Härkätaisteluyleisöön kuului kansan kaikkia kerroksia: hienoja vanhoja herroja ja hienoja nuoria naisia, kansannaisia ja -miehiä sekä lapsia. Eniten härkätaistelut näyttivät kuitenkin kiinnostavan nuoria miehiä kaikista yhteiskuntaluokista.

Suosittu kansanhuvi oli kallista lystiä, Tuulio kirjoitti: "Huonoimmat paikat auringon puolella kuuluvat maksavan kahdeksan pesetaa, ja jo kahdella ja puolella voi saada hyvän paikan oikeissa teattereissa."[132] Härkätaistelujen ajaksi Tyyni Tuulio siirtyi puolisonsa kanssa

112

viettämään aikaa kauniiseen Retiron kaupunginpuistoon, sillä itse näytös ei heitä kiinnostanut. Äidilleen kirjoittamassaan kirjeessä hän kertoi heidän viettäneen hauskan ja vaihtelevan päivän, mutta härkätaisteluareenalle heidän ei tehnyt mieli mennä, ainakaan vielä.[133]

Härkätaistelunäytöksen päätyttyä he palasivat amfiteatterille nähdäkseen vielä voitokkaat *torerot* eli härkätaistelijat. Tyyni Tuulio ymmärsi härkätaistelujen olevan espanjalaiseen kulttuuriin kiinteästi liittyvä koko kansan tapahtuma, mutta hänen mielipiteensä härkien tappamisesta vain viihteen vuoksi ei voi olla välittymättä seuraavasta lainauksesta: "Torerot ajoivat autoissa kuten muutkin kuolevaiset, ja melko väsyneiltä he näyttivätkin. Kuusi härkää oli surmattu – ja yleisö saanut mielenylennyksensä."[134]

Tapio Hiisivaaran kuvaus Madridin härkätaisteluareenaa ympäröivistä tapahtumista vuonna 1949 on hyvin samankaltainen kuin Tuulion kuvaus parikymmentä vuotta aikaisemmin. Kyseessä oli perinteinen kansanhuvi, joka keräsi ympärilleen kirjavan ja laajan yleisön. Melu oli huumaavaa. Härkätaisteluareenan edustalla joukko nuoria miehiä myi kiihkeästi lippuja. Hiisivaara maksoi mieluummin hiukan ylihintaa lipusta kuin seisoi tuntikausia auringossa jonottamassa. Näin hän pääsi seuraamaan ennen taistelun alkua yleisöä, joka hänen mielestään oli yhtä lailla katselemisen arvoista kuin itse "näytelmä".

Härkätaistelun alkamiseen oli vielä pari tuntia aikaa, mutta muutamia tuhansia madridilaisia oli jo kerääntynyt varjon puolelle areenan viereen. Hiisivaaran mukaan näihin tilaisuuksiin tultiin ajoissa, sillä ne olivat samanlaisia koko perheen huviretkiä kuin "Suomessa kahviretket

113

saaristoon". Näin hän matkakirjallisuudelle tyypilliseen tapaan vertaili vierasta kulttuuri-ilmiötä suomalaisille lukijoille tutumpaan huvitukseen, vaikka todellisuudessa leppoisille eväsretkille ja verisille näytöksille on vaikea löytää muuta yhteistä nimittäjää kuin kokoontuminen yhteen ystävien tai perheen kanssa.

Näytöstä odottavan yleisön joukossa juoksenteli erilaisia myyjiä. Noin nelivuotias poika raahasi suurta vesiruukkua ja huusi tarjolla olevan kylmää, raikasta vettä. Aivan kuten kaikissa muissakin yhteisöllisissä tapahtumista, paikalla oli arpojen myyjiä. Valtion raha-arpajaisten myyjät olivat enimmäkseen sokeita tai sotainvalideja miehiä.

Härkätaistelut olivat myös muualla kuin Madridissa suuria kansanjuhlia. Soile Järvelä-Kairenius kuvasi näin tunnelmaa Manzanaresin kaupungissa 1950-luvun puolivälissä: "Härkätaistelu oli aiheuttanut todellisen kansainvaelluksen – koko kaupungin asukkaat tuntuivat vesipulloineen ja viiniruukkuineen siirtyneen Plaza de Torosin katsomoon."[135] Myös Ciudad Realin kaupungissa järjestettiin härkätaistelu Soile Järvelä-Kaireniuksen vieraillessa siellä puolisonsa kanssa, mutta itse näytökset eivät kiinnostaneet heitä. Härkätaistelujen suuresta suosiosta huolimatta Järvelä-Kairenius kertoi puolisonsa kohdanneen sellaisiakin espanjalaisia, jotka eivät hyväksyneet härkätaisteluita.

Härkätaistelujen ja uskonnon suhde

Kulttuurihistorioitsija Ritva Hapuli on tulkinnut, miten 1900-luvun al-kupuolella Euroopassa matkanneet suomalaiset naiset ajattelivat poh-jois- ja etelämaalaisten ihmisten suhtautumisen härkätaisteluihin ja yli-päätään eläimiin eroavan toisistaan. Kirjailija Katri Ingman muisteli te-oksessa *Huoleton retki läpi Ranskan* (1937) Grenoblessa näkemäänsä Espanjasta vierailulle tullutta toreadoriryhmää. Ingmanin mielestä poh-joismaisen katsojan myötätunto oli ehdottomasti rääkätyn ja ärsytetyn eläimen puolella. Hän kertoi jopa toivoneensa, että härkä olisi hieman pystynyt tönäisemään kiusaajaansa. Ingmanin mukaan pohjoismainen ihminen ei voisi koskaan unohtaa härkätaisteluihin liittyvää eläinrääk-käystä. Hän esitti katolisen opin olevan juuri se merkittävä tekijä, miksi "latinalainen rotu" ei nähnyt eläimessä ihmisen kaltaista olentoa, vie-rasta veljeä.

Pohjois- ja etelämaalaisten ihmisten erilaista suhtautumista eläimiin kuvasi myös Tyyni Tuulio kirjassaan *Kaupunki vuorelta. Matkakirjeitä Italiasta* (1931). Hän esimerkiksi inhimillisti kyyhkyjä ja kanoja kutsu-malla niitä sisarikseen. Tuulio kirjoitti, ettei etelän ihmisten ystävyys ulotu lintuihin siitä syystä, että ne eivät ole kristittyjä. Hapulin tulkin-nan mukaan kyseiset kirjailijat identifioituivat selkeästi pohjoismaalai-siksi ja Ingman puolisoineen lisäksi protestanteiksi.[136] Näiden suoma-laisten naispuolisten matkaajien härkätaisteluihin kohdistamat ennak-koluulot kytkeytyivät kiinteästi heidän käsityksiinsä katolisen ja protes-tanttisen uskon eroista.

Tanskalainen kirjailija Ralph Oppenhejm rinnasti 1950-luvulla jul-kaistussa matkakirjassaan espanjalaisten uskonnonharjoittamisen ja härkätaistelut toisiinsa. Hän kuvaili Córdobassa näkemäänsä härkätais-telua "veriseksi baletiksi". Pääsiäisen pyhän viikon, *Santa Semanan*, ai-kaan krusifiksiin ristiinnaulittua miestä seuraavilla loppumattomilla kulkueilla oli kirjailijan mielestä selvä yhteys härkätaisteluiden suosi-oon:

Espanjalaisten kuolemannälän täytyy olla kyltymätön. He suhtautu-vat suorastaan nautiskellen kärsimyksiin. Sen tähden he kai tuntevat niin voimakasta vetovoimaa härkätaisteluihinkin. Äkkiä tunsin sa-maa kuin hevosten tarttuessa sarviin tai teräviä banderilloja pistet-täessä härän lihaan. Olin menettänyt haluni mennä katsomaan här-kätaistelua.[137]

Tästä huolimatta Oppenhejm lähti erään *bodegan* isännän kehotuksesta seuraamaan härkätaistelua. Pääsiäispäivänä härkätaisteluareena oli täynnä innostunutta yleisöä. Kaksikymmentätuhatta katsojaa oli asettu-nut amfiteatterin katsomoon saman käytänteen mukaisesti, mistä Tuulio kirjoitti 1920-luvulla, toisin sanoen vähävaraiset aurinkoon ja parempi-osaiset varjoon. Kaikilla oli viuhkat, sekä miehillä että naisilla, mutta Oppenhejmin sukupuolittuneen tulkinnan mukaan eri tarkoituksiin. Miehille viuhka oli vain laite, jolla sai viilennystä. Naisille viuhka oli hänen mukaansa "näyttämövaruste siinä keimailun huvinäytelmässä,

116

jota Espanja vaatii tyttäriltään, ja he käyttivät sitä tenhoavalla tavalla".[138]

Oppenhejmin värikkäässä härkätaistelukuvauksessa nousevat esille taistelua kiihkeästi myötäelävän yleisön ja orkesterin äänet sekä härän tuskallinen kohtalo. Uskonnon merkitys näkyi jo härkätaistelijoiden saapumisessa areenalle: Kaikki tekivät ristinmerkin ja taivuttivat päänsä rukoukseen ennen taistelun alkua.

Espanjalaisiin kohdistui toisin sanoen ennakkoluuloja, joiden mukaan he kohtelivat eläimiä huonommin kuin pohjoismaalaiset johtuen katolisesta uskosta, ja härkätaisteluissa nähtiin uskonnollisia elementtejä. Kirkon ja härkätaistelujen suhde ei kuitenkaan ole ollut ristiriidaton. Paavi Pius V oli jo 1500-luvulla huolissaan eläinten kärsimyksistä ja pyrki kieltämään ne. Roomalaiskatolinen kirkko on kritisoinut härkätaisteluja eläinten kärsimyksen vuoksi. Toimittaja Markku Saksa kirjoitti 1990-luvun alussa julkaistussa reportaasissaan Espanjan katolisen kirkon ottaneen Vatikaanin vastaisen kannan härkätaisteluihin. Härkätaistelupiirit olivat pitäneet papit tyytyväisinä järjestämällä hyväntekeväisyystaisteluja, joilla oli kerätty varoja kirkolle.[139] Espanjassa härkätaisteluja on myös perinteisesti järjestetty eri pyhimysten kunniaksi ja papit ovat siunanneet härkätaistelijoita.

Tänä päivänä härkätaistelut nähdään osaksi mannerespanjalaista kulttuuria ja perinnettä, minkä lisäksi niillä on ollut taloudellista merkitystä turistinähtävyyksinä. Vuonna 2013 härkätaistelut saivat virallisen kulttuuriperinnön aseman. Härkätaistelujen suosio on kuitenkin romahtanut Espanjassa. Eläinaktivistit sekä osa kansasta ovat kritisoineet niitä

117

voimakkaasti ja vaatineet niiden kieltämistä kokonaan. Kanarian saarilla härkätaistelut ovat olleet kiellettyjä vuodesta 1991 lähtien. Katalonia kielsi härkätaistelut vuonna 2010 osana itsenäistymispyrkimyksiään. Eläimiin kohdistuvan julmuuden ei katsottu kuuluvan katalonialaiseen kulttuuriin. Espanjan perustuslakituomioistuin perui tämän kiellon vuonna 2016 lainvastaisena, mutta käytännössä Katalonian alueella ei ole järjestetty härkätaisteluita vuoden 2011 jälkeen.

Verta ja hiekkaa areenalla

Tapio Hiisivaaran mielipide härkätaisteluista poikkesi täysin niistä suomalaisista, joiden mielestä ne olivat eläinrääkkäystä. Tästä huolimatta näytösten luonne ilmeni hänen kirjassaan jo lajista kertovan luvun otsikossa "Verta ja hiekkaa areenalla". Hiisivaara suhtautui härkätaisteluihin suorastaan intohimoisesti ja puolusti niitä monin eri tavoin:

Tavataan sanoa, ettei pohjoismaalainen käy kahta kertaa katsomassa taisteluja, mutta se on sievistelevää hupsuutta, sillä tunnen useita, jotka käyvät aina uudelleen ja uudelleen. Itse olen nähnyt monta enkä tietenkään mene niitä katsomaan, miten eläin otetaan taiteen sääntöjen mukaan hengiltä, vaan katsomaan, miten maailman vaarallisimman ammatin harjoittajat asettavat ainutlaatuisella kylmäverisyydellä ja taidolla henkensä alttiiksi.[140]

Hiisivaara kirosi sen henkilön, joka menneisyydessä ensimmäisenä oli ottanut suomen kielessä käyttöön sanan härkätaistelu. Härkä oli

Hiisivaaran mukaan kuohittu sonni, joita ennen käytettiin juhtina etelän maissa ja Suomessa. Oli naurettavaa kutsua häräksi niitä raivoisia sonneja, joita vastaan espanjalaiset taistelivat areenoilla. Hiisivaara käytti näistä eläimistä mieluummin espanjankielistä sanaa *toro*.

Härkätaistelu tai *corrida de toro* oli jännittävää katseltavaa ja tarjosi ainutlaatuisen tilaisuuden nähdä Espanjan kansan sielua silmästä silmään. Oli tietenkin julmaa, että eläimeltä riistettiin henki, mutta tämä tapahtui Hiisivaaran käsityksen mukaan "hiukan säälivämmällä nopeudella" kuin eri teurastamoissa muissa maissa. Hiisivaara vertasi härän kohtaloa metsästykseen ja tuntikausia koiria pakoon juoksevaan kettuun. Tässä vertailussa hänen mielestään härkätaistelut olivat eläimiä kohtaan armollisempia.

Hiisivaara kertoi härkätaisteluissa tapahtuneista muutoksista, joita hän oli itse havainnut parinkymmenen vuoden kuluessa:

Aikaisemmin esitettiin painavimpana vastalauseena corrida de toro-
sia vastaan, että torot saivat raatelevalla tavalla surmata useita he-
vosia. Näin oli vielä silloin, kun ensimmäisen kerran näin corridan
vuonna 1927, mutta sen jälkeen hevoset ovat saaneet paksusti peh-
mustetut suojavaipat ja rinta- ja vatsasiteen, niin että ainakaan siinä
corridassa, jota olin katsomassa elokuussa vuonna 1949 Madridissa,
ainoakaan hevonen ei edes haavoittunut.[141]

Madridin 1800-luvun alussa maurityyliin rakennettu *plaza de toros* sijaitsi paikalla, jossa keskikaupungin suuret liiketalot loppuivat ja

119

kaupungin itäosien kymmenet tuhannet yksinkertaiset asuintalot alkoivat. Hiisivaaran tulkinnan mukaan areena sijaitsi näin köyhien ja rikkaiden yhdyssiteenä paikassa, jonne molemmat kansanosat saattoivat tulla tuntematta joutuneensa vieraaseen ympäristöön: " [...] sillä corrida de toros on Espanjan kansan suuri yhteinen rakkaus ja intohimo."[142] Hiisivaara kuitenkin myönsi, että härkätaistelujen lakkauttamisen puolesta oli myös kuulunut ääniä. Arvioiden mukaan joka neljäs espanjalainen vastusti härkätaisteluita 1940-luvun lopulla, mutta enemmistö oli vielä niiden jatkamisen puolella.

Hiisivaara ihaili *torerojen* ammattikuntaa, näiden kylmäverisyyttä sekä hermojen ja ruumiin hallintaa. Hän myönsi, ettei viattomien luontokappaleiden hidas teurastaminen ollut mieluisaa nähtävää. Hänen myötätuntonsa oli vielä ennemmin sankarillisina pitämiensä härkätaistelijoiden puolella. Näitä hän vertasi hävittäjälentäjiin sodan aikana: "Molemmat saavat kokea mainetta ja kunniaa ja vaaran viehätystä, mutta vain harva heistä voi välttää kohtalonsa."[143]

120

Rantasalmen sulttaani härkätaistelussa

Suomalaisten Espanja-kuvasta kertoo jotain se, että härkätaistelukohtaus haluttiin mukaan myös suomalaiseen *Rantasalmen sulttaani* -elokuvaan, jota kuvattiin Málagassa vuonna 1952. Elokuva vahvisti näin suomalaisten mielikuvia espanjalaisesta kulttuurista, mihin härkätaistelut kuuluivat olennaisesti. Ensimmäinen kohtaus areenalla kuvattiin todellisen härkätaistelun ollessa käynnissä. Varsinainen suomalaisten näyttelijöiden esittämä kohtaus oli kuitenkin määrä kuvata areenalla ilman härkää. Ensimmäinen kuvausyritys ei onnistunut, sillä paikalle värvätty vähäinen yleisö ei suostunut istumaan auringon puolella, jolloin valon määrä ei riittänyt elokuvaamiseen.

Seuraavana päivänä paikallislehdessä ilmoitettiin, että elokuvan viimeinen suurkohtaus kuvattiin iltapäivällä Málagan härkätaisteluareenalla. Ilmainen näytös luonnollisesti keräsi innostunutta yleisöä paikan päälle, mutta filmiryhmälle tämä tiesi myös ongelmia. Mitä tulisi tapahtumaan, kun yleisö huomaisi, että kohtauksessa ei tulisi olemaan lainkaan oikeita härkiä ja verisiä taistelukohtauksia?

Kävi juuri niin kuin pelättiin, ja yleisö suuttui huijauksesta. Näyttelijä Oke Tuurin viihdyttävien temppujen ansiosta saatiin onneksi tallennettua hyvää kuvaa innostuneesta yleisöstä. Seuraavan päivän lehdessä todettiin humoristisesti, että suomalaisten toreadorien tuskin olisi syytä esiintyä Málagan Areenalla lähiaikoina oman turvallisuutensa vuoksi.

121

DON QUIJOTEN MAA

Tyyni Tuulio kertoi lukeneensa väitteen, jonka mukaan Espanjan kansasta löytyi vain kahta tyyppiä: pitkäkasvoinen, laiha ja kuiva don Quijote sekä lyhyt, lihava ja virkeäsilmäinen Sancho Panza. Tämä sai hänet tarkastelemaan espanjalaisia miehiä kyseisen jaottelun mukaisesti:

> *Tällainen väite tuntuu hurjalta yleistykseltä, mutta on siinä koko lailla perääkin. Ei tarvitse tehdä kovin paljon väkivaltaa, jos tahtoo saada näkemänsä espanjalaiset sopimaan jompaankumpaan tyyppiin. Madridilaisessa täysihoitolassamme on ainakin kaksi puhdasveristä Quijotea ja kaksi ilmeistä Sancho Panzaa. Mutta niin kuin terveellä talonpoikaisjärjellä on aina paha tapa voittaa epäkäytännöllinen ihanteellisuus, niin näyttää Sancho-tyyppi olevan pääsemässä voitolle. Sanchoja astuu junaan kymmenittäin joka asemalla, mutta Don Quijoteja vain silloin tällöin.*[144]

Espanjalaisten miesten ulkonäköä ja luonnetta verrattiin matkakertomuksissa usein Cervantesin 1600-luvulla luomiin fiktiivisiin hahmoihin, joko don Quijote Manchalaisen ihanteellisuuteen ja kapeaan, surumieliseen hahmoon tai Sancho Panzan pyöreään olemukseen ja käytännölliseen luonteeseen. Nämä syvään juurtuneet mielikuvat toistuivat teksteissä aina sopivan tilaisuuden tullen. Esimerkiksi Tapio Hiisivaara vertasi näin junan ikkunasta näkemäänsä miestä don Quijoteen:

Pitkään sauvaansa nojaava paimen, suoraryhtinen, tummapintainen,
laihansitkeä kuin ilmetty Don Quijote katsoo liikkumattomana junan
kulkua ja jää taakse tunnuskuvana kastilialaisesta elottoman, hurjan
ja ylvään maansa keskellä.[145]

Oletettavasti surullisen hahmon ritarin don Quijoten ja tämän aseenkantajan Sancho Panzan fyysiset ominaisuudet ja seikkailut olivat ainakin jossain määrin tuttuja suomalaisille lukijoille, sillä niin usein niihin viitattiin matkakirjallisuudessa. Toisinaan matkakertomuksissa esitettiin viittauksia myös ritarin raihnaiseen hevoseen Rocinanteen ja kuvitteelliseen rakastettuun Dulcineaan.

Don Quijote -viittauksia käyttivät luonnollisesti myös espanjalaiset itse, ja niitä sovellettiin hyvin moninaisiin tilanteisiin, kuten kuvailemaan ihmisten ulkonäköä ja käyttäytymistä, paikallispolitiikan käsittelyyn tai kuvaamaan liikkumista Espanjassa. Myös Sinikka Kallio-Visapää vertaili Espanjassa käyttämiään moderneja matkustamisen välineitä, junaa, lentokonetta ja vuokra-autoa, Cervantesin luomiin hahmoihin. Hän totesi humoristisesti, että olisi ollut kekseliäämpää ostaa oma Rocinante ja palkata Sancho Panza saattueeksi.

Sekä maisemia että ihmisiä katseltiin matkoilla usein kaunokirjallisuuden läpi. Soile Järvelä-Kairenius kertoi aiemmalla Espanjan-matkallaan junan ikkunasta näkemästään näystä, joka vaikutti jälkikäteen muisteltuna enteeltä, sillä tuolloin hän ei ollut vielä perehtynyt Cervantesin ritariromaaniin syvällisemmin. Hän oli kuvitellut nähneensä aivan kuin don Quijoten ja Sancho Panzan ratsastavan erään kukkulan laella:

123

"Saman haamumaisen näyn oli ehkä nähnyt myös vierelläni ikkunan
ääressä seisonut leónilainen liikemies, koska hän yllättäen ja ilman joh-
dantoa sanoi: - Meissä espanjalaisissa on sekä Don Quijotea että Sancho
Panzaa."[146]

Don Quijote de la Mancha, Célestin Nanteuil, 1855, CC0.

Soile Järvelä-Kaireniuksen matkakirjassa *Don Quijoten Espanja* liikutaan Cervantesin luoman onnettoman ritarin jälkiä seuraten pääosin La Manchan alueella, joka on vuodesta 1982 lähtien tunnettu Kastilia-La Manchan itsehallintoalueena. Kirjan julkaisun aikaan 1950-luvun puolivälissä Ciudad Realin provinssia kutsuttiin kansanomaisesti La Manchaksi. Provinssi vastasi maantieteellisesti osin historiallista Manchan maakuntaa, joka oli ollut osa Toledon valtakuntaa. La Mancha liitetään edelleen matkailumarkkinoinnissa fiktiivisen don Quijoten seikkailujen tapahtumapaikkoihin, ja tämä näkyi myös 1950-luvulla paikkojen nimeämisen ja teoksen kaupallistamisen eri muodossa:

Manchan kylät ja pikkukaupungit, los pueblos, kunnioittavat hyvin monella tavalla Cervantesia, jonka kasvonpiirteillä saatetaan jopa mainostaa viinejä. Hänen nimiinsä on vihitty katuja ja kujia, toreja, teattereita ja kirjastoja. Katujen nimistä ei ole unohdettu myöskään Don Quijotea, Sancho Panzaa eikä Dulcineaa. Bueno osti kerran sokeroituja hedelmiä konditoriasta, jonka nimi oli Dulcinea. Ne olivat ällöttävän makeita, mutta dulce merkitseekin makeaa.[147]

Don Quijote -teoksen suomentaja Jyrki Lappi-Seppälä kertoo kirjan saatesanoissa, että paikannimet ovat osa romaanin humoristisuutta. Romanttiset ritariromaanit olivat melkein aina sijoittuneet vuoristoseuduille. Cervantes laittoi oman surkean hahmon ritarinsa liikkumaan La Manchan maakunnan rannattomille lakeuksille. Lappi-Seppälän mukaan tämä "Espanjan Perähikiä" oli aikalaisten mielestä viimeinen

125

paikka, missä saattoi tapahtua mitään sankarillista. Lappi-Seppälä perustelee myös tulkintaansa käyttää ritarista lisänimeä "surkea" eikä "surullinen", kuten aikaisemmissa suomennoksissa. Romaanin ensimmäisessä osassa Sancho Panza nimittäin kuvailee isäntäänsä "surkeaksi" ennemmin kuin surulliseksi.[148]

Kuiva ja karu La Mancha

Kesän kuumuudessa matkanneen Soile Järvelä-Kaireniuksen oli vaikea ymmärtää, miten kukaan jaksoi elää näin karussa maassa. Jo roomalaiset olivat aikoinaan ihmetelleet sieltä siirtolaisiksi tai asepalvelukseen lähteneitä, jotka aina halusivat palata kotiinsa. Talvisin alueella riehuivat usein lumimyrskyt, ja kesäisin siellä puhalsi Afrikan aavikkotuulen kaltainen polttavan kuuma tuuli. Sateet ovat harvinaisia touko- ja lokakuun välissä. Jättimäisten ohdakkeiden lisäksi La Manchassa kukkivat vain keväisin villinä kasvavat, voimakkaasti tuoksuvat yrtit, rosmariini, laventeli ja timjami. Näin suomalainen toimittaja ainakin ensin oletti, mutta tuli huomaamaan myös muuta kasvillisuutta matkallaan. Elokuinen La Mancha tuntui olevan "pelkkää hiekkaa ja tasankoa, aurinkoa ja janoa". Kaikkea leimasi taivaanrannan "toivoton yksitoikkoisuus".

La Manchan kuivuus oli kaikille suomalaisille matkailijoille tuttu ilmiö, vaikka he eivät välttämättä siellä edes itse käyneet. Håkan Mörne esimerkiksi kuvaili lentokoneen ikkunasta näkemäänsä La Manchan kuivaa maisemaa matkalla Sevillasta Madridiin. Quadalquiviria reunustavien hedelmällisten tasankojen ja lentokoneen alla näkyvän

autiuden välinen vastakohta oli niin selkeä, että hän kuvitteli siirty-
neensä "Jumalan vihreiltä niityiltä" suoraan keskelle kuun maisemia.
Autiomaan keskellä kulki kiemuraisia teitä ja kuivia joenuomia. Nämä
kulkuväylät yhdistivät toisiinsa pieniä, unohdettuja kyliä, joihin saattoi
hyvin kuvitella haaveellisen ritarin valmiina ratsastamaan taisteluun
ajan tuulimyllyjä vastaan.

Soile Järvelä-Kairenius muisteli erään kirjallisuuskriitikon moitti-
neen Cervantesia siitä, että tältä puuttui kokonaan luonnon ja maiseman
kuvaukset. Järvelä-Kairenius totesi myötätuntoisemmin, että oli mah-
dotonta kirjoittaa runsaat toista tuhatta sivua pitkä kirja ja pyrkiä sisäl-
lyttämään siihen koko ajan maisemakuvauksi luonnosta, joka oli näin
"hermostuttavan yksitoikkoinen". On varsin mielenkiintoista, että
vuonna 2009 *Don Quijote* -romaania analysoineessa akateemisessa tut-
kimuksessa on itse asiassa kiinnitetty huomiota Cervantesin teokseensa
sirottelemiin runsaisiin viittauksiin päähenkilöiden kohtaamista maise-
mista, kasvillisuudesta ja eläimistöstä.[149]

La Manchan paahtava aurinko vaikutti Soile Järvelä-Kaireniukseen
ja puolisoon eri tavoin. Soile kuvaili heidän liikkumistaan koomiseksi
näyksi, sillä hän itse käveli auringossa saadakseen rusketusta, kun taas
puoliso espanjalaisten tavoin etsi aina varjoisaa paikkaa. Matkan var-
rella Soile hankki espanjalaisten naisten käyttämän viuhkan, jolla sai
silloin tällöin vilvoittavan tuulahduksen. Kesän kuumuudessa oli vaikea
aina noudattaa paikallisia säädyllisen pukeutumisen vaatimuksia. He
matkustivat junassa omasta mielestään alipukeutuneina, Soile

127

nuhjuisessa, hihattomassa puuvillamekossa ilman sukkia ja *Bueno* il-
man solmiota, ja olettivat paikallisten paheksuvan heitä tästä.

La Manchan kuumuus koetteli myös 16 vuotta aikaisemmin alueella
matkustellutta Tapio Hiisivaaraa, joka pyrki pukeutumaan paikallisten
tapojen mukaisesti:

Aurinko paistaa niin että silmiä kirvelee aurinkolasien ja puoleksi
ummistettujen silmäluomien alla. Nenäontelo on kuiva ja polttava ja
hengitän hitaasti ja varovasti, että ilma ehtisi hiukan jäähtyä suussa.
Tunnen, että takki on selästä kauttaaltaan märkä, mutta en viitsi sitä
riisua, sillä maassa täytyy olla maan tavalla eikä espanjalaisiin so-
pivaisuuskäsitteisiin mahdu, että kukaan näyttäytyy ulkosalla ilman
takkia ja solmiota. Se on kerta kaikkiaan kategorinen imperatiivi,
josta ei ole vetoamisen mahdollisuutta.[150]

Tyyni Tuulio löysi manchalaisesta maisemasta enemmän sävyjä mar-
raskuussa tekemällään junamatkalla kuin elokuun helteessä matkusta-
neet kirjailijat:

Kun on istuttu junassa pari tuntia, alkaa kuuluisa Mancha. Luulen,
että suomalaisella fantasialla on paljon mahdollisuuksia karuun
päin, sillä melkein olin kuvitellut Don Quijoten maata vielä kuivem-
maksi ja autiommaksi. Ainakin junanikkunasta katsoen siinä näytti
olevan eri värejä, jotka merkitsivät kesantoa, kynnöstä. laidunta jne.
Oudointa oli maaperän tavaton punaruskeus. Paikoittain näkyi vettä,

128

luultavasti sadevesilammikoita, ja se oli, sanottakoon ilman liioitte-
lun hiventä, tiilenpunaista. Ja sitten alkoi näkyä tuulimyllyjä.[151]

Tuulimyllyt nousivat puuttomasta ympäristöstä suurina ja kummalli-
sina. Paljain silmin katsottuina ne näyttivät Tuulion mielestä käsiään
huitovilta jättiläisiltä, joita vastaan don Quijote oli taistellut. Merkille-
pantavaa on, miten mieleenpainuvan jäljen Cervantesin teos oli tehnyt
suomalaisiin matkaajiin. Jopa Simo Penttilä, joka ei edes liikkunut
Manchan alueella, saattoi kuvitella näkemäänsä maisemaa don Quijo-
ten maaksi:

Minä en matkareittini takia ole päässyt tutustumaan Manchan maa-
kuntaan, josta don Quijote ratsasti, mutta vaikka se onkin Espanjan
kolkointa kolkkaa, myös Barcelonan ja Madridin välille mahtuu sa-
toja tienoita, joiden yllä tänäkin päivänä lepää surumielisen ritarin
hahmo.[152]

Täällä kirjoitti Cervantes?

Oli keskipäivä, kun ensimmäisen kerran lähestyimme Argamasilla de
Albaa, tuota kuuluisaa Manchan paikkakuntaa, jonka nimeä Cervan-
tes ei ole huolinut palauttaa mieleensä Don Quijoten ensimmäisessä
luvussa.[153]

Elokuinen Argamasilla de Alba oli kuuma ja karu. Cervantesin mukaan
nimetyn kadun mukulakiveys sopi paremmin aaseille, muuleille ja
muille kotieläimille kuin nykyaikaisille autoille tai ihmisjaloin kuljetta-
vaksi. Soile Järvelä-Kairenius vertasi Argamasilla de Albaa viehätys-
voimansa ja kauneutensa menettäneeseen naiseen, joka eli yksinäistä
elämää muistojensa maailmassa katsellen niitä harvoja korujaan, jotka
vielä muistuttivat menneistä päivistä. Soile ja Bueno kutsuivat paikkaa
kyläksi, kuten oli tehnyt myös Cervantes, mutta kaupunkioikeudet se
oli saanut jo kauan aikaisemmin. Nimensä kaupunki oli saanut maape-
rän savipitoisuudesta, *argamasasta* eli muurilaastista.

Argamasilla de Alban kunta tunnettiin 1950-luvulla legendan mu-
kaan paikkana, jossa Cervantes kirjoitti *Don Quijote* -romaaniaan
Medranon vankiluolassa. Paikan avaimista vastasi keski-ikäinen nai-
nen, joka sai tuloja muutaman pesetan verran avatessaan luolan oven
vierailijoille. Kellari oli Soile Järvelä-Kaireniuksen mielestä kuitenkin
niin huolellisesti rapattu ja kalkittu, ettei Cervantes olisi sitä todennä-
köisesti edes tunnistanut. Paikka oli puhdas, valoisa ja viihtyisä, toisin
sanoen mitä ihanteellisin työhuone kirjailijalle. Turisteja varten tehty

kunnostustyö oli ollut niin perusteellinen, että kaikki romanttinen nostalgia oli poispyyhitty: "Suruksi espanjalaisille itselleen ja pettymykseksi turisteille, joiden mielestä luola olisi ollut mielenkiintoisempi entisessä asussaan [...]".

Vanhasta luolasta sai pienen käsityksen laskeutumalla kapeita portaita syvimpään onkaloon, missä kolkkous ja kylmyys saivat ihon nousemaan kananlihalle. Soilen vankiluolan portailla kohtaama paikallinen nuorukainen tunnisti kyllä Cervantesin nimen, mutta *Don Quijote* oli hänelle vieras. Syy oli pojan mukaan ilmeinen, sillä kaikki eivät kaupungissa osanneet lukea.

Eräässä La Manchan maakunnan kylässä, jonka nimeä en viitsi tässä turhaan mainita, asui jokin aika sitten alimpaan aatelistoon kuuluva miekkonen, jolla oli eteisen orrella lojuva peitsi, vanhanaikainen nahkakilpi sekä hevosenluuska ja vinttikoira.[154]

Don Quijoten ensimmäinen lause alkaa yllä lainatuilla sanoilla. Kysymys siitä, mitä kylää kirjailija on tällä tarkoittanut, on herättänyt runsaasti keskustelua tutkijoiden keskuudessa sekä niissä kylissä, jotka ovat halunneet saada tämän kunnian itselleen. Alcalá de Henaresin ja Madridin yliopistoissa vuonna 2009 tehdyn monitieteisen tutkimuksen mukaan don Quijoten kotipaikkakunnaksi osoittautui Villanueva de los Infantes. Cervantes sirotteli teokseensa viittauksia maisemiin, kyliin ja erilaisiin paikkoihin, kuten majataloihin. Suomentaja Jyrki Lappi-Seppälä kertoo Cervantesin haastaneen näin jälkipolvet älylliseen leikkiin,

131

jossa teoksesta löytyvien välimatkatietojen perusteella on mahdollista luoda aarrekartta. Tämän kartan avulla tutkijat selvittivät don Quijoten kotikylän, mutta myös tämän tutkimuksen tuloksesta väittely jatkuu edelleen.[155]

Myös Soile Järvelä-Kairenius epäili, että Cervantesin oli Medranon luolan sijaan täytynyt kirjoittaa kirjaansa paikassa, jossa oli käden ulottuvilla runsaasti muistia virkistävää ritarikirjallisuutta. Yksi tällainen paikka olisi saattanut olla Esquiviasin kylä, missä Cervantes asui vaimonsa doña Catalina de Salazarin "enemmän tai vähemmän hyljeksittynä aviomiehenä". Nuori aviovaimo ahmi ritariromaaneja niin paljon kuin vain sai käsiinsä kuljeksivilta kaupustelijoilta. Cervantes olisi varsin hyvin saattanut löytää aiheen veijarimaiseen ritariromaaniinsa nimenomaan oman vaimonsa avulla. Järvelä-Kairenius muisteli myös sevillalaisten aikaisemmalla matkalla esitelleen hänelle vankilaa, jossa Cervantes oli heidän mukaansa kirjoittanut kirjansa. Sevillassa Cervantes oli jopa todistetusti istunut vankilassa muutamia vuosia ennen kirjansa ilmestymistä.

"Mutta Medranossa on kuitenkin tehty Don Quijote, vaikkei Cervantes olisikaan ollut sitä tekemässä", Järvelä-Kairenius kirjoitti. Vuonna 1863 nimittäin madridilainen kirjanpainaja Manuel Rivadeneyra oli saanut nerokkaan ajatuksen kunnioittaakseen Cervantesin muistoa. Hän asennutti Medranon luolaan ajanmukaisen kirjapainon, missä *Don Quijotesta* otettiin 2000 kappaleen numeroitu neliosainen painos. Tuhansista eri puolilla maailmaa teoksesta otetuista painoksista tämä oli vielä 1950-luvulla ainoa Manchassa julkaistu.

Don Quijoten suomentajan Jyrki Lappi-Seppälän mielestä moni teoksen henkilöhahmoista on saanut vaikutteita Cervantesin puolison kotikylän Esquiviasin asukkaista. Muutaman vuoden maalaiselämää vietettyään Cervantes jätti vaimonsa asumaan kylään, muutti itse Sevillaan ja lähti kiertelemään Andalusiaa. Cervantes lainasi piirteitä romaanihenkilöilleen erilaisista irvokkaista tyypeistä, joita oli matkoillaan kohdannut. Usean tutkijan mukaan *Don Quijoten* I osan käsikirjoitus olisi saanut alkunsa Sevillan vankilassa, missä Cervantes istui toistamiseen tuomiota syytettynä verorahojen kavaltamisesta. Vapauduttuaan vankilasta Cervantes palasi vaimonsa luo Esquiviasiin, missä hän jatkoi *Don Quijoten* kirjoittamista.[156]

Tuulimyllyjen Mekka

Don Quijoten jalanjälkiä seuranneeseen matkaan kuuluivat olennaisena osana tuulimyllyt, joita vastaan surkea ritari oli taistellut. Soile Järvelä-Kairenius matkusti puolisonsa kanssa niitä katsomaan Campo de Criptanan kuntaan, olettamaansa La Manchan tuulimyllyjen Mekkaan. Autolla saapuessaan he näkivät jo kaukaa tuulimyllyt, jotka vartioivat matalalta kukkulalta kahdentoistatuhannen asukkaan kaupunkia. Tuulimyllyt olivat Soilen mielestä kuin majakoita, jotka näyttivät tietä rannattomassa La Manchassa. *Bueno* ei ollut yhtä runollinen kuin puolisonsa, sillä hänen mielestään tuulimyllyt näyttivät propelleilla varustetuilta taloilta.

Heidän yllätyksekseen tuulimyllyjä oli vain kolme. Cervantesin surkean ritarin vastustajina oli ollut kolme- tai neljäkymmentä tällä tasangolla sijainnutta tuulimyllyä tai "häikäilemätöntä jättiläistä", joita

133

ritariromaaneista päänsä pyörälle saanut don Quijote oli ryhtynyt hävittämään maan päältä. *Los Molinos* (suom. Tuulimyllyt) baarissa paikallinen mies, señor Fulano, väitti, ettei Criptanassa ollut koskaan ollut niin montaa tuulimyllyä kuin Cervantes oli kirjoittanut. Tuulimyllyjä oli hänen mukaansa silti ollut vähintään 25, kun muut La Manchan paikkakunnat ympäristöineen olivat saaneet tyytyä enintään viiteentoista tuulimyllyyn. Señor Fulano oli murheellinen tuulimyllyjen asteittaisesta katoamisesta La Manchasta ja kaipasi toimenpiteitä jäljellä olleiden tuulimyllyjen säilyttämiseksi tuleville sukupolville. Yksi kunnan tuulimyllyistä oli onneksi tallentunut ainakin kahteen *Don Quijote* -elokuvaan 1950-luvun puoliväliin mennessä.

Don Quijoten aikaan satoja vuosia aikaisemmin tuulimyllyt rakennettiin usein riviin vuorenharjanteelle. "Aivan kuten taistelurintamaan", Soile kuvaili. Näky oli ollut sotaisan karu. Jäljelle jääneiden Criptanan kolmen tuulimyllyn, *Infanton, Burletan* ja *Sardineron* ympärillä oli karua vain niitä joka puolella ympäröivä kivikko. Soile ja *Bueno* kiipesivät *Sardineron* sisäpuolella olevia kierreportaita pitkin ylös melkein katonrajaan asti. Tuulen liikutellessa myllyn siipiä, ne värisivät ja narisivat tuskaisen kuuloisesti. Karua maisemaa katsoessa oli vaikea uskoa, mitä kaikkea Criptana tuotti: vehnää, ruista ja ohraa, vihanneksia ja hedelmiä, öljyä ja hyvää viiniä, juustoa ja lampaanvillaa.

Nykyään Campo de Criptanan tuulimyllyt ovat kulttuuriperintökohde. Kunnan matkailusivujen mukaan mäen päällä on ollut yli 30 tuulimyllyä, eli saman verran kuin Cervantes kirjoitti ja hieman enemmän kuin herra Fulano väitti niitä olleen.[157] Cervantesin *Don Quijote* on edelleen alueen matkailulle tärkeä vetovoimatekijä. Alkuperäisten kolmen tuulimyllyn lisäksi mäelle on uudelleen rakennettu seitsemän tuulimyllyä. Lisäksi alueella on vanhojen tuulimyllyjen ja niiden jauhosiilojen jäänteitä.

Ruidera – La Manchan Sveitsi

Edessämme oli näköala ja järvimaisema, jonka kaltaista en olisi ikinä uskonut tapaavani koko Manchasta. Se oli voimakas, lyyrillinen ja ylpeä, ja maalarin olisi ollut vaikea kiinnittää sitä kankaalle. Oli tammimetsää ja sarakasvillisuutta, lilanvärisiä ja sinisenmustia vuoria, elämää, väriä ja valoa. Yli 28 kilometrin pituisessa jonossa Ruideran järvet pakenevat toisiaan kuin hippasilla olevat lapset. Ne kätkeytyvät silloin tällöin kumpuilevana lainehtivaan maahan ja yhtyvät taas tyhjentymättömässä lähteessä, joka venyttäytyy Espanjan halki kulkevaksi joeksi, Guadianaksi.[158]

Kuivan ja karun maan keskelle kätkeytyi yllätys, harvinainen järvimaisema, jota Soile Järvelä-Kairenius yllä olevassa lainauksessa ylistää. Tyynen järven kristallinkirkkaasta pinnasta heijastuivat taivas, ympäröivät vuoret, metsät ja linnut. Fiktiivinen ritari don Quijote oli jo 1500-luvulla ratsastanut katsomaan tätä maisemaa.

Paikallinen autonkuljettaja kertoi maiseman olevan keväällä vielä paljon kauniimpaa kuin kesällä. Soile ja *Bueno* joutuivat kohtaamaan omat ennakkoluulonsa manchalaista maisemaa ja luontoa kohtaan, sillä Ruidera poikkesi täysin heidän aikaisemmin näkemästään ja

135

olettamastaan. La Mancha, aivan kuten koko Espanja, oli täynnä vasta-kohtaisuuksia ja toisistaan poikkeavia alueita.

Rooman valtakunnan aikaan paikalla sijaitsi Laminio-niminen kau-punki, joka oli runsaine vesineen ja kasvustoineen ollut tärkeä silloi-selle maailmanvallalle. Strategisesti se sijaitsi kolmen suuren maantien eli Herkuleen teiden risteyskohdassa. Tiet kulkivat Roomasta Cádiziin, Méridasta Zaragosaan ja Laminiosta Toledoon. Järvien kaupungiksi kutsutun asutuksen jäännöksiä oli nähtävissä lähellä Golgadan järveä.

1950-luvulla Ruideran alueella asui noin 500 asukasta, mutta asu-mukset olivat hyvin hajallaan. Alueella ei käynyt matkailijoita, koska kunnollisia tieyhteyksiä eikä majoitus- ja ruokailumahdollisuuksia mat-kailijoille ollut tarjolla. Soile Järvelä-Kairenius piti järjettömänä sitä, että matkailijoiden suosima Espanja oli suorastaan unohtanut näin upean ja mielenkiintoisen kohteen, vesiputoukset, Manchan silmiksi kutsutut 13 järveä ja monipuolisen luonnon.

Nykyään Ruideran alue on tunnettu matkailukohde juuri edellä mai-nituista syistä eli luonnonkauniiden laguuniensa, runsaan ja monipuoli-sen linnustonsa ja kasvillisuutensa ansiosta. Kulttuurisesti alue liitetään edelleen myös don Quijoten ja Sancho Panzan seikkailuihin.

Paikkaan ihastunut suomalainen pariskunta vieraili Ruiderassa toi-senkin kerran. Mukana oli silloin saksalainen pariskunta, Lotte-rouva ja tämän matemaatikkopuoliso, joka totesi Ruideran laguunialueen ole-van kuin Manchan Sveitsi. *Buenon* mielestä maisema muistutti jollain tavoin jopa Suomen Lappia. Seurue ajeli järven ympäröivää kapeaa ran-tatietä eli don Quijoten tietä pitkin ja kiipesi jalan Montesinon luolaan.

Järven vesi oli kirpeän virkistävää uimiseen. Saksalainen pariskunta oli kaukonäköisesti tuonut mukanaan jo kotimaastaan onget ja kahvinkeittovälineet. Seurue keitti kahvit rantatöyräällä, joka Soilen mielestä olisi mainiosti sopinut suomalaiselle saunalle. Venettä he eivät pientä järvellä soutelua varten löytäneet. Tämä tuntui pohjoiseurooppalaisista kummalliselta, sillä järvet olivat hyvin kalaisia. Miehet kiertelivät luonnossa ja löysivät alppiorvokkia muistuttavan kukan ja samanlaisen vanutusmyllyn, jonka ääni oli pelottanut Don Quijotea ja Sancho Panzaa.

SATUMAINEN TOLEDO

"Puolentoista tunnin matkan päässä Madridista lounaaseen on paikka, jonka kivissä satu yhä elää."[159] Sadunomainen Toledo kiinnosti suomalaisia matkaajia. Tyyni ja Oiva Tuulio vierailivat siellä 1920-luvun jälkipuoliskolla, Tapio Hiisivaara 1940-luvun lopulla, Simo Penttilä ja Sinikka Kallio-Visapää 1950-luvun alussa.

Kaikki kauniit sanat ajan punaisesta patinasta tämän kaupungin kivihaarniskalla eivät merkinneet mitään sen näyn rinnalla, joka aukesi eteemme, kun asemalta, joka sijaitsee kaupungin ulkopuolella, kuljimme kohti Tajon siltaa ja lähenimme Espanjan vanhaa pääkaupunkia.[160]

Tyyni Tuulio oli perehtynyt Toledoon etukäteen kirjallisuuden välityksellä, mutta tästä huolimatta kaupunki yllätti hänet täydellisesti. Kirjailijana hänen oli pettymyksekseen tunnustettava kirjallisten esitysten rajoitukset tämän historiallisesti monikerroksisen paikan kuvaamisessa. Tuulio oli lukenut etukäteen muiden kaupungista kertovien tekstien lisäksi jopa pariin kertaan itävaltalaisen kirjailijan Rudolf Lotharin innoittuneen kuvauksen "Grecon kaupungista". Mikään teksti ei kuitenkaan ollut valmistanut kohtaamaan tätä paikkaa, missä länsimainen ja arabialainen kulttuuri kohtasivat näin ihmeellisellä tavalla.

138

Toledon kaupunki Alcazarin suunnasta, 1772. By Rijksmuseum, Wikimedia Commons, CC0.

Baedekerin matkaopas kehotti varaamaan Toledoon tutustumiseen vähintään puolitoista päivää, mutta Tuulioilla oli omien Madridissa odottavien töidensä vuoksi aikaa vain vuorokausi. Tämä sai heidät aluksi pelkäämään, riittäisikö aika kaiken näkemiseen. Kaupunkiin päästyään he oivalsivat nopeasti, että Toledon jokainen seinä ja katu oli jo itsessään nähtävyys. Ihmisen vastaanottokyky on rajallinen, joten Tyyni Tuulio totesi kokeneen matkaajan viisaudella: "Mutta se merkitsi jotakin, että saimme – vaikka vain yhden pakenevan päivän ajan – tämän huikean sinisen taivaan alla kulkea näitä merkillisiä katuja, että saimme hengittää Toledoa, jos niin uskaltaa sanoa."[161]

Toledo oli useimmille matkailijoille päiväkohde, jonne tultiin junalla Madridista. Simo Penttilä kertoi käyneensä kaupungissa kahdesti, ensin vain mitättömän lyhyellä muutaman tunnin vierailulla. Toinen käynti syksyllä 1952 oli pidempi, mutta ei tarpeeksi pitkä, sillä hän haaveili jo kolmannesta vierailusta. Häntä huvitti seurata turisteja, jotka kiireellä kävivät katsomassa vain tärkeimmät nähtävyydet, katedraalin ja El Grecon talon.

Lähestyttäessä korkealla kukkulalla muurien sisäpuolella sijaitsevaa Toledoa se näytti aivan keskiaikaiselta kaupungilta, jossa saattoi kuvitella kohtaavansa haarniskoituja ritareja. Maurien 400-vuotinen valtakausi ja korkeakulttuuri oli kuitenkin jättänyt kaupunkiin pysyvän jäljen. Tyyni Tuulio kirjoitti: "Ja kun astuimme portista sisään, huomasimme pian tulleemmekin arabialaiseen kaupunkiin." [162] Pelkästään kaupungin pohjakaava oli Tuulion mielestä ihmeellinen:

Mistä on mentävä sisään, miten päästävä kaupungin keskustaan? Katu alkaa, tekee pari jyrkkää mutkaa ja – loppuu johtamatta mihinkään. Täällä on korkeita ylämäkiä, portaita, käytäviä ja kujia, eikä liikettä ole juuri muualla kuin kaupungin pääkadulla, johon kauppa keskittyy. Raitiotiestä ei ole puhettakaan. Kaikki kadut ovat kapeita, muutamat siinä määrin, että liioittelematta voi kysyä, mahtuuko edes kaksi kävelijää tulemaan vastakkain. [163]

Joka askeleella vierailija kohtasi yllätyksiä. Tuulio kertoi lukeneensa, että kaupunki kokonaisuudessaan on kuin ulkomuseo. Tapio Hiisivaara

140

kirjoitti parikymmentä vuotta myöhemmin lähes samoin sanoin Toledon olevan yhtä ainoata museota laidasta laitaan. Kaupungissa oli läsnä kerroksina sen historia ja eri aikoina vaikuttaneet kulttuurit, mutta se oli myös elävä kaupunki. Simo Penttilä totesi tavallisen maallikon saavan kirjahistoriasta pian tarpeekseen. Sen sijaan historia, jota Toledon talot, kapeat kadut ja kirkot tarjosivat, täyttivät kulkijan mielen sellaisella taialla, josta oli vaikea irrottautua: "Siinä on se taika, mikä saa kuivan autiomaan keskellä kohoavat graniittikalliot kukkimaan kaikissa sadun väreissä."[164]

Paikalla sijaitsi jo kaupunki, kun vuonna 192 eaa. roomalaiset perustivat sinne oman Toletum nimisen kaupunkinsa, josta tuli myöhemmin Toledo. Roomalaisten 700 vuotisen historian aikana siitä tuli kristitty kaupunki. Tämän jälkeen kaupunkia hallitsivat länsigootit, kunnes 700-luvulla tulivat maurit, jotka hallitsivat kaupunkia noin 400 vuotta. Kastilialaiset valtasivat maureilta kaupungin ja siirsivät pääkaupunkinsa Burgosista Toledoon vuonna 1087. Maurilaista muotoaan kaupunki ei kuitenkaan menettänyt. Kun hovi siirrettiin Madridiin, kaupunki muuttui vähitellen maaseutukaupungiksi.

Hiisivaara vieraili Toledossa elokuussa 1949 vuoden kuumimpaan aikaan. Hän kiersi kaupunkia virallisen oppaan kanssa. Matkaopas ymmärsi viedä pohjoismaalaisen matkailijan viilentymään Tajo-joen rannalle kaupungin nähtävyyksiin tutustumisen lomassa. Toledo tuli kirjaimellisesti iholle ja sen alle:

Tämä on Don Quijoten kotimaakunnan La Manchan pääkaupunki, ja jos olisin nähnyt jossakin miten ikälopun hevosen hyvänsä ja muutaman ärsyttävästi pyörivän tuulimyllyn, olisin karjaissut ja ajanut ne nurin. Aurinko polttaa suljettujen silmäluomien lävitse armottomalla, kiihkeällä hehkulla. Se tunkeutuu aivoihin saakka kaikki ajatukset, kaiken järjen ja kylmän ajattelun syrjäyttävänä voimana eikä jätä tilaa millekään muulle.[165]

Toledon katedraali

Hiisivaaran mukaan Espanjassa sanottiin olevan viisi suurta katedraalia: *Toledo la rica, Salamanca la fuerte, Léon la bella, Oviedo la sacra e Sevilla la grande* eli rikas Toledo, vahva Salamanca, kaunis Léon, pyhä Oviedo ja suuri Sevilla. Hän vaikuttui siitä, miten rikas Toledon katedraali todella oli taideaarteidensa ansiosta. Parin tunnin kierros oppaan kanssa osoitti, että katedraalissa olisi riittänyt katsottavaa vuorokausiksi. Paikka oli täynnä suurien mestarien töitä.

Myös Tyyni Tuulio kuvasi Toledon katedraalia äärettömän rikkaaksi. Katedraalin värikkäät lasimaalaukset sekä lukemattomat freskot ja taulut Rubensista Goyaan tekivät vaikutuksen sekä Tuulioihin että Hiisivaaraan vuosia myöhemmin. Tyyni Tuulio kirjoitti katuvansa loppuikänsä, ettei jäänyt jonottamaan aarrekammion edessä olevaan pitkään jonoon, mutta ulkona odotti houkuttelevan sininen taivas.

Toledon katedraalin rakentaminen aloitettiin vuonna 1226 muslimien rakentaman moskeijan paikalle. Itse katedraalista on vaikea saada kokonaiskäsitystä ulkoapäin, sillä se sijaitsee kapeiden katujen ympäröimänä. "Espanjalaiseksi kirkoksi se ei ole suuren suuri eikä pienen pieni", Hiisivaara kirjoitti. Ulkomitoiltaan katedraali on 120 metriä pitkä ja noin 60 metriä leveä. Tyyni Tuulio kuvasi katedraalia ihastuneesti: "Tämä katedraali on vaalea, keveä ja iloinen, ja kun goottilainen kirkko on sitä lajia, ei kauniimpaa juuri voi ajatella."[166]

Toledo on El Grecon kaupunki, siitä huolimatta, että taiteilija oli syntyperältään kreikkalainen ja syntynyt Kreetan saarella. Oppia hän oli saanut venetsialaiselta Tizianilta. Taidehistoriallisen matkaesseen "Grecon luona" kirjoittanut Sinikka Kallio-Visapää määritteli taiteilijan merkitystä Toledolle seuraavasti:

Toledolaisten ja muiden kastilialaisten mielestä El Grecon hahmossa heidän luokseen oli tullut se jonka tuleman piti. Hän oli ja pysyi yhtenä heistä, espanjalaisempana kuin itse espanjalaiset.[167]

El Grecon tauluja löytyi Pradon-museosta Madridista ja Toledon lukuisista kirkoista, mutta "katedraalin Greco" oli Kallio-Visapään mielestä omaa luokkaansa. Niin oli myös katedraali, joka hänen mielestään oli Espanjan goottilaisista kirkoista kaunein ja taideaarteiltaan rikkain:

Täytyyhän sen tässä kirkkojen luvatussa maassa toki pystyä ylittämään kaikki muut, koska se on Espanjan paavin eli Toledon arkkipiispan "valtaistuinsali". Etenkin sisätiloiltaan se on myös Espanjan espanjalaisin katedraali, kauas ja korkealle tummentuva, hiljaisesti kullansäteilevä kuin tähtiavaruus öisin.[168]

Tässä väkevätehoisessa ympäristössä El Grecosta tuli "El Greco", Kallio-Visapää kirjoitti. Sakariston galleriaan on ripustettu yksi El Grecon merkittävimmistä töistä Kristuksen piinaamista ja riisumista esittävä maalaus *El Expolio* (*The Disrobing of Christ*, 1577–1579). Kallio-Visapää kutsui maalausta El Grecon päätyöksi, jolla taiteilija avasi itselleen portit niin maineeseen kuin ihmisten sydämiin.

Toledon kujat ja kodit

Simo Penttilä kirjoitti 1950-luvun alun jo autoistuneessa maailmassa, että Toledossa oli enimmäkseen kuljettava jalan, sillä autot eivät kapeille kujille mahtuneet. Käveleminen oli muutenkin paras tapa kulkea vieraassa kaupungissa, ellei kyseessä sattunut olemaan suurkaupunki.

1920-luvulla matkailleet Tyyni ja Oiva Tuulio ottivat katedraalin luota oppaakseen 14-vuotiaan pojan, joka nuoresta iästään huolimatta oli jo hankkinut virallisen oppaan lakin päähänsä. Opas kuljetti heitä paikasta toiseen, kirkosta synagogaan ja sieltä moskeijaan, linnaan ja museoon. Vierailu oli nopea ja pinnallinen, mutta Tyyni Tuulio toisti, miten suuri elämys oli vain olla Toledossa. Suurimman vaikutuksen heihin teki 1500-luvun mestarin, Grecon talo. Kunnioitettavaa taidekokoelmaa viehättävämpi oli jopa itse rakennus, joka Tuulion mielestä oli niin "siro, hieno ja rikaskoristeinen kuin arabialainen talo tällä leveysasteella suinkin voi olla".[169]

Grecon talo sijaitsee itse asiassa juutalaiskorttelissa, ja talo oli alun perin upporikkaan Toledon juutalaisen Samuel Levinin omistama talo.

144

Sinikka Kallio-Visapää kuvaili talon viehättävää patiota kastilialaisen ytimekkääksi ja suoraluontoiseksi, aivan toisenlaiseksi kuin "makeankiiltävät" andalusialaispatiot. Museoksi muutetun talon sisähuoneet olivat viehättäviä ja täynnä Grecon aikalaisten töitä. Silloin kun Levin oli 1300-luvulla rakentanut talon, kaupungissa oli vielä runsaasti maurilaisia käsityöläisiä, joiden kädenjälki näkyi sisustuksen kauniissa kaakeleissa, ikkunapenkeissä ja syvennyksissä.

Grecon talossa ja museossa oli Penttilän mukaan taiteilijan töiden paras kokoelma. Niihin tutustuminen olisi kuitenkin vaatinut "yhden päivän, eikä siinä työssä auta juoksu". Hän kirjoitti tahallaan käyttäneensä sanaa työ, sillä museoihin ja taidekokoelmiin tutustuminen oli totista ja jopa henkisesti raskasta työtä, jos halusi ajatuksella perehtyä siihen maailmaan, missä teokset olivat syntyneet: "Tavallinen, taiteen syvyyksiin perehtymätön matkamies usein tulee museosta auringonpaisteeseen lopen uupuneena."[170] Koska myös ulkona Toledo oli yhtä museota, oli nähtävyyksiä syytä ihailla vain pari tuntia kerrallaan ja välillä katsella eläviä ihmisiä kaupungin kaduilla.

Tyyni Tuulio tunsi kohtaavansa ihmeellisessä Toledossa satuja joka askeleella. Paikallisopas vei Tuuliot vierailulle myös omaan kotiinsa ja tätinsä taloon. Kolmikerroksinen mauritalo patioineen ja koristeineen oli niin vaikuttava, että amerikkalaiset miljonääritkin olisivat Tyynin mielestä voineet sitä kadehtia. Hänestä oli kaikkiaan vaikea uskoa, millaista olisi elää arkea Toledon kaltaisessa museossa. Mutta kaupungista löytyi myös arkista elämää. Pienet pojat kiersivät heidän ympärillään, kuten muuallakin Espanjassa. Ja kun illalla tuli aika hakeutua ruumiillisen virvoituksen äärelle, keskustassa tuli vastaan melko vilkas ja tavanomainen katu- ja kahvilaelämä.

Kirjoittavan pariskunnan vierailukohteisiin kuului lopuksi *Posada de la Sangre* -majatalo, jossa Cervantes oli asunut ja kirjoittanut. Rakennus toimi edelleen majatalona, patiolla tuoksui tallilta ja seinustalla istui vanhoja miehiä juttelemassa. Talo vaikutti vielä Grecon taloakin vanhemmalta ja vinommalta, mutta se ei ollut millään tavoin kaunis. Paikan emäntä antoi vähän ihmetellen Tuulioiden käydä katsomassa talon ylintä kerrosta, josta oli avarat näkymät yli jylhien maiden ja iltaruskon. Tämän jälkeen Tuuliot jättivät Toledon hieman haikein mielin ja jatkoivat takaisin Madridiin. *Posada de la Sangren* -majatalo oli tuttu myös Simo Penttilälle, joka kulkiessaan sen ohitse kertoi lähes kuulevansa Cervantesin sadattelevan kirjoittamista häiritseviä Zocodoverin huutavia aaseja.

Toledon vanhin osa uskomattoman kapeine kujineen antoi Tapio Hiisivaaran mielestä "täysin itämaisen vaikutelman". Hän halusi tutustua Toledon maailmankuuluun teräkseen ja hienotaontaan. Toledon teräs tuli tunnetuksi jo roomalaisena aikana, ja maurilaisaikana kaupunkiin saapui miekantekijöitä Syyrian Damaskuksesta. Hiisivaara pääsi oppaansa johdolla vierailemaan liikkeessä, jonka mestari esitteli erilaisia miekkoja ja taontatekniikoita. Täältä Hiisivaara hankki myös muutamia matkamuistoja. Halvin säilä eli lyömämiekka olisi maksanut kolmanneksen toimittajan matkakassasta. Häpeillen hän osti vain pienen taidokkaasti valmistetun rintaneulan ja vanhan toledolaisen kaksintaistelusäilän muotoisen paperiveitsen.

146

Paikallinen yrittäjä valitteli Simo Penttilälle valuuttarajoituksia, joiden seurauksena turisteilla ei ollut paljon rahaa käytettävissä. Kahvilan tarjoilija puolestaan oli tyytyväinen siitä, että turisteille onneksi tuli jano Toledon kujilla kävellessä. Matkamuistoesineillä tosin olisi ansainnut enemmän, mutta taontatöitä myytiin jo Sevillaa myöden.

Oppaan johdolla myös Tapio Hiisivaara pääsi tutustumaan pariin yksityistaloon, jotka ulkoapäin olivat tavallisia maurilaistyylisiä rakennuksia ilman koristeita ja hieman jo ränsistyneitä. Sisäpuolella kaikki oli kuitenkin toisin. Portaikon lattia oli täynnä värikkäitä ja koristeellisia laattoja, *azulejoja*, ja seinäpinnat olivat "suurella luomisen rakkaudella kirjailtua marmoria arabialaisine kirjaimineen ja tyyliteltyine kukka-aiheineen". Taidetaottu portti johti sisäpihalle, joka oli samaa "vienoin värein sommiteltua kaakelilaattaa". Atrium teki Hiisivaaraan erityisen mieluisan vaikutelman tukalan kuumana päivänä:

Suihkulähde solisee pihan keskellä, muratti kiipeää toisen kerroksen rautakaiteelle ja ruukkukasvit viheriöittävät marmoriseiniä. Valopihan ylle on levitetty purjekangas ja alhaalla on ihanan viileää, vaikka lämpömittari näyttää +60°. Sisällä on kaikki viimeiseen saakka huoliteltua. Marmoriseinät ja mosaiikkilattia on vastikään huuhdeltu vedellä. Kaikki on puhdasta, kaunista ja täydellistä. Tänne tekisi mieli jäädä, ottaa kengät jalastaan itämaiseen tapaan, istua tyynylle jalat ristissä, käskeä harsoihin pukeutuneen neidon tuoda hunajavettä jääpalasineen ja vesipiipun sekä pari luutunsoittajaa.[171]

147

Mutta kello oli paljon ja Hiisivaaran oli ehtiäkseen Madridin junaan astuttava takaisin kadulle "armottomaan helteeseen, lentävään pölyyn ja aasin lantaan". Hän hyvästeli oppaan ja lähti kävelemään paljain päin kuumuudessa neljä kilometriä juna-asemalle. Asemalla hän istahti ravintolaan, tilasi kaksinkertaisen oluen ja suuria jääkimpaleita, ja huokaisi tehneensä yhtenä päivänä kaiken "minkä kylmän Pohjolan asukkaalta tässä ilmastossa voi vaatia".

Simo Penttilä sen sijaan nautti Toledon-vierailunsa kiireettömyydestä. Toisella kaupunkiin tekemällään vierailulla hän yöpyi kaupungissa, joten hän ei tuntenut samanlaista näkemisen pakkoa kuin päivämatkalaiset. Yksin kaupungin mutkaisia katuja kierrellessä turistimatkoille tyypillinen keinotekoinen kiire unohtui.

Pohjoismaalaiset ja amerikkalaiset matkailijat eivät täälläkään päässeet "juoksupakkomielteestään" eroon, Penttilä kirjoitti. Kun hän kahvilassa istuessaan pohti omaa inhoaan kaikkialle levinnyttä kiirettä kohtaan, ohitse kiiruhti hänen aiemmin tapaamaansa noin kuusikymppinen, ilmeisesti ruotsalainen, lääkäripariskunta. Heillä oli niin kiire kiertää nähtävyyksiä, etteivät he ehtineet edes istua alas virvoittavalle juomalle. Penttilä kutsui tätä turisteja vaivannutta tarvetta nähdä välttämättömät nähtävyydet vammaksi, johon ei ollut lääkettä. Aivan kuten Tyyni Tuulio totesi 1920-luvulla, Penttilälle riitti tunne, että vain oli Toledossa: "Opaskirjat on syytä unohtaa hotelliin, sillä muuten matka Toledoon ei muodostukaan nautinnoksi vaan jäytäväksi velvollisuudeksi, mistä tahtoisi päästä mutta ei pääse."[172]

BARCELONAN KOHISEVA RAMBLA

Aamurusko väistyi ja teki tilaa auringolle, jonka mahtava kehrä vä-
hitellen kipusi taivaanrannan ylle. Don Quijote ja Sancho tähyilivät
joka puolelle. He näkivät nyt ensi kertaa elämässään meren, joka
näytti mykistävän suurelta, paljon mahtavammalta kuin Ruideran
lammet kotona La Manchassa.[173]

Don Quijoten ja Sancho Panzan matkan päätepiste oli Barcelona. Don
Quijoten reittiä seurannut Soile Järvelä-Kairenius saapui Barcelonaan
Zaragosasta lentäen. Aikaisemmilla Espanjan-matkoillaan hän oli kul-
kenut saman reitin junalla. Hän ei tuntenut erityisempää vetoa tähän
kaupunkiin, josta ei löytynyt mainittavammin jälkiä seikkailevasta rita-
rista ja tämän apurista muuten kuin Cervantesin romaanihahmojen kau-
pallistetuissa muodoissa. Näyteikkunassa don Quijote mainosti viinejä
lukemalla tynnyrin ääressä ritariromaaneja ja Sancho kallisteli kurk-
kuunsa saman liikkeen alkoholijuomia. Klassikkoteoksen kuuluisan ri-
tarin matkoihin ei kuulunut myöskään se don Quijoten nimeä kantava
majatalo, jonka seinillä oli ritarin retkiä esitteleviä tauluja.

Simo Penttilä oli huomattavasti ihastuneempi elämäniloiseen Kata-
lonian pääkaupunkiin. Barcelonan pääkatu La Rambla löi leimansa
koko kaupunkiin, samaan tapaan kuin Ströget Kööpenhaminassa, Pent-
tilä vertaili. Rantakadulta Paseo de Colonilta kaupungin sydämeen joh-
tava Rambla muodostuu useista kaduista, mutta Penttilä käytti siitä yk-
sikköä, kuten paikalliset tekivät. Rambla oli täynnä elämää ja ääniä

lähes vuorokauden ympäri, minkä hän Rambla de los Estudiosin varrella olevasta hotellistaan pystyi hyvin toteamaan. Äänetön se oli vain pari tuntia aamuyöllä. Siestan aikaan klo 12–15 ja illalla klo 23 jälkeen Rambla oli lähes autio, mutta vain jalankulkijoista, ei ajoneuvoista. Hiljaista liikennettä ei täällä tunnettu, ja autojen äänitorvia käytettiin herkästi.

Rantakadun suunnalta, Kolumbuksen patsaalta noustessa kohti keskikaupunkia vastassa oli "kukkasrambla". Puiset pysyvät kojut olivat täynnä kukkia puiden reunustaman kävelytien kummallakin puolella. Rambla oli myös täynnä ihmisiä. Penttilä kirjoitti näkemästään ja kuulemastaan romanttisesti:

Siellä näkee kukkien hehkuvien värien lisäksi Espanjan valkoisten hampaitten ja silmien hymyn. Ja aivan kukkasramblan vieressä vasemmalla on hedelmien halli. Ja siellä Espanja tanssii. Kovaääninen kaikuu aamuvarhaisesta myöhään iltaan ja myyjättäret tanssivat keskenään.[174]

Tanssivat barcelonalaiset olivat mielikuva, jota myös paikalliset itse pyrkivät vahvistamaan. Appelsiineja Penttilälle kauppahallissa ojentanut nainen kertoi, että Barcelonassa tanssittiin paljon. Hotellin ovimies kertoi elämisen olevan kovin kallista, mutta tanssimisen olevan hauskaa.

Ulkomaalaisten jättämää valuuttaa tarvittiin, suuren liikkeen myyjä totesi Penttilälle. Barcelonalaista elämää seuratessa näytti siltä, että valuuttaa todella tuli ulkomaalaisten matkailijoiden myötä, vaikka Espanja ei vielä vuonna 1951 ollut kokonaan "turistien turmelema":

Ramblan vierustoilla kymmenet, kenties sadat eukot ja neitoset kaupittelevat amerikkalaisia savukkeita aivan vapaasti. Ne ovat estraperloa, mustaa pörssiä, mitä lienevät, mutta hinta on melko halpa. – Barcelona on suuri satamakaupunki, jossa käy paljon laivoja.[175]

Penttilä oli aluksi luullut, että *estraperlolla* tarkoitettiin yksinomaan mustan pörssin kauppaa, mutta eräs paikallinen kertoi sen merkitsevän erilaisia laittomia tapoja hankkia lisäansioita. Penttilä kertoi sanan juontuvan kahdesta hollantilaisesta herrasta, Straussista ja Perlestä, jotka olivat 1930-luvulla tuoneet maahan peliautomaattiyhtiön. Joidenkin tarinoiden mukaan miehiä oli vain yksi, nimeltään Jules Perel. Toisten lähteiden mukaan sana taas viittaisi rulettiin. Epämääräinen rulettitoiminta kaatui kuitenkin skandaaliin, mutta *estraperlo* jäi sanana 1950-luvulle asti kuvaamaan sisällissodan jälkeistä mustan pörssin kauppaa. Amerikkalaisten savukkeiden myynti kadulla oli *estraperloa*, mutta vieressä seissyt poliisi ei puuttunut asiaan.

Penttilä vitsaili espanjalaisten erilaisista poliiseista ja varsin näkyvästä mustan pörssin kaupasta. Myyjien vieressä seissyt poliisi oli liikennepoliisi, mutta laittoman tupakan myynti olisi kuulunut tullipoliisin vastuualueeseen, ja nämä taas eivät liikkuneet kaduilla häiritsemässä *estraperloa*. Barcelonalaisen arkkitehdin mukaan yleiselle ja jokapäiväiselle *estraparlolle* hymyiltiin, mutta tämä erosi kuitenkin salakuljetuksesta, *contrabandosta*, johon liittyi vaaroja ja vankilan mahdollisuus.

Vielä vuoden 1951 alussa Håkan Mörnen oli ollut vaikeaa löytää Espanjasta ulkomaalaista kirjallisuutta ja tuoreita sanomalehtiä, mutta tilanne oli nopeasti muuttumassa. Penttilä kuvaili Ramblalla olevia suuria sanomalehti- ja kirjakojuja, joista löytyi käännöksinä amerikkalaista kirjallisuutta ja joista sai ostaa amerikkalaisia lehtiä, kuten *Time-* ja *Newsweek*-lehden. Ramblan äänimaailman valtasi kello 17 jälkeen uusi ääni, kun myyjät myivät iltapäivälehtiä kovaäänisesti.

Ramblan vasemmalla puolella sijaitsi pimeitten syrjäkatujen iloinen kortteli, Barrio Chino, jossa Penttilän sanoja lainaten sijaitsi "järjenpoistopaikka" *Barcelona de Noche* ja kymmenet baarit. Alueella partioivat pareittain poliisit kiväärein varustettuina. Kujilla kaikui kiihkeä musiikki, ja klinikat olivat avoinna kello kahteen asti yöllä.

Oikealla puolella on Barrio Cotico, vanha kaupunginosa, jossa voi nähdä roomalaisvallin jäännöksiä ja jonka juhlallisen katedraalin sisäpihan lammikossa kolme lihavaa hanhea arvostelee uteliaita turisteja ja hartaita kirkkoon menijöitä. Liljat kukkivat lammikon partaalla. Palmut kohottavat latvojaan vuosisatoja vanhojen muurien keskeltä kohti aurinkoa. Viereisten lehtipuiden latvuksissa laulaa sata lintua. Ulkopuolella laulaa pieni tyttö.[176]

Simo Penttilän silmissä Barcelona oli eloisa ja täynnä elämän ääniä. Hän ei ollut aikaisemmin vieraillut Barcelonassa, mutta tiesi jo kaipaavansa sinne takaisin. Toisin kuin Soile Järvelä-Kairenius, joka ei enää matkansa päätteeksi halunnut palata sinne uudestaan. Tämän kuvaus Ramblasta on myös huomattavasti epäromanttisempi kuin Penttilän:

Se oli osoittautunut Madridia kalliimmaksi kaupungiksi, jossa roskien korjaajat kolistelivat kaduilla jo kello seitsemästä lähtien, jossa palvelustytöt alkoivat samaan aikaan antaa näytteitä katalonialaisesta puheliaisuudesta ja viimeisistä barcelonalaisista iskelmistä ja jonka kukkakojujen, arpakauppiaiden, lintuhäkkien sekä sanomalehti- ja kirjakioskien värittämällä Ramblalla rakkaus oli monesti vain kauppatavaraa.[177]

Jotain hyvääkin Barcelonasta onneksi löytyi. *Bueno* herkutteli *merluzalla*, turskan sukuisella kalalla, jota oli usein kaivannut Suomessa: "Hän sai sitä sekä keitettynä että paistettuna, hyvin ja huonosti valmistettuna, mutta hän ei kyllästynyt siihen."[178] Erityisen hyvää *merluza* oli barcelonalaisessa Los Caracoles -ravintolassa, joka yksinkertainen ja viihtyisä ravintola – mutta vain iltaisin. Tuolloin ravintolan katosta riippuvat norsunluunväriset valkosipulinletit ja lakanpunaiset espanjanpippuritkin olivat romanttisen näköisiä. Päivisin paraskin ruoka tahtoi tarttua kurkkuun, jos joutui istumaan roskaisen kadun varrella olevan pöydän ääressä ja katselemaan äitinsä kannattelemaa luonnollisilla tarpeillaan olevaa lasta.

Casa J. Sensat -mainosjuliste, Adolfo Hohenstein,1902, CC0.

UUSIA MAKUJA JA RUOKA-AIKOJA

Nautimme ilta-ateriamme, joka oikeastaan oli myöhäinen päivälli-
nen, kello puoli kymmenen aikaan. Espanjalaisen näkökulmasta
meillä oli aikaiset tavat, sillä hän itse on oikea yölintu eikä mielel-
lään syö pääateriaansa ennen kymmentä, vaan usein vielä sitäkin
myöhemmin.[179]

Yksi merkittävä ero suomalaisen ja espanjalaisen ruokakulttuurin vä-
lillä oli espanjalaisten tapa ruokailla myöhään. Myös espanjalainen
ruoka ja raaka-aineet poikkesivat niin paljon suomalaisista, että niistä
riitti kirjoitettavaa.

Matkaajien aistikokemukset ovat yksi kulttuurien kohtaamisen
muoto. Usein ajatellaan, että aistein koettu on vain biologiaa, mutta ais-
tikokemukset ovat myös kulttuuriin sidottuja. Se mikä tuntuu, näyttää,
tuoksuu ja kuulostaa vieraalta herättää huomiota, ja juuri tällaisia koke-
muksia on tallentunut matkakertomuksiin. Uudet ja eksoottiset ruuat
ovat keskeinen osa matkoilla koettua aistiympäristöä. Espanjalaisissa
hotelleissa ja ravintoloissa tarjoiltu ruoka ei aina maistunut suomalai-
sille tai muille ulkomaalaisille, mihin Håkan Mörne viittasi seuraavalla
sananlaskulla:

Vanha sananpari ilmaisee, että espanjalaiset itsekin ovat perillä vä-
häisistä kulinaarisista taipumuksistaan, mutta samalla kuitenkin säi-
lyttävät itsetuntonsa. "Ellei jumala olisi Jumala", siinä sanotaan,

*"hän olisi Espanjan kuningas ja palkkaisi kokikseen Ranskan kunin-
kaan!".* [180]

Humoristi Simo Penttilä kirjoitti ulkomaalaisten kyllä tottuvan espan-
jalaiseen ruokaan, jos vain viettivät täällä riittävän monta vuotta. He-
delmien runsaus ja ulkomaalaiselle edulliset viinit korvasivat paljon
sellaista, joka ei suomalaisen makuun sopinut. Espanjalainen ruoka ei
maistunut vieraalta vain suomalaisten suussa, sillä Soile Järvelä-Kaire-
nius kertoi ranskalaisten vieraiden maustaneen paikallisia ruokia muka-
naan tuomilla kastike- ja maustepurkeilla manchalaisessa maantiema-
jatalossa. Yleinen turisteja vaivannut kiusa olivat ruuasta seuranneet
vatsavaivat.

Oliiviöljyä ja valkosipulia

*Nyt ehkä joku haluaisi tietää, mitä täällä syödään. Öljyä, öljyä ja
taas öljyä. Paljon lihaa, paljon kalaa, paljon vihanneksia, munia ja
hedelmiä. Ei ikinä voita, ei ikinä maitoa. Viini on huonoa, mutta vettä
juodaan ylenpalttisesti. Kansalliset ruokalajit ovat yleensä oikein hy-
viä, ja nälkä opettaa syömään paistettuja munia, jotka kihisevät öl-
jyssä.* [181]

Tyyni Tuulio kuvailee edellä madridilaisessa pensionaatissa 1920-lu-
vun lopulla tarjoiltuja ruokia. Etenkin oliiviöljyn runsas käyttö tuntui
suomalaisista matkaajista vieraalta ja eksoottiselta, kertomisen arvoi-
selta. Satunnaisesti jossain tarjottu voi maistui kotoisalta. Oliivi ei edes

sanana ollut tuttu kaikille, ja osa matkaajista käytti siitä vanhahtavaa nimeä öljymarja. Valkosipuli oli suomalaisille vieras ja jopa epämiellyttävä raaka-aine ruuissa. Tyyni Tuulio muisteli sitä näin vielä kotimatkalla Helsinkiin:

Valkosipuli on kauheinta, mitä allekirjoittanut tietää. Jos vahingossa satuit saamaan pienen nokareen suuhusi, olit pilalla monta päivää. Pilalla itseltäsi ja muilta. Valkosipulin vuoksi täytyi pysytellä parin metrin päässä andalusialaisista oppaista, ja sittenkin varoa joutumasta heidän hengityksensä ampumalinjaan.[182]

Tuulio kertoi granadalaisesta Angel Ganivet´sta, joka asui 1800-luvun lopulla Suomessa kaksi vuotta. Ganivet oli *Don Quijotea* lukiessaan alkanut ikävöimään valkosipulin makua tai edes hajua, vaikka Cervantesin luoma Manchan ritari pitikin sitä halpasyntyisyyden merkkinä. Tarinan mukaan Ganivet oli naisystävänsä avulla saanut lopulta ostettua valkosipulia apteekista viidellätoista pennillä, mutta olisi ollut valmis maksamaan siitä jopa viisitoista markkaa. Ruokalajina valkosipuli oli Tuuliolle niin vieras ja epämieluisa, että sen erikieliset käännöksetkin olivat vielä epäselviä:

En mene vastuuseen jutun todenperäisyydestä enkä tiedä, onko valkosipuli (Ganivetin mukaan "hvitloek") edes oikea nimitys espanjalaiselle käsitteelle "ajo", mutta tälle viimeksimainitulle soisin kyllä niin ankaran kieltolain, ettei sitä saisi edes apteekista.[183]

157

Tutut kotimaan ruuat ja maut olivat Tuuliolle erityisen mieluisia laivalla Helsinkiin palatessa: "Oi Helsingin höyryleipomon happamet korput! Te olette kaikkien niiden riemuna, jotka palaavat valkoisen leivän maista. Oi voi! Voita tuskin näimme öljyisessä Espanjassa. Oi, silli ja kuorimattomat perunat!"[184]

Soile Järvelä-Kairenius kertoi kerran langenneensa *Sopa de Ajoon*, kynsilaukkakeittoon tai valkosipulikeittoon, joka oli tyypillinen ja suosittu ruokalaji 1950-luvun Manchassa. Jopa don Quijote oli varoitellut tästä Sancho Panzaa: "Älä syö kynsilaukkaa tai sipulia, jotta ihmiset eivät hajustasi huomaa moukkamaisuuttasi."[185] Cervantes liitti 1500–600-luvun taitteessa valkosipulin hajun yhteiskunnan alempiin luokkiin ja moukkamaisuuteen, mutta suomalaiset 1900-luvun alun matkaajat mielsivät sen koko espanjalaisen ruokakulttuurin keskeiseksi – tosin vielä heille itselleen eksoottiseksi – raaka-aineeksi.

Italialainen kirjallisuushistorioitsija Piero Camporesi on kutsunut valkosipulin, sipulin ja juuston tuoksuja "epäsosiaalisiksi aromeiksi" 1700-luvun yläluokkaista ruoka- ja juomakulttuuria käsittelevässä tutkimuksessaan.[186] Epäsosiaalisena hajuna valkosipulia pitivät myös suomalaiset matkaajat. Tyyni Tuulio ei halunnut olla lähellä valkosipulia syöneitä paikallisoppaita. Soile Järvelä-Kairenius taas kertoi puolison halunneen pitää hänet "väkipakolla turvallisen etäällä" valkosipulikeiton nauttimisen jälkeen.

Espanjalaiseen arkeen olennaisesti kuuluneet valkosipulin ja oliiviöljyn aromit sekoittuivat kaduilla ja kodeissa muihin hajuihin ja tuoksuihin. Sinikka Kallio-Visapää kirjoitti keväisen ja lämpimän Méridan-kaupungin tuoksussa olevan ruusunlehtiä, oranssinkukkien makeutta ja mimosan kultapallojen hunajaa, mutta myös epämiellyttäviä hajuja:

> *Mutta kun lähdet veitsenterävien varjojen halkomille kujille, täyttyy niiden ahdas tila toisista lemuista, äitelästä lampaanrasvasta, villasta, valkosipulin mehusta, muulin virtsasta ja huonosta öljystä, mitkä hehkuvassa lämmössä kiehuvat yhteen ja vellovat sakeina aaltoina ovelta toiselle.*[187]

Hyvälaatuista oliiviöljyä vietiin 1950-luvun alussa maasta Amerikkaan ja muualle maailmaan. Paikallisille jäi näin ollen nautittavaksi heikompilaatuinen öljy. Penttilä pakinoi siitä näin:

> *Espanjalainen käyttää ruokaansa öljyä, jonka tuoksu tunkeutuu kaikkialle ja voittaa valkosipulinkin lemun. Se ei ole miellyttävä tuoksu. Tietysti tämä huono öljy voitaisiin jalostaa ensiluokkaiseksi, mutta kun sitä ei ole jalostettu vuosisatoihin, niin, por Dios, minkä vuoksi sitä nyt yhtäkkiä pitäisi ruveta parantelemaan? Sitä paitsi siihen tottuu. Oikein hyvä oliiviöljy tuntuu espanjalaisen suussa mauttomalta.*[188]

Penttilä jatkoi tarinalla, jonka mukaan jopa hienossa sveitsiläisessä koulussa kasvatuksensa saanut markiisitar oli kotiin palattuaan vaatinut omien tarhojen tavallista jalostamatonta öljyä. Hän oli kyllästynyt hienosteluun, ja halusi aitoa espanjalaista ruokaa.

Aamukahvilla

Espanjassa syödään harvoin ja hyvin. Ensimmäiseksi aamiaiseksi oli madridilaisessa täysihoitolassamme hyvin suuri kupillinen maito-kahvia ja sämpylä ilman voita, sillä voi on kallista ja harvinaista ylellisyystavaraa, jota ei käytetä.[189]

Näin kuvaili Tyyni Tuulio *Kotiliesi*-lehdelle kirjoittamassaan matkapakinassa madridilaisen täysihoitolan aamiaista 1920-luvun lopulla. Aamiaiseen Espanjassa kuului kahvi, aivan kuten kotona Suomessa. Iltapäiväkahvi nautittiin jossain kaupungin kahviloista, missä kahvi maistui samalta kuin Pariisissa. Paluumatkalla Helsinkiin hän kaipasi jo suomalaista pannukahvia. Kahvileivät olivat muuten samankaltaisia kuin Suomessa, mutta niissä oli outo sivumaku. Jossain vaiheessa hän ymmärsi tämän johtuvan siitä, että rasvana oli käytetty öljyä eikä voita, kuten Suomessa. Perinteisissä pikkuleivissä käytettiin laardia eli sian rasvaa.

Espanjalainen kahvi poikkesi siitä, mihin suomalaiset olivat tottuneet. Se oli mustaa kuin piki, koska siihen käytettiin ainakin viisi kertaa enemmän kahvia kuin Suomessa, 1940-luvun lopulla matkustanut Hiisivaara kertoi. Tällainen kahvi myös piristi ihmeellisesti. Soile Järvelä-Kairenius kertoi nauttineensa monta kertaa päivässä kupillisen vahvaa ja kirpeää "expressokahvia" Ciudad Realin-kaupungissa, Plaza de

Cervantesin -aukiolla sijaitsevassa suosituksessa katukahvilassa. Hotellin kehno aamiainen oli tehnyt hänet vain murheelliseksi, sillä voi oli ollut säännöllisesti härskiä ja café con leche "selvää sumppia, joka tarjoiltiin keitetyn, kuoritun maidon kera".[190]
Simo Penttilä ei ollut ihastunut espanjalaiseen tapaan tarjota kahvia. Hänen mielestään kahvi oli niitä harvoja aineita, joita suomalaisen oli vaikea espanjalaisessa elämässä hyväksyä: "Se paahdetaan sokeroituna, jolloin siitä tulee tervanmustaa mutta äitelänmakuista."[191] Humoristisesti suomalaisiin kahvinjuojakansana viitaten hän totesi, että muutamat ihmiset kuulemma tulevat toimeen ilman kahviakin.

Päivä on tullut ja leipuri on aloittanut työpäivänsä. Hän on nostanut vilpoisempaan päästäkseen paistinuuninsa ulos jalkakäytävälle. Pyöreässä peltikaminassa palaa tuli ja sen yläosassa kiehuu oliiviöljy. Kaminan päälle on kiinnitetty taikinapuristin ja leipuri painaa vivulla makkaran muotoisia taikinanpätkiä kiehuvaan rasvaan. Näitä sanotaan churroiksi eivätkä ne ole lainkaan hullumpia.[192]

Tapio Hiisivaara kuvailee yllä aamua Astorgassa ja espanjalaiseen aamuun kuuluneita uppopaistettuja leivonnaisia, *churroja*. Aamiaiseksi hän nautti kapakassa aamukahvia ja *churroja* paikalliseen tapaan. Kapakoitsija kaatoi hänelle lisäksi värittömän ryypyn, jonka nimeä hän ei kirjoittanut muistiin. Melu kapakassa yltyi "korvia repiväksi" paikallisten miesten saapuessa baariin yksi toisensa jälkeen aamuryypylle.

Herkullinen leivonnainen tuli tutuksi myös muille suomalaisille. Hå-kan Mörne kuvaili patansa äärellä seisonutta *churrojen* myyjää, joka pienellä, ruiskua muistuttavalla työaseellaan valutti pitkiä, käärmeinä kiemurtelevia taikinalieroja kiehuvaan öljyyn. Ostaja hankki mieluisan pituisen lonkeron tätä leivonnaista, eikä herkullisempaa syötävää aamu-kahvin seuraksi juuri voinut toivoa.

Tapio Hiisivaaran varhainen aamukahvihetki Granadassa, Alham-bran vieressä sijaitsevassa San Fernandon majatalossa oli moniaistinen ja miellyttävä kokemus. Paikka oli kuin keidas ikuisen elokuisen hel-teen keskellä. Pihan keskellä solisi suihkulähde, ja piha oli suljettu au-ringolta ylhäälle levitetyllä purjekankaalla. Pihalle ruiskutettu vesi sai ruukkukasvien lehdet kiiltelemään ja ilman täyttymään viilentävällä kosteudella. Aamukahvihetkeen kuului appelsiinimarmeladia, pehmeää valkoista leipää ja vuohenmaidosta tehtyä voita. Voi ei ollut parasta mahdollista, mutta se oli kuitenkin jotain muuta kuin ruokaöljy. Turisti olisi viihtynyt täällä pidempäänkin, mutta työasioissa liikkunut Hiisi-vaara jatkoi matkaansa tutustumaan Alhambran linnoitukseen.

MÁLAGA – AURINKOA JA VARJOA

Tasangon vastakkaisella laitamalla, puristuneena meren ja taivasta tavoittelevien vuorten väliin oli Málaga, Andalusian suurin satama- kaupunki, jonka asukasluku lähentelee kolmeasataatuhatta. Ajok- kimme poukkoili pitkin kuoppaisia katuja läpi pölyisten esikaupun- kien, yli kuivuneen joenuoman vievän sillan ja saapui lehtevälle Ala- medalle, leveälle puistokadulle, jota reunustivat vanhojen lehtipui- den kaksinkertaiset rivistöt. [193]

Håkan Mörne kuvaa edellä saapumista puolisonsa kanssa Málagan mai- neikkaaseen kaupunkiin, josta yhdelläkään matkakirjoittajalla ei ollut mitään erikoista kerrottavaa. Cádizin satamalle ikänsä puolesta vertoja vetävä Málagan satama oli vuodenvaihteessa hiljainen johtuen joko vuodenajasta tai Espanjan kaupan hiljentymisestä muun maailman kanssa. Laiturissa oli vain muutamia ulkomaalaisia laivoja ja vanhoja espanjalaisia aluksia. Satamakortteleissa vallitsi unelias ja pysähtynyt tunnelma. Hiljaisissa kapakoissa näkyi vain toimettomia satamatyöläi- siä ja köyhiä maalaisia rattaineen.

1800-luvun alussa Espanjan merenrantakohteet kiinnostivat matkai- lijoita hyvän ilmastonsa vuoksi kylpyläkohteina. Málagan suosio alkoi kasvaa 1830- ja 1840-luvuilla, ja siitä tuli suosittu terveyskohde 1800- luvun puolivälissä. Kaupungin suosio alkoi kasvaa uudestaan 1940-lu- vulta lähtien, jolloin siitä muodostui yksi eurooppalaisen eliitin suosi- mista kohteista Euroopassa. Pian sinne löysivät tiensä laajemmat matkailijajoukot, kun brittiläiset matkayhtiöt alkoivat tehdä kaupallisen Costa del Sol – nimen saaneelle Málagan rannikolle seuramatkoja 1950-luvun alussa.[194]

Kaupungissa vierailleiden suomalaisten kertomuksissa Málaga tarjosi enimmäkseen auringonpaistetta ja kuuluisaa malagaviiniä, mutta myös satamakaupungille tyypillisiä ilmiöitä, kuten satamakuppiloita, salakuljetettua tavaraa ja prostituutiota. Yhteiskuntaluokkien väliset erot tulivat kaupungissa nopeasti näkyviksi vain siirtymällä hienojen liikkeiden ja kahviloiden reunustamilta pääkaduilta kulman takana sijaitseviin kurjiin kortteleihin.

Simo Penttilän mielestä kaupungin viehätys matkailukohteena näytti perustuvan vain ja ainoastaan aurinkoon, mutta aurinkoa löytyi muualtakin Espanjasta. Miksi siis jäädä Málagaan? Marraskuinen sää oli lämmin, ja häämatkalla olleet nuoret parit ottivat aurinkoa pihalle rakennetun uima-altaan viereisellä nurmikolla. Tällaisesta aurinkolomille tyypillisestä näystä suomalaiset matkailijat eivät muutoin kirjoittaneet. Kaupan ja merenkulun vuoksi Málaga oli merkittävä kaupunki, mutta muuten siellä riitti nähtävää Penttilän mielestä vain pariksi päiväksi. Sen jälkeen alkoi jo kaivata sataman melusta muualle, kuten Torremolinosiin, mistä saattoi vuokrata melko halvalla huvilan, tai muualle Málagan rannikolle: "Rannikko on »un paraiso de sol, de luz y de flores», auringon, loiston ja kukkien paratiisi, niin kuin komea viekoituskortti väittää."[195]

Vaikka Málagassa oli hienoja nähtävyyksiä, kuten Alameda, tuomiokirkko ja maurilainen linnoitus, myös Håkan Mörne ajatteli ettei siellä

164

oikeastaan ollut mitään sellaista, mitä ei olisi löytynyt muista Andalusian kaupungeista. Jopa kaupungin kuuluisin henkilö Pablo Picasso oli muuttanut Ranskaan ja jäänyt sinne. Tämä tosin oli seurausta diktaattori Francon harjoittamasta politiikasta, eikä johtunut kaupungista.

Parhaan yleiskuvan Málagan kaupungista sai katsomalla sitä ylhäältä Gibralfaron kukkulalta sijaitsevalta mauriaikaiselta linnoitukselta:

Sieltä kaupunki näyttää tuomiokirkon monumentaalisen jättiläishahmon ympärille ryhmittyneeltä valkoiselta emaljimosaiikilta ja tämän suuren, värikkään taulun kehyksinä ovat syvänsininen meri, vihreät vainiot ja sinipunervien pilvivarjojen reunustamat vuoret.[196]

Edellä maisemaa kuvailee Håkan Mörne, ja seuraavassa reilun vuoden kuluttua toukokuussa 1952 samalta paikalta maisemia ihailee Aarne Haapakoski:

Parisataa metriä alempana ui autereen keskellä Malagan kaupunki valkoisine taloineen ja ruusutarhoineen. Härkäareena on kuin jättiläismäinen kattila puiston laidassa. Hotelli Miramar kätkeytyy ylvään palmumetsikön varjoon ja sininen Välimeri huuhtelee Carmenin hiekkarantoja.[197]

Kaupungin tiheään rakennettujen korttelien sisällä kävellessä kaunis yleiskuva muuttui vaikeammaksi hahmottaa. Kaunis palmujen rivistön reunustama Alameda johti Calle de Larios -kadulle, jota vuorostaan

165

reunustivat nykyaikaiset liiketalot, pankit ja siistit kahvilat, joissa saattoi nähdä yläluokkaisia, harmaatukkaisia naisia *mantilla* päässään. Kadun varrella olevissa baareissa kaupungin parempi väki nautti tietyllä kellonlyömällä aperitiivinsa oliivien ja katkarapujen kera. Larios-katu johti aukiolle, jonne oltiin rakentamassa ympyrän muotoista lautavajaa. Håkan Mörne arveli, että siitä tulisi kukkotaistelun näyttämö. Hän pettyi kuullessaan, että rakennelmaa tultaisiin käyttämään kirkon vuosittaisiin loppiaisarpajaisiin.

Calle Nueva -katu vaikutti nimestään huolimatta vanhalta. Se oli kaupungin vilkkain liikekatu, jonka varrella oli vaate-. kenkä-, elintarvike- ja suutarinliikkeitä. Kadulla oli Mörnen mielestä itämaisen basaarin leima johtuen "kyömynenäisistä kangaskauppiaista" ja ulkoilmassa toimintaansa harjoittavista myyjistä:

Kadulla myytiin kastanjoita savuavien tulien ääressä, ja liikkuvat kaupustelijat tarjosivat ostettaviksi maapähkinöitä, pähkinöitä, herneitä ja makeisia. Toiset kaupittelivat valkosipulia, tuota etelän ihmelääkettä ja kaikkien köyhyyden vaivojen parantajaa, ja heillä oli sipulit olallaan maata viistävinä, rihmaan pujotettuina helminauhoina.[198]

Musta pörssi kukoisti kadulla. Saatavilla oli amerikkalaisia savukkeita sekä valkoista leipää, joka oli paljon maukkaampaa kuin leipä, jota ihmiset saivat muutoin ostaa niukoilla elintarvikekorteillaan. Vain pienen matkan päässä edellä mainituilta pääkaduilta oli kapeita kujia, joihin auringonvalo ei osunut ja joilla leijui jätteiden ja pilaantuneen öljyn löyhkä. Näillä seuduilla käytiin kauppaa ahtailla aukioilla, joille mahtui vain muutamia vihanneskojuja sekä muuleja rattaineen ja aaseja selässä kulkevine kuormineen. Erään tällaisen torin laidalla kohosi yllättäen suuri ja komea kirkko kuin jalo kukka rikkaruohojen keskellä. Mörne kirjoitti: "Málagassa nähtävyydet tavallisesti ovatkin näkymättömissä, kun taas elämän varjopuolet pistävät kaikkialla silmään."[199]

Hyve ja pahe asuivat Málagassa rinnakkain, sillä vain muutaman askeleen päässä Larioksen porvarillisuudesta alkoi Calle de siete revueltas, Seitsemän mutkan katu, josta kulkijan silmään osuivat aluksi vain rapistuneet katukivetykset ja harmaat, huonokuntoiset talot. Mörnen värikkäästä ja aisteja puhuttelevasta kuvauksesta saa hyvän kuvan kadun luonteesta. Mustien porttien aukoissa seisoi kauppiaita myymässä huonolaatuisia vihanneksia ja bataatteja. Kadulla leijui savun ja pilaantuneen öljyn haju, joka tuli *churrojen* myyjän pannusta. Tämän ympärillä pyöri "rääsyläisiä", jotka saivat palan sanomalehteen käärittyjä palasia tätä käärmemäistä leivonnaista. Myös maksullista rakkautta oli tarjolla:

Kauempana tätä polveilevaa katua, joka kiemurtelee eteenpäin kuin pimeä rotko elottomien ikkunarivien ja parvekkeiden ruosteisten luurankojen välitse, reunustavat palavat punaiset lyhdyt, vaikka on vasta varhainen iltapäivä. Siellä täällä on ovi raollaan ja siitä tirkistää päitä, joilla on mauttomasti ja ylenmääräisesti maalatut ja puuteroidut kasvot ja tukassa kirkkaanvärisiä silkkiruusukkeita.[200]

167

Kadun päässä olevasta baarista kadulle tulvi viinin happamanimelää tuoksua, ja kadulla kaksi miestä veivasi aasin vetämästä *pianolasta* ilmoille mustalaissävelmän *La cachucha*. Soittokone oli kerännyt ympärilleen ikääntyneitä prostituoituja ja kerjäläismummon. Sattumalta paikalle osunut Mörne näki kuluneen näköisen ilotytön ja miehen esittämän tanssinumeron, joka oli vain paikallisten silmille tarkoitettu ja ensimmäinen tuulahdus andalusialaisesta flamencosta: "Illalla nämä lakastuneen ilon markkinat ovat vilkkaan hyörinän näyttämönä. Kaikkien kapakoiden ovet ovat raollaan ja punaisten lyhtyjen vaiheilla liikuskelee hälisevä miesjoukko, miehiä, aina vain miehiä."[201]

Kadulla pyöri illalla kaikkien mahdollisten tavaroiden myyjiä. Joku kauppasi hyvästä perheestä olevaa tyttöä, toinen aitoa briljanttisormusta ja pienet pojat myivät uusimman flamenco-laulun sisältävää lehtistä. Málagaa leimasi Mörnen mielestä köyhyys: "On aivan kuin tyly sallimus olisi riistänyt tältä kaupungilta kaikki mahdollisuudet osoittaa omistavansa mitään arvokasta."[202]

Kahvilaelämää ja edullista viiniä

Näissä matkatarinoissani minä olen joutunut ja joudun kai vastakin monesti mainitsemaan kahviloitten katuterassit, terassikahvilat ja miksi niitä sanoisi, kun niitä Suomessa ei ole.[203]

Kahviloiden ja baarien kaduille levittäytyvät terassit olivat suomalaisille Espanjan matkaajille uusia ajanvieton ja viihtymisen tiloja, joihin

Suomessa ei vielä ollut totuttu. Kahvilaterassilla saattoi katsella ohikulkevia ihmisiä ja vilkasta katuelämää, ja niissä pääsi juttelemaan paikallisten kanssa. Terassikulttuuriin kuuluivat olennaisesti erilaisia tavaroita ja palveluita sitkeästi ja toistuvasti tarjonneet myyjät. Juoman oheen tuotiin tai tilattiin asiaankuuluvat katkaravut, suolamantelit ja päivän sanomalehti, lisäksi asiaan kuuluivat onnenarvan osto, kenkien kiillotus ja kolikkojen antaminen kerjäläisille.

Kastijako on Espanjassa erikoisen jyrkkä, vaikka korkeampisäätyinen saattaakin alentua kuuntelemaan kerjäläisen puhetta jossakin baaritiskin äärellä ja kenties tarjota hänelle viinilasinkin. Andalusialaiset ylimykset ovat jyrkentäneet tätä kastijakoa vielä omaksi hyväkseen ja saattavat mennä suorastaan naurettavuuksiin. Esimerkiksi Malagan pääkadun varrella on eräs kahvila, jonka asiakaspiiri on hyvin tarkoin valittu: kahvila on vain kaupungin hienostoa varten.[204]

Eri yhteiskuntaluokkien erot kävivät ilmeiseksi elokuvanteossa Málagassa olleelle Aarne Haapakoskelle, joka sai todistaa espanjalaista säätyhierarkiaa istuessaan kahvilassa erään tuntemansa hienostorouvan kanssa. Paikallinen avustaja kävi tervehtimässä suomalaista, mikä oli rouvan mielestä täysin sopimatonta. Paikka oli nimittäin tarkoitettu ainoastaan yläluokalle. Ulkomaalaisena Haapakoski oli hyväksytty jäseneksi tähän seurapiiriin, mutta filmauspuuhissa auttanut paikallinen nuori mies, "rahaton ylioppilas", ei ollut tervetullut. Myöhemmin

169

Haapakoski kertoi humoristisesti oppineensa lisää málagalaisen ravintolakulttuurin kirjoittamattomista säännöistä. Hän ja näyttelijät Kauko Käyhkö ja Oke Tuuri erehtyivät nimittäin tilaamaan kahvilan terassilla *zinzano*a, vaikka Málagassa herrasmies joi vain kuivaa sherryä. Kaupustelijoiden määrä ylitti toisinaan sietokyvyn rajat. Eräänä iltana Haapakosken nauttiessa baarin terassilla aperitiivia neljäs kengänkiillottaja 10 minuutin sisällä oli tavanomaista sitkeämpi ja alkoi kiellosta huolimatta kiillottaa jo valmiiksi kiiltäviä kenkiä. Maksettuaan kengänkiillottajalle, häädettyään suolamantelien myyjän ja annettuaan tekokukkia myyvälle naiselle kolikon päästäkseen tästä eroon Haapakoski sai kimppuunsa vielä uuden kaupustelijan. Arviolta kuusi-seitsemänvuotias poika tarjosi arasti supatellen "mainiota yöklubia", jossa olisi ollut tarjolla kauniita señjoritoja ja hashista. Kirjailija ajoi äkäisesti huutaen pojan pois. Haapakosken humoristisessa kuvauksessa on epäilemättä käytetty kirjailijan vapauksia, mutta myös muut suomalaiset matkaajat kirjoittivat hyvin samankaltaisia kuvauksia kahviloiden ympärillä pyörivistä sitkeistä kaupustelijoista ja kerjäläisistä.

Satamakaupungista löytyi laittomia ja laillisia nautintoaineita ja viihdykettä. Edullinen viini ja muut alkoholijuomat vaikuttivat kiinnostavan ulkomaalaisia vierailijoita siinä määrin, että humalaisia turisteja näki Málagan kaduilla silminnähden enemmän kuin muualla Espanjassa. Tällainen kuva ainakin syntyy Simo Penttilän ja Aarne Haapakosken kertomuksista. Penttilä esimerkiksi pakinoi eräästä näkemästään humaltuneesta ulkomaalaisesta, joka ajoi raitiovaunulla väärään suuntaan "arvioiden kahden jerez-pullon jälkeen" ja perillä häipyi saman tien lähimpään baariin. Joku toinen turisti taas nojaili apeana krouvin seinää vasten, mitä Penttilä kommentoi ymmärtävästi: "Ei toki liene mitään niin murjotuttavaa kuin jälkihumala auringon paisteessa uudessa paikassa yksin."[205] Satamakaupungissa juopottelulla oli pitkät perinteet. Málagan ranta-kadulla Penttilän mieleen nousi mielikuvia menneiden aikojen purjeve-neillä kulkeneista merimiehistä, jotka maihin päästyään kiiruhtivat os-tamaan "malagaa ja rakkautta ja etäiselle eukolle shaalin":

Nämä vedet ovat sinisyydestään huolimatta aina olleet vaarallisia.
Ja viinit myös – puhutaanhan Málagan viininpunaamasta väylästä.
Ja señoritat, jotka saavat meriä seilanneen miehen pyörryksiin ilman
viinejäkin.[206]

Málagan yö oli hiostavan lämmin ja merimieskortteleissa elämä jatkui lähes kukonlaulun aikaan asti, Aarne Haapakoski kuvaili kaupungin öistä menoa. Ulkomaalaiset merimiehet kiersivät iloisesti laulaen baa-reja, ja aseistetut poliisit huolehtivat järjestyksestä merimieskapakoiden edustoilla. Haapakoski kohtasi Málagan yössä myös invalidisoituneen suomalaisen, joka oli aikoinaan taistellut Espanjan sisällissodassa tasa-valtalaisten puolella ja jäänyt asumaan Andalusiaan. Mies ansaitsi niu-kan elantonsa kerjäämällä Málagan hämärillä kujilla.

Yön ääniin kuului vanhan tornikellon lyöntejä, heikkoa laivakonei-den jyskytystä ja jostain merimieskapakasta kuuluneita haikeita *Bole-ron* säveliä. Yön tuoksut olivat sekoitus pilaantuneen kalan ja osterin

hajua sekä huumaavaa ruusujen ja jättiläisneilikoiden tuoksua. Aamu-
yön tunteina matkalla pensionaattiinsa Haapakoski ohitti tuomiokirkon
ja sen appelsiinipuita täynnä olevan puutarhan sekä roomalaiset rauniot.
Málagan yö ei ollut vielä ohi ulkomaalaisille turisteille, sillä viini-
kauppa oli vielä auki ja baarin edustalla oli vilkasta elämää:

*Korviini kantautui ranskalaisia, ruotsalaisia ja englantilaisia sa-
noja. Iloisia asiakkaita poistuu pullot kainalossa baarista. Malagan
Alko ei ole liian tunnontarkka aukioloaikojen suhteen. Vielä kukko-
jen laulaessa voi sieltä hakea pulloja vaikka sylikaupalla.*[207]

Malagaviini ja sherry

Matkansa alussa Håkan Mörne joutui kohtaamaan pettymyksen kuului-
san malagaviinin suhteen. Eräs asiantuntija kertoi hänelle tämän viinin
lakanneet jo kauan aikaa sitten olemasta, koska tauti oli tuhonnut sitä
tuottaneet rypäleet. Jäljellä oli 1940–1950-lukujen taitteessa pelkkä ni-
mitys. Malagaviini-etikettejä liimattiin pulloihin, joiden sisältö oli Mör-
nen mukaan pelkkää viheliäistä litkua: "Entä viini sitten! Missä on tuo
kuuluisa málaga, jonka kellastuneiden matkakirjojen ja valkohapsisten
merikarhujen kuvausten mukaan pitäisi olla todellista jumalten juomaa
ja "paksua kuin terva"?"[208]

Myös Aarne Haapakoski mainitsi, ettei Málaga enää vuosikymme-
niin ollut tuottanut sitä málagalaista viiniä, mistä kaupunki oli tullut
kuuluisaksi. Tuhohyönteiset olivat hävittäneet sukupuuttoon sen viini-
köynnöslajin, josta hieno ja arvokas malagaviini oli aikoinaan

valmistettu. 1950-luvun alussa malagaviiniä tilatessa sai yleensä vain keskinkertaisia muskatellilaatuja.

Mörne kertoi tunteneensa erikoista mieltymystä sherryyn jo varhaisnuoruudesta asti. Hänen koulutoverinsa isä oli tuottanut pienen tynnyrillisen sherryä Lontoosta Helsinkiin ennen kieltolakia. Nuorukaiset olivat nauttineet salaa tätä *amontillado*-tyyppistä sherryä erityisen paljon Suomen itsenäisyysjulistuksen päivänä. Tämän yli kolmekymmentä vuotta aikaisemmin tapahtuneen muiston jälkeen hänestä tuntui erityisen juhlavalta päästä Espanjan sherryalueille Jerez de la Fronteraan.

Helsinkiläisen ystävänsä suhteiden avulla hän pääsi tutustumaan tunnetun viinitilan Bobadilla y Cian sherrynvalmistuksessa käytettyihin menetelmiin ja rakennuksiin, joita hän kuvasi yksityiskohtaisesti matkakirjassaan. Hän pääsi maistamaan *bodegan* sherryä kellarimestarin, *capatazin*, tarjoilemana suoraan säilytysastiasta:

Viini oli sakeata ja ruskeata ja sen tuoksu täytti koko huoneen. En rohkene yrittääkään kuvata, miltä jalo juoma maistui. Varmaa on kuitenkin, että se jätti mieliimme keskitetyn aistimuksen juuri siitä "jostakin", kaikkien Jerezin hyvien viinien sielusta, joka säilyy ihmisen muistissa tuoksuna, ja josta hän voi jopa nähdä unta.[209]

Capatazin ammatti oli arvostettu ja säilyi usein perintönä suvussa. Mestari kertoi erottavansa kaikki oman *bodegan* viinityypit sekä muiden merkittävien Jerezin tilojen viinit. Hän suri sitä, että juomaa ei muissa maissa arvostettu sen luonnollisissa muodoissa. Amerikkaan menevät

173

pullot oli kiedottava kultapaperiin, ja makua oli arkipäiväistettävä lisäämällä siihen mietoja viinejä. Samaa "huonoa makua" ilmeni myös joissain pohjoismaissa.

Fiestaa köyhyyden keskellä

Andalusiassa tuntui aina olevan käynnissä jonkin pyhimyksen kunniaksi vietettävä *fiesta*. Tämän Aarne Haapakoski havaitsi filmiryhmän työskennellessä Málagassa. Fiestojen aikana filmaustyöt seisoivat vapaapäivien takia. Erään fiestan aikaan hän vieraili Málagan lähellä olevassa kalastajakylässä, joka oli oikeastaan vain rantahietikolle rakennettu hökkelikylä. Sardiininuotat oli fiestan ajaksi vedetty likaiselle hiekalle kuivumaan, ja veneet oli koristeltu kreppipapereilla tai kangassuikaleilla. Suurimmat roskat oli lakaistu asumusten taakse piiloon, ja niiden edessä oli tuoleja ja tyhjiä pahvilaatikoita:

Niillä istuivat perheenjäsenet juhlapuvuissaan - naiset haalistuneissa kretonkimekoissaan, miehet tummissa, kireissä housuissaan punainen kangassuikale vyönä. Hiekassa heidän edessään oli viinipulloja tynnyriviiniä halvinta lajia. Juoma-astioina oli rikkinäisiä laseja ja peltipurkkeja. Maisteltiin viiniä. Hiekassa istuvat puolialastomat lapset imeskelivät tyytyväisinä sokeriruo'on kappaleita.[210]

Nälkiintyneen näköinen kalastajan vaimo kertoi iloisesti, että nyt oli *fiesta*. Yksi miehistä tarjosi viiniä peltipurkista, ja kulauttaessaan loput viinistä hän totesi iloisesti huomennakin olevan *fiesta*. Haapakoski maalaili kalastajakylän ihmisten fiestan vietosta elokuvan kohtausta

174

muistuttavan romantisoidun kuvan, jossa päällimmäisenä oli hauskanpito vaatimattomista puitteista huolimatta. Aurinko paistoi lämpimästi, kärpäset surisivat jätekasoissa ja mereen laskeva jätevesiputki löyhkäsi helteisessä säässä voimakkaasti. Tästä kaikesta huolimatta eräs kalastajanuorukainen alkoi soittaa haitaria majansa edustalla, ja nuoret tytöt kävelivät rantahietikolla parhaimpiinsa pukeutuneina, paperikukkia hiuksissaan ja lasikoruja ranteissaan.

Fuengirola ja Calaburras

Eräänä kauniina aamuna Håkan ja Svanhild Mörne nousivat Málagan satamasta Fuengirolaan lähtevään pikkujunaan tavoitteenaan löytää miellyttävä paikka, missä voisi viettää pari viikkoa. Junarata kulki aluksi merenrantaa pitkin. Maisema ei ollut kovin mieltäylentävä, sillä rataa reunusti noin kilometrin verran "mitä kurjimpia ihmisasumuksia". Rakennusaineena oli käytetty auringossa kuivattuja tiiliä, jotka oli sivelty kalkkivellillä, ja kattojen päällä oli tuulessa rämiseviä ruosteisia peltejä. Rakennuksissa asui kalastajia perheineen, ja saman katon alla pidettiin vuohia ja porsaita. Mörne kuvaili näin näkemäänsä ankeutta:

Lapsia telmi joukoittain hietikolla, joka ilmeisesti oli ulostusten ja kalanperkeiden saastuttamaa, sillä mereltä puhaltava tuuli kantoi avoimesta ikkunasta sisälle vaunuun kuvottavaa löyhkää. Ei pieninkään vihreä tilkkunen ilahduttanut näitä ihmisiä, jotka elivät salvattuina meren ja rantapenkereen väliin.[211]

Junan kääntyessä pois rannikolta Torremolinosin kukkuloiden suuntaan kontrasti ylempänä sijaitseviin yläluokkaisiin huviloihin ja niiden kirjaviin kaakelipintoihin oli suuri. Vihreän puiston keskellä näkyi hieno Santa Claran hotelli, joka oli rakennettu maurilaisen linnoituksen raunioille. Hotellia asuttivat Mörnen kuuleman mukaan iäkkäät englantilaiset, jotka eivät juurikaan poistuneet ylellisen hotellialueen ulkopuolelle. Täältä junarata laskeutui alas rannikolle kohti Fuengirolaa:

Pikku pueblo olisi täysin vastannut toiveitamme, elleivät muulinajajien kaikuvat huudot, kalankaupustelijoiden soinnukkaat myyntimenetelmät ja hälisevä kapakkaelämä olisi häirinneet rauhaa jokaisessa posadassa, jota pistäydyimme katsomassa. Lisäksi vierashuoneet oli kaikkialla sijoitettu joko baariin tai aasitallin yläpuolelle.[212]

Koska Fuengirolan kuhinaan oli aina mahdollista palata, Mörnet jatkoivat rauhallisemman asunnon etsimistä lähialueilta ja löysivät lopulta pienen, tyhjän rantahotellin Calaburrasista. Hotelli oli yleensä avoinna vain matkailukaudella, mutta isäntä otti heidät avosylin vastaan. Hän kutsui saman tien paikalle myös siivoojan ja apumiehen, jotka muutoin tekivät töitä vasta matkailukauden alettua. Mörnet olivat hotellin ainoat asukkaat.

Hotellissa tarjoiltiin rannikolle tyypillistä lounasta, leipää, oliiveja, katkarapuja, simpukoita ja öljyssä paistettuja pikkukaloja. Lounaan kanssa nautittiin punaviiniä. Isäntä don Felix seisoi pöydän äärellä tarkkailemassa, mitkä ruokalajit vieraille maistuivat: "Näen, että pidätte chanqueteista. Jos haluatte, voitte saada niitä joka päivä!"[213] Näitä pieniä kaloja pyydystettiin juuri tällä kohden rannikkoa, ja niitä arvostettiin Málagan rannikon erikoisuutena Mörne ymmärsi heidän tuoneen pienen hotellin elämään tervetullutta toimeliaisuutta hiljaisen talven keskellä.

Keskitalvella hotellissa oli kylmää kuin kellarissa. Myöhään nautituille päivällisille lämpöä toi pöydän alle asetettu hiiliastia. Jalat pysyivät lämpiminä, kun niiden päälle levitti pöytäliinan. Hehkuvien hiilien päälle asetellut sitruunaviipaleet levittivät ilmaan miellyttävää tuoksua. Illalla omassa huoneessa Mörnet kertailivat espanjan kielioppia, kunnes jääkylmä vuode lämpeni riittävästi ja saattoi ajatella nukahtavansa. Ikkunan takaa kuuluneet meren äänet toivat merillä kulkeneelle Mörnelle tutun tunteen, aivan kuin olisi vaipunut uneen ulapalla olevalla laivalla.

Mörnet tarkkailivat päivisin kalastajien työskentelyä hotellin edessä olevalla hiekkarannalla. Kerran he näkivät kalastajien verkoissa limaisen möykyn, josta läheltä katsottuna saattoi erottaa sinisilmäisiä pieniä kaloja. Nämä olivat samoja kaloja, *chanquetes*, joita tarjoiltiin joka päivä hotellin ravintolassa. Ulompana kulkevat isot purjeveneet käyttivät sardiinin kalastuksessa norjalaista turskanmätiä, joka oli ihmisravinnoksi kelpaamatonta. Sardiinien kalastus muistutti Itämeren silakankalastusta. Työ oli raskasta, ja tulot pieniä, aivan kuten suomalaisilla kalastajilla, mutta toisin kuin Suomessa täällä ei ollut ongelmia saada saalistaan myytyä torilla.

Joinain aamuina Mörnet tekivät kävelyretken Fuengirolan pienelle markkinapaikalle ostamaan appelsiineja tai Kanarian saarten banaaneja. Näillä retkillään he kohtasivat aina saman, pään päällään leveää vasua kantaneen kalamyyjän. Tämän myyntihuuto oli soinnikas: *"Sardinas vivitas y caleando"*, "Ostakaa sardiineja, eläviä ja potkivia sardiineja!" Toiselta kadulta kuului kilpailevan kauppiaan huuto: *"Sardinas blancas como la plata"*, "Sardiineja, valkeita kuin hopea!" Ensimmäinen kauppias vastasi kilpalaulannassa oman ponnekkaan kehunsa: *"Sardinas del alba"*, "Aamunkoiton sardiineja!"[214]

Mörnen mielestä tämä oli ihmeellinen maa, sillä täällä katukaupustelijatkin osoittautuivat runoilijoiksi ammattiaan harjoittaessaan. Kävellessään takaisin hotellille Mörnet ihailivat auringon paahtamia kukkuloita, joilla kasvoi viikuna- ja oliivipuita. Muutama kirsikkapuu oli jo puhjennut kukkaan joulukuun lopulla lämpimillä rinteillä. Uskomattoman sinisessä meressä liikkui valkoisia purjeveneitä. Kaunis maisema sai heidät pohtimaan elämää tällaisessa paikassa: "Tänä hetkenä meistä tuntui, kuin täkäläiset ihmiset olisivat oikukkaan taivaan armosta saaneet jäädä asumaan muualta kadonneeseen paratiisiin. Vai oliko se vain näköharhaa, pelkkää kuvitelmaa?"[215]

Paratiisilta näyttäneen rannikon varjoisat puolet tulivat heille myös näkyviksi. Toisena päivänä kävelyllään Mörnet kohtasivat kerjäläismummon vaatimattoman ruo'oista ja oljista kyhätyn asumuksensa edustalla nauttimassa iltapäivän auringosta ja keittämässä kahvia peltitölkissä. Naisen he olivat nähneet jo aikaisemmin kerjäämässä Fuengirolassa. Mörnet pysähtyivät vaihtamaan naisen kanssa muutaman sanan. Tämä näytti olevan tyytyväinen omaan elämäänsä ja myönsi kerjäämisen olevan tuottoisampaa kuin monen muun ammatin. Toisinaan

178

hän matkusti Málagaan asti kerjäämään, mutta useimmiten hän kerjäsi Fuengirolassa.

Mörnen mielestä vain Andalusiassa kaikista maailman paikoista saattoi nähdä kerjäläisen nousevan muutaman ystävällisen sanan ansiosta parempiosaisen tasolle. Nainen nimittäin viittasi vaatimattomaan keittoastiaansa ja tarjosi juomaa muukalaisille. Mörnet kiittivät ystävällisestä tarjouksesta, mutta jättivät kahvin juomatta ja tiputtivat lantin naisen vierellä olevalle tinalautaselle ja nyökkäsivät hyvästiksi.

Rannikon köyhyys tuli vastaan kaikkialla. Toisena päivänä kalastajien työtä seuratessaan he näkivät, miten yksi heistä leikkasi mustekalasta pari lonkeroa ja heitti ne odottaville pienille lapsille. Nämä lähtivät raahaamaan saalistaan pitkin pölyistä hiekkatietä kohti kylää. Eräs kalastajista huomasi muukalaisten hämmästyneen ilmeen näiden katsellessa vastenmielisen näköistä kalaa roikottavien lasten intoa ja sanoi murheellisesti hymyillen: "Hambre, nälkä!"

Loppiainen 1951

Tällä kertaa oli ovella kolmen pyhän kuninkaan päivä ja kaikki lapset tiesivät, että nämä itämaan hyvät tietäjät ratsastaisivat kaupunkiin kameleilla ja toisivat mukanaan röykkiöittäin lahjoja, mitä ihanimpia lahjoja kilteille lapsille.[216]

Vuodenvaihdetta Málagassa viettäneet Mörnet seurasivat juhlatunnelmaa ja valmistautumista lapsille joulua suurempaan juhlaan, loppiaiseen eli kolmen kuninkaan juhlaan. Calle Lariosin -liikekadun laidoille asennettiin valoja ja kadun päässä sijaitsevalle aukiolle oli valmistunut pyöreä rakennelma. Sen ympärille oli aseteltu kaappeja, ja niiden välissä oli luukkuja arpojen myyntiä varten. Kaapeissa oli esillä arpajaisvoittoja, etupäässä leikkikaluja, sillä loppiaisarpajaiset oli järjestetty lapsia ajatellen.

Markkinatunnelmaa lisäsivät ilmapallojen, torvien ja paukkukaramellien myyjät. Vähän matkan päässä kirkon arpajaiskojuilta kuului valtion arpoja myyvän sokean miehen huutoa: *"Suerte de hoy,* päivän onnenarpa!"* Jo 1920-luvulla Tyyni Tuulio oli havainnut espanjalaisten olevan arpajaisten kansaa. Arpoja myytiin junissa, kaduilla ja aukioilla ja kaikkien mahdollisten juhlien tienoilla.

Calle Larioksen varrella sijainneessa merenherkkuihin erikoistuneessa baarissa Mar Chicassa tarjoiltiin ostereita, simpukoita, katkarapuja, langustiineja ja isoja merirapuja, *cigalas.* Mörnet istuivat jalkakäytävällä olevan pöydän ääreen nauttimaan merenherkuista ja talvisen

180

auringon säteistä sekä ohi kulkevien ihmisten seuraamisesta, aivan kuten lukuisat myöhempien aikojen Málagan kävijät. Elettiin kuitenkin 1950-luvun alkua ja paikallisissa ihmisissä herätti paheksuntaa eräs paikalle saapunut ulkomaalainen "hieno pariskunta". Nainen oli pukeutunut housuihin, mikä sai paikallisen väen kääntämään heille mielenosoituksellisesti selkänsä.

Loppiaisaattona Calaburrasin rantahotellin isäntä don Felix tarjosi vierailleen espanjalaista "shampanjaa", joka oli valmistettu eräässä Jerezin *bodegassa*. Talon emäntä, doña Julia, oli kattanut esille makeita herkkuja, suklaata, marsipaania ja *halvaa*. Isäntäperheen ja Mörnen pariskunnan lisäksi paikalla oli päivittäinen vakiovieras don Rafael ja seuraan liittynyt Isabella-rouva. Illan aikana keskustelu syveni Espanjan vaikeaan lähihistoriaan ja maan ongelmiin. Kristillisen juhlapäivän keskustelu päättyi espanjalaisen seurueen yhteiseen toteamukseen, että Espanjan suurin kerjäläinen oli kirkko. Don Rafaelin mielestä Espanjan kirkko oli luonteeltaan poliittinen laitos, joka tavoitteli valtaa ja omaisuutta. Ihmiset olivat kiintyneitä uskontoonsa ja Pyhään Neitsyeen, mutta kirkon kanssa he eivät halunneet olla tekemisissä.

Sesonki alkaa

Håkan Mörne palasi Andalusiaa kiertäneiltä retkiltään Calaburrasin kylään maaliskuun puolivälissä. Viimeinen pätkä vuoristeillä toteutui muulilla, mistä Mörne oli unelmoinut koko matkansa ajan. Hidas muulikyyti soveltui hyvin andalusialaiseen verkkaiseen elämäntahtiin. Kevätaurinko oli herättänyt rannikon pienen kylän talvihorroksesta, joten tunnelma oli hyvin toisenlainen kuin vuodenvaihteessa:

181

Hotellin pengermällä kuhisi ihmisiä, vanhoja tuttuja ja uusia tulok-
kaita, viimeksi mainittujen joukossa useita ulkomaalaisia, jotka an-
toivat don Félixille ja hänen vaimolleen, Pepelle ja Conchitalle yllin
kyllin puuhaa ja korvausta talven koettelemuksista. Sydämellisestä
vastaanotosta, joka täällä tuli osaksemme, sai myös muulinajaja
osuutensa, ja ennen kuin erosimme, hän kartutti laajalla ohjelmalla
magnetofonin kokoelmia, joita lisäksi täydennettiin Calaburrasin ka-
lastajien lauluilla.[217]

Hotelli Playan suosiota keväällä 1951 lisäsi auringon lisäksi Málagassa riehunut lavantauti, joka oli karkottanut matkailijan saastuneiden juomavesien luota rannikon kyliin. Hotellin pengermällä istuskeli kaksi huolimattomasti pukeutunutta ja huomiota herättävää vaaleaa nuorukaista, joita ympäröi kymmenkunta tyhjää pulloa. He yrittivät esittää risaisella kolmikielisellä kitarallaan jonkinlaista flamencoa. Don Felix kertoi seuranneensa, miten nämä amerikkalaiset miehet olivat parin vuoden aikana vaipuneet "tylsyyden tilaan": "Kaikki matkailijat eivät jaksa kestää meidän halpoja ja mietoja viinejämme."[218] Mörnen mielestä he olivat surullinen todistus siitä, miten turmiolliseksi Andalusian ilmasto saattoi osoittautua joillekin ihmisille.

Torremolinos

Sivuutimme jälleen kalastajakylän, jonka pienet, hohtavan valkoiset talot reunustivat rantahietikkoa ja jossa vedenrajassa lojui maihin vedettyinä pitkiä rivejä latinalaispurjeisia aluksia. Seuraavalla mäennyppylällä kohosi maurilainen vartiotorni, jota ympäröivä asutus osaksi oli laskeutunut rantaan saakka askelmia muistuttavina pengerminä. Tämä paikkakunta, jonka nimi oli Torremolinos, komeili parilla hienolla hotellilla, joita ympäröivät palmuja, sypressejä ja magnoliapuita kasvavat puistot. Maantietä reunustivat huvilat, jopa muutamat pienet palatsitkin, jotka oli koristeltu shakkilaudan kuvioita muistuttavin, koreanvärisin kaakeliupotuksin ja joiden pengermien kaiteet olivat taidokkailla kiehkuroilla ylen sälytettyjä. Kaikki nämä ilmestykset olivat pikemminkin sokerileipurin kuin arkkitehdin tuotteita. Koko komeus merkitsi, että olimme lähestymässä Málagaa.[219]

Mörnet ohittivat Torremolinosin ensimmäisen kerran matkallaan Málagaan. Torremolinos tunnettiin Málagasta tehtyjen päiväretkien kohteena jo 1850-luvun puolivälissä. Manner-Espanjan ensimmäinen golfkenttä avautui Torremolinossa vuonna 1928. Sisällissodan jälkeen vuonna 1942 avattiin *Hotel la Roca*. Kyseinen hotelli oli alueen ensimmäinen, joka mainosti kirjallisella ilmoituksella "luksushuoneitaan" ja Torremolinosta "Espanjan paratiisina".

183

1950-luvulla kylän löysivät amerikkalaiset filmitähdet, kirjailijat ja taiteilijat, kuten Anthony Quinn, Marlon Brando, Rita Hayworth, Ava Gardner ja Orson Welles. Ensimmäinen etelärannikon luksushotelli Hotel Pez Espada avasi ovensa Torremolinossa vuonna 1959. Vuosina 1959–1974 Andalusian etelärannikko koki valtavan taloudellisen muutoksen nopeasti kasvaneen turismin myötä. Nimi *Costa del Sol* keksittiin edistämään turismia tällä Málagan provinssin aurinkoisella rantakaistaleella

Mörnet tekivät myöhemmin Málagasta päiväretken Torremolinosiin. Heidän mielestään kylä oli yhtä paljon englantilainen kuin espanjalainen, joten se ei houkutellut heitä pidempään oleskeluun. Seuraavassa Aarne Haapakoski kuvaa Torremolinosta 1950-luvun alussa filmiryhmän jatkaessa matkaa Málagasta kohti Algecirasia:

Edessämme alkoivat häämöttää Torremolinos'in valkoiset huvilat, loistohotellit ja hohtavan valkoinen hiekkaranta, playa, joka on houkutellut miljoonikkoja kaikista maailman ääristä. Siellä on englantilaisten lordien, saksalaisten paronien, etelä-amerikkalaisten karjakuninkaiden ja ranskalaisten kreivien ruusu- ja murattipeittoisia huviloita. Siellä ovat rahaylimykset saaneet asua kuin luojan kukkarossa sodan raskaina vuosinakin. Siellä on melkein läpi vuodet aurinkoa, ihana hietikkoranta ja Euroopan terveellisin ilmasto.[220]

Filmiryhmä pysähtyi paikallisen järjestäjänsä saksalaisen ystävän huvilalle aamukahville. Kahvi vaihtui pian konjakiksi ruusukattoisella

184

patiolla. Esa Pakarinen soitti haitaria ja Assi Nortia lauloi isännälle kiitokseksi vieraanvaraisuudesta ennen kuin matka taas jatkui.

SEVILLASSA KÄY JOKAINEN

"Jos kyllästyisi Sevillaan, olisi varmasti kyllästynyt kaikkeen, koko ole-
massaoloon", väitti tanskalainen kirjailija Ralph Oppenhejm matkakir-
jassaan *Minun Espanjani* 1950-luvun alussa. [221] 1800-luvulla venäläiset
ja puolalaiset ruhtinaat, saksalaiset miljonäärit ja eurooppalaiset aristo-
kraatit matkustivat mielellään aurinkoiseen Sevillaan ylellisesti sisuste-
tulla "Etelän pikajunalla". Kaupungin vetovoimatekijöihin kuului eri-
tyisesti *Semana Santa*, pääsiäisen pyhä viikko. [222]

Myös suomalaisille Espanjan matkaajille Andalusian pääkaupunki
Sevilla oli se kaupunki, joka oli nähtävä ja koettava vuodenajasta riip-
pumatta. Tyyni Tuulio kävi Sevillassa puolisonsa kanssa marraskuussa
1926, Tapio Hiisivaara elokuussa 1949, Håkan Mörne puolisoineen
tammikuussa 1951, Sinikka Kallio-Visapää keväällä 1952 ja Simo
Penttilä saman vuoden lokakuussa.

Espanjaa kiertäneille suomalaisille juna oli tarkoituksenmukaisin
kulkuneuvo kaupunkien välillä liikkuessa. Tuulioiden matka Córdo-
basta Sevillaan kesti junalla 3–4 tuntia, mutta pimeässä illassa he näki-
vät vain radan vierellä kasvaneet valtavat kaktuspensaat, jotka muistut-
tivat Suomessa junaratojen varsilla kasvavia kuusiaitoja. Junan avonai-
sista ikkunoista saattoi aistia raikkaan syysilman. Marraskuinen anda-
lusialainen sää muistutti heistä suomalaista alkukevättä, jolloin maa on
kosteaa ja tuoksuvaa. Sama mielikuva jatkui päivänvalossa. Tyyni Tuu-
lio pohti vuodenajan erilaisuutta Suomeen verrattuna: "Tässä ei ole mi-
tään syksymäistä. Kellertäviä puita näkee aniharvoin. Mutta puutarhat

ovat mielestämme täyttä kesää. Minkälainen täällä mahtaa olla kevät?"[223]

Sevilla osoittautui iloiseksi ja sympaattiseksi. Tyyni Tuulio sanoi vihdoin ymmärtävänsä, mitä espanjalaiset tarkoittivat sanalla *simpático*:

Se on = iloinen, ystävällinen, hymyilevä, herttainen, veikeä. Tämäntapaista sympaattisuutta tapaa täällä hyvin paljon. Sevillassa ehkä vielä enemmän kuin muualla. Mutta kun espanjalainen sanoo jotakin kaupunkia sympaattiseksi, sisältyy siihen vielä, että siellä vallitsee hilpeä, reipas nykyajan elämä eikä mikään museotunnelma.[224]

Tapio Hiisivaara matkusti Sevillaan junalla Granadasta. Junan lähestyessä Sevillaa maisema muuttui tasangoksi, jonka keskellä oli matalia kukkuloita ja pieniä, hyvinvoivan näköisiä kaupunkeja. Kesällä 1949 maisemaa värittivät pienet viljelystilat hedelmätarhoineen ja viininviljelyksineen. Junan ikkunasta näkyi vilaukselta myös nokisia tehtaita. Kaupunkia ympäröivä maisema ei vastannut Hiisivaaran romanttisia mielikuvia:

Tuntuu siltä, että nyt palataan arkeen ja että romantiikka on jäänyt jälkeen. Voisikohan tosiaan olla, että Sevilla, jonka nimikin on kuin hyväily, ja joka tuo mieleen vain kaihoisaa hempeyttä, onkin nokisten tehtaiden kaupunki.[225]

187

Talvella matkalla ollut Håkan Mörne päätti huolellisen harkinnan jälkeen matkustaa puolisonsa kanssa Málagasta Sevillaan bussilla junan sijaan. Juna olisi aikataulun mukaan ollut perillä vasta illalla, ja bussin oli määrä olla perillä jo iltapäivällä. Valinta osoittautui epäonniseksi. Bussi hajosi useaan kertaan matkan aikana, kalustoa vaihdettiin ja lopulta bussiyhtiö kuljetti viimeiset sitkeät matkustajat vuokra-autolla perille. Illan hämärässä Sevillan lähestyessä maisema muistutti Roomaa ympäröivää maaseutua johtuen tasangolla häämöttävistä keisari Hadrianuksen vesijohdon raunioista ja Italican roomalaisajalla rakennetusta rauniokaupungista. Lopulta Mörnet pääsivät perille uuvuttavan matkan jälkeen yhdeksän aikaan illalla, seitsemän tuntia aikataulusta myöhästyneinä.

Sinikka Kallio-Visapään matka Extremadurasta Sevillaan keväällä 1952 kulki "ankeaa rautatietä" pitkin. Autonkuljettaja Marcel oli saanut tiedon perheenlisäyksestä ja palannut kotiinsa tähän asti kirjailijan kulkuvälineenä toiminut henkilöauto mukanaan. Junan ikkunasta avautuivat Andalusian maisemat piikkisine opuntiapensaineen ja ruusuineen. Sombreropäiset miehet ja sinihameiset naiset työskentelivät maissipelloilla ja sokerijuurikasmailla käyttäen apunaan härkiä ja muuleja. Kallio-Visapää odotti Sevillan vierailua vähemmän innostuneesti kuin siellä häntä aikaisemmin käyneet suomalaiset matkaajat. Sevillan ongelma oli hänen mielestään se, että siellä oli käynyt "Jokainen":

Ja Sevilla lähestyi uhkaavasti. Miksi uhkaavasti – tämä leppoisa,
ratki aurinkoinen ja riemunkirjava Matkailumainos, turistin

188

toiveuni, Ferian ja Semana Santan, carmenien ja toreadorien kau-
punki, Figaron, Don Juanin ja Sevillan parturin loistolavastus? Se-
hän siinä uhkaavaa onkin: tuskin mistään muusta Espanjan kaupun-
gista on niin paljon kerrottu ja kirjoitettu, runoiltu ja sävelletty.
Siellä on sitä paitsi käynyt Jokainen.[226]

"Jokaisella" hän viittasi Sevillan kaikkina vuodenaikoina täyttäviin tu-
risteihin, joita kaupunkiin olivat houkutelleet sen historia, kulttuurin-
tuotteet ja matkailumainokset. Matkailumainosten Sevillan hän tiivisti
sanoihin "ruusu ja palmupuu, viuhka ja kitara, appelsiinikori ja Gi-
ralda". Sevillan romanttiseen maineeseen viittasi myös Simo Penttilä
kuvailemalla ironisesti loistohotellin aulassa istuvia "dollarihymyisiä
missejä", jotka olivat tulleet tähän Don Juanin kaupunkiin etsimään ro-
mantiikkaa.

Sevillasta tuli 1500-luvulla portti uuteen maailmaan ja kaupan sekä
taiteiden keskus. Oopperat *Carmen* ja *Sevillan parturi* sekä *Figaron*
häät ovat saaneet innoituksensa kaupungista. Sevillassa ovat syntyneet
suuret espanjalaiset 1600-luvun taidemaalarit Bartolomé Esteban Mu-
rillo ja Diego Velázquez, joiden taidetta ja syntymäkoteja turistit kier-
sivät katsomassa. Osa tutkijoista on esittänyt Cervantesin kirjoittaneen
Don Quijote -teostaan Sevillan vankilassa. Sinikka Kallio-Visapää kir-
joitti omalaatuisen humoristisella tavallaan samoja kulttuurihistorialli-
sia reittejä seuraavista turisteista näin:

Kaupungin kujia ja katuja tutkiessaan on Jokainen huomannut,
missä on Cervantesin vankila ja sikäli myös Don Quijoten "kehto",
tai missä talossa syntyi Velazquez ja missä Murillo. Murillon viileän-
makeita tauluja hän on löytänyt enemmän kuin tarpeeksi kaikista kir-
koista ja luostareista, mikäli on tullut katsoneeksi niitä myös si-
sältä.[227]

Tällä hän vaikutti aivan kuin viittaavan joko suoraan tai epäsuorasti
aiemmin Sevillassa vierailleisiin suomalaisiin matkaajiin. Pari vuotta
ennen häntä Sevillassa käynyt Håkan Mörne esimerkiksi kirjoitti näin
kävelystään Barrio de Santa Cruzin kaupunginosassa, missä aikaisem-
min oli asustanut kaupungin juutalainen väestö:

Tämän ikuisen katveen ja kukkien tuoksun maailmassa oli elänyt Mu-
rillo, jonka nimen luimme erään talon seinään kiinnitetystä marmo-
risesta muistotaulusta. Tuumimme, että juuri tätä viileätä rauhaa sä-
teili myös hänen tauluistaan.[228]

Sevillasta kertoessaan Mörne mainitsee useasti Murillon ja Velasquezin
sekä Cervantesin vankilassa kirjoittaman tunnetun tarinan La Manchan
sankarista. Myös Simo Penttilän oppaana Sevillassa toiminut hevosvau-
nun ajuri kertoili kaupungista ja sen tunnetuista taiteilijoista:

Hän kertoi elämän kalleudesta, Sevillan naisten kauneudesta ja Mu-
rillosta, jonka asuman talon juuri sivuutimme, Velasquezia, joka

190

myös on syntynyt Sevillassa, hän ei maininnut. Velasquezin nimi on
kokonaan vieraantunut synnyinkaupungista kun sen sijaan Murillon
muistoa palvotaan hartaasti.[229]

La Giralda ja Sevillan katedraali

Sinikka Kallio-Visapää kirjoitti sarkastisesti turisteista, jotka kaikki
ihailivat siroa Giraldan tornia ja entisen moskeijan appelsiinipihaa sekä
ihmettelivät jättiläismäistä katedraalia. La Giralda ja katedraali olivat
nähtävyyksiä, jotka myös suomalaisten matkaajien oli nähtävä edes ul-
koa, vaikka Sevillassa olisi viettänyt vain päivän.

"Kaunissointuinen kirkonkello, jonka tuntilyönnit olimme kuulleet
huoneeseemme, oli Giraldan kello", Tyyni Tuulio kirjoitti.[230] Tuuliot
pääsivät katedraaliin tutustuessaan kiipeämään ylös kuuluisaan Giral-
dan kellotorniin, joka maurien valtakaudella oli ollut moskeijan mina-
reetti. Näköalaparvekkeelle johti eräänlainen loiva, kivetty ylämäki ja
tuskin lainkaan portaita. Tyyni Tuulio kuvaili ylhäältä tornista avautu-
vaa maisemaa ja valkoista Sevillaa, jonka seinät olivat vuosisatojen ai-
kana "juoneet paljon aurinkoa ja elämäniloa."

Sekä Tapio Hiisivaara että Håkan Mörne ihastelivat monisanaisesti
tätä Sevillan ihmeeksi rakentamisensa aikoihin kutsuttua 104 metrin
korkuista tornia. Hiisivaaran mielestä oli helppo ymmärtää, miksi tornia
oli pidetty ihmeiden ihmeenä, sillä se antoi edelleen jättiläismäisen vai-
kutelman Plaza Triunfolta päin katsottuna. Hän ihmetteli, miten 1500-
luvulla lisätty kapeampi yläosa ja painava tuuliviiri, pronssinen naisen

patsas suuri lippu kädessään, oli saatu aikalaislaitteilla ylös. Håkan Mörne puolestaan kuvasi tätä Sevillan maamerkkiä seuraavasti:

Korkealle yli tuomiokirkon kohoaa vielä kellotorni, La Giralda. Tämä torni kuuluu Sevillan kuvaan yhtä erottamattomasti kuin Colosseum Roomaan ja pyramidit Egyptiin. Ehkäpä katedraalin rakentajien suuruudenhulluuden lietsoi liekkiin paikalla ollut 93 metrin korkuinen minareetti. He korottivat sitä vielä kristillisellä kellotapulilla ja tämän huipulle pystytettiin lisäksi varmuuden vuoksi pronssinen naishahmo, joka esitti "Uskoa".[231]

Samoin Sinikka Kallio-Visapää tulkitsi minareettiosan yläpuolella heiluvan tuuliviirin symboliikkaa eräänlaiseksi kristityksi jatkoksi kaupungin maurihistorialle: "Ylimpänä siellä lentää ja kieppuu pronssinluja naisenhahmoinen Usko, voitonlippu kädessään."[232] Simo Penttilä kaihtoi yleensä vuosilukujen ja historiallisten yksityiskohtien mainitsemista, mutta kirjoitti ihailleensa tätä maailmankuulua maurien 1100-luvun lopulla rakentamaa minareettia ja kristittyjen kellotorniksi muuttamaa rakennelmaa, "jonka muodoissa voima ja sirous liittyvät ihmeellisellä tavalla yhteen".[233]

Mörne kuvaili runollisesti, miten La Giraldan maurilaiset tiilet ja niiden joukkoon upotetut kaakelit muodostivat mitä kauneimpia kuvioita tornin pilviä hipoville seinille. Tornin jyhkeyttä kevensivät pienet pyörökaariset ikkunat ja sen kerroksiin jakavat parvekkeet. Mikään muu rakennustaiteen luomus ei Mörnen mielestä todistanut yhtä kaunopuheisesti sitä, että tornin syntymän aikoihin 1100-luvulla taiteen ja tieteen keskukset sijaitsivat Bagdadissa ja Andalusiassa: "Maailmankulttuuri oli tuona ajankohtana jo kauan ollut islamilaista. Maurilainen Espanja lahjoitti Euroopalle aikakauden filosofit, matemaatikot, runoilijat ja historioitsijat".[234]

Sevillan katedraali teki suomalaisiin vaikutuksen myös suurella koollaan. Se oli Tyyni Tuulion mielestä oikea "valtavinta ja juhlallisinta" lajia oleva goottilainen temppeli, joka muistutti enemmän Pariisin Notre Damea kuin Burgosin tai Toledon katedraaleja. Tuuliot näkivät vanhan kristityn oppaan johdolla osan kirkon lukuisista taideaarteista. Katedraalissa vaikutti heidän mielestään olevan vallalla pyhän Fernando-kuninkaan, Sevillan valloittajan kultti. Myös Sinikka Kallio-Visapää kirjoitti vuosikymmeniä myöhemmin katedraalissa kaikkialla näkyvistä Sevillan kristityn valloittajan voitonmerkeistä.

Sevillan katedraali teki Tapio Hiisivaaraan voimakkaamman vaikutuksen yksinkertaisuudellaan ja rauhallisuudellaan kuin Toledon sisustukseltaan samanikäinen katedraali. Katsellessaan katedraalin korkeaa kattoa ja sopusointuisia ikkunoita hän jopa pohti, muistuttiko Toledo kaikkine ylenpalttisine taideaarteineen sittenkin enemmän rihkamapuotia.

Håkan Mörnen oli vaikea löytää sanoja kuvaamaan valtavaa aivan kuin pienen vuoren korkuista Sevillan katedraalia. Hän kirjoitti seisoneensa mykkänä tämän kummitusmaisen rakennusluomuksen edessä. Rakennuksen kuvailemiseen olisi tarvittu sanoja, joita hänen äidinkielestään ruotsista ei löytynyt, ja ääntä, joka olisi yhtä vaikuttava kuin

tykinlaukaus. Hän päätyi näin ollen lainaamaan vanhempaa matkaku-
vausta:

*"Sevillan tuomiokirkosta puhuminen" vakuutan sata vuotta sitten
erittäin korkealle arvostetun italialaisen matkakuvausten kirjoitta-
jan, Edmondo de Amicin suulla, "on yhtä vaivalloista kuin jättiläisen
torveen puhaltaminen tai keskusteleminen sellaisen ihmisen kanssa,
joka seisoo pauhaavan virran vastarannalla".[235]*

Sinikka Kallio-Visapää kirjoitti katedraalin jättiläismäisestä koosta
sekä maurien että kristittyjen rakentajien jonkinasteisesta suuruuden-
hulluudesta seuraavasti: "Olemmehan me tällä matkalla nähneet niin
rajattomasti katedraaleja ja muita kirkkoja, ettei Sevillan myöhäisgoot-
tilainen "vuoristomaisema" meitä enää pelästytä."[236] Kommentista
huolimatta katedraali oli hänen mielestään aito ja luonteenomainen osa
kaupungin menneisyyttä ja nykyisyyttä. Simo Penttilä viittasi katedraa-
lin kokoon kepeälle tyylilleen ominaisesti näin:

*Mutta emmehän me halua syventyä rakennustaiteellisiin tyyliseikoi-
hin; meille katedraali sinänsä on kuin mielikuvituksellisten satujen
ihmeellinen, miltei henkeä salpaavan uljas tarina pienen ihmisen
suuresta ajatuksesta pyrkiä korkeuksia kohti.[237]*

Håkan Mörne ei omien sanojensa mukaan kuulunut niihin tiedonhalui-
siin matkailijoihin, jotka velvollisuudentuntoisesti kolusivat

194

matkoillaan kaikki kirkot. Hän tunsi kuitenkin suurta kiusausta livahtaa sisälle Sevillan katedraaliin. Puolihämärässä kirkossa tuntui olevan kaikkea runsain määrin, oli kyse sitten mittasuhteista, määristä tai arvoista. Ihmisiä kirkossa oli vähän. Mörnen mielestä syy tähän löytyi maata repineestä sisällissodasta: "Päinvastoin kuin Pyhää neitsyttä Espanjan hurskas kansa ei enää rakasta kirkkoa, sillä viimeksi mainittu on lyönyt laimin tärkeimmän tehtävänsä, välittämisen ja sovittelun."[238]

Sinikka Kallio-Visapään mielestä taas kirkot eivät taideaarteistaan huolimatta vaikuttaneet museoilta vaan ahkerasti käytetyiltä temppeleiltä: "Ihmiset todella menevät niihin harjoittamaan hartautta, ja kun espanjalainen lankeaa polvilleen, näyttää siltä kuin hän olisi olemassa vain polvista ylöspäin aikomatta enää koskaan muuttaa asentoa tai lähteä pois."[239]

Katedraalin alueella Håkan Mörneä kiinnosti etenkin löytöretkeilijä Kristoffer Kolumbuksen pojan Ferdinand Kolumbuksen isänsä kanssa Uuteen maailmaan tehdyillä matkoilla keräämä valtava kirjakokoelma, jonka tämä oli lahjoittanut Sevillan tuomiokapitulille. Kolumbuksen kirjastossa Mörneä koskettivat Kolumbuksen käsikirjoitukset, joissa tämä puolusti omaa elämäntyötään Uuden maailman löytäjänä.

Katedraaliin sijoitetusta löytöretkeilijä Kolumbuksen kiistanalaisesta hautamonumentista ei löytynyt mainintaa Mörnen mukanaan kuljettamasta vuonna 1898 painetusta *Baedekerin* matkaoppaasta. Syynä tähän oli Kolumbuksen jäännösten siirtely paikasta toiseen vuosisatojen aikana. Vuonna 1502 Valladolidiin haudatun Kolumbuksen jäännökset oli aikanaan siirretty Hispaniolaan (nyk. Haiti), ja ne olivat olleet vuosisatoja kateissa ennen kuin löytöretkeilijän oletetut tuhkat palautettiin Espanjaan vuonna 1898 Kuuban sodan jälkeen. Mörne kirjoitti hautamonumentista ja satoja vuosia kirjaimellisesti tuuliajossa olleista Kolumbuksen tuhkista näin:

Ei tiedetä varmasti, kätkeekö tämän pronssiarkun sisällä oleva hopealipas mitään siitä, mikä kerran oli Kolumbus, sillä rauhattomuuden henki, joka oli ajanut hänet purjehtimaan valtamerta ja koko elämän iän pannut hänen tavoittelemaan aina saavuttamattomaksi jäänyttä Intiaa, ei lakannut riivaamasta häntä edes kuoleman jälkeen.[240]

Tuhannen ja yhden yön Alcázar

Andalusiassa arabialainen ja kristillinen kulttuuri ovat vuosisatojen aikana sulautuneet yhteen. Håkan Mörnen mielestä maurilainen vaikutus oli ollut niin voimakas vielä kristillisellä ajalla, että jokaisesta rakennelmasta oli hänen mukaansa tullut "maurilaiskristillinen sekasikiö". Arkkitehtuurissa arabialaisen ja kristillisen taiteen elementtejä yhdistelevää rakennustaidetta kutsutaan *mudéjar*-tyyliksi.

Sevillan kuninkaallinen palatsi Alcázar on erinomainen esimerkki tästä tyylisuunnasta. Alcázar muistuttaa monelta osin aikaisemmin rakennettua Granadan Alhambraa. Se on kuitenkin kristityn kastilialaisen kuninkaan Pietari I Julman rakennuttama linna vanhan mauriaikaisen linnoituksen paikalle.

196

Andalusiassa oli Simo Penttilän mielestä paljon sellaista maailman-
kuulua nähtävää, joka paikalle päästyä kuitenkin tuotti pettymyksen.
Näin ei tapahtunut Sevillan Alcázarin kohdalla:

*Aurinko vielä lokakuussakin paahtaa puutarhapihoja, jotka ovat tul-
villaan kukkien loistoa. Violetti bougainvillea kiertyy palmujen ym-
pärille ja sakaraharjaisia muureja peittää ikivihreä köynnössametti.
Sisällä palatsin mosaiikkipatioilla suihkukaivot soivat hiljaa, eikä
kukaan viitsi tarkoin kuunnella pakollisen oppaan selityksiä, koska
kauneutta ei voi selittää.*[241]

Penttilän kanssa samana vuonna Sevillassa vieraillut Sinikka Kallio-Vi-
sapää suhtautui kriittisesti Alcázariin ja kuvaili sitä massojen turistikoh-
teeksi: "Tuhat ja yksi yötä! Jokainen on Sevillan Alcázarin maurilai-
sissa loistosaleissa saanut havainnollistaa satukirjakuvitusta kaliifien,
lempivaimojen ja haaremien maailmaan."[242] Edes Alcázarin ihanat
puistot ja kahisevat palmupuut, kukkivat appelsiinipuut ja solisevat
suihkulähteet eivät tehneet turistikohteita kammonneeseen kirjailijaan
vaikutusta, koska *Jokainen* oli ne nähnyt ja kokenut

Carmenin tupakkatehdas

Mauriaikaan 1200-luvulla rakennetun Torre del Oron, Kultaisen tornin,
läheisyydessä sijaitsi maan ensimmäinen 1700-luvulla rakennettu tu-
pakkatehdas. Pinta-alaltaan rakennus oli jopa suurempi kuin Sevillan
katedraali. Tupakkatehtaan toiminnan alkuvaiheessa työntekijät olivat
yksinomaan miehiä, mutta työväen naisistuminen alkoi 1800-luvulla.

197

Kuuluisaksi tehtaan teki Prosper Mériméen kirjoittama novelli ja Georges Bizet'n tämän pohjalta säveltämä *Carmen*-ooppera. Oopperan päähahmo, mustalaistyttö Carmen, työskenteli tässä tehtaassa, ja oopperan ensimmäinen kohtaus tapahtuu tehtaan pihalla. Tapio Hiisivaara kirjoitti seuraavasti tehtaan asteittaisesta modernisoitumisesta:

Siihen aikaan kun Carmen oli täällä, tehtaassa oli kymmenentuhatta tyttöä ja savukkeet kierrettiin käsin. Nyt heitä on enää puolisentoistatuhatta, kun koneet ovat tunkeutuneet tähän melkein kaksi sataa vuotta vanhaan rakennukseen.[243]

Kehitys oli nopeaa, sillä tupakkatehtaan toiminta lakkasi kokonaan pian Hiisivaaran matkan jälkeen vuonna 1950. Håkan Mörnen vieraillessa kaupungissa vain hieman myöhemmin entiseen tehdasrakennukseen oli jo sijoitettu yliopiston tiloja:

Tämä palatsia muistuttava rakennus, joka kerran muodosti Sevillan vetävimmän nähtävyyden miespuolisille kävijöille, korjattiin ja siihen sijoitettiin osa yliopistoa. Ankara Minerva astui näin niiden tuhannen tupakkatytön tilalle, joiden joukosta matkailija viime vuosisadalla etsivät Carmenia.[244]

Georges Bizet'n säveltämän *Carmen*-oopperan ensi-iltajuliste,
Prudent-Louis Leray, 1875. CC0.

Viisisataa Don Juania Sevillan kaduilla

Sevillan sydän on ollut 1400-luvulta lähtien sen eloisa pääkatu Calle Sierpes. Sinikka Kallio-Visapää kirjoitti vuonna 1952 *Jokaisen* istuneen iltapäivää kadun kahviloissa kuunnellen aitoja tai epämääräisiä flamencolauluja tähtien syttyessä. Katu oli täynnä sekä turisteja että paikallisia.

Tapio Hiisivaaran mielestä tällä kadulla oli täysin omanlaisensa ilmapiiri. Kesällä kävelykadun ylle pingotettu purjekangas varjosti sitä keskipäivälläkin ja teki kadusta erinomaisen kohtaamispaikan. Sierpesiä saattoi Hiisivaaran mukaan hyvällä syyllä kutsua sevillalaisten kerhoksi, sillä kaikki tuntuivat tuntevan toisensa ja kadulla kohtasi "koko Sevillan". Neljäsataa metriä pitkän kadun varrella oli viehättäviä kahviloita ja ravintoloita, joiden pienet pöydät levittäytyivät kadulle: "Pöytien ääressä istuvat ja kadulla kävelevät ovat kuin samaa suurta seuruetta eikä tee mitään, jos kadulla kulkiessaan saa pujotella pöytien välitse."[245]

Hiisivaara totesi hieman sarkastisesti Sierpesin olevan todellinen suvaitsevaisuuden symboli, sillä ravintoloiden asiakkaat eivät olleet lainkaan vaivaantuneita ympärillä kiertelevistä kerjäläisistä. Hiisivaaran juodessa iltapäiväkahvia hienossa ja modernisti sisustetussa ravintolassa pöydän ympärillä pyöri tarjoilijan lisäksi kengänkiillottajia, arvanmyyjiä sekä noin kymmenvuotias kerjäävä tyttö mukanaan kolmevuotias tuhkarokkoinen veli. Kaikki olivat samaan aikaan äänessä, mikä ei lainkaan näyttänyt vaivaavan paikallisia. Hiisivaara kommentoi tätä kaikkea kuulostaen stereotyyppisesti hiljaisuutta arvostavalta suomalaiselta: "Istun hiljaa ja ihailen heidän suurta henkistä joustavuuttaan, mutta jos saisin valita, olisin meistä kaikista mieluimmin se tuhkarokkoinen poika, sillä hän nukkuu eikä kuule mitään."[246]

Viisisataa Don Juania kuljeskelee tai seisoskelee ryhmissä Sierpesillä, joka on niin kapea, että ajoneuvojen käyttö siellä on kokonaan kielletty. Savukkeet ja sikarit palavat ja puhe luistaa notkuvin lausein, jotka katkeavat vain silloin kun kaunis señorita kiireisin askelin kopisee ohitse korkeilla koroillaan. Äskeinen liikeasia tai muu yhtä jokapäiväinen seikka unohtuu, kun caballerot kovalla äänellä ilmaisevat ihastuksensa jalan nousuun tai vartalon viivoihin.[247]

Yllä olevassa lainauksessa Simo Penttilä kuvaa 1950-luvun alun Sierpesin päivittäistä elämää. Eloisan katukäytävän varrelle asetetuilla tuoleilla nuokkui myös hiljaisia vanhempia miehiä päässään leveälierinen, tasakupuinen huopahattu, joka erottamattomasti kuului Sevillan kuvaan. Kaupungin kaduilla kulkiessa Penttilän olisi tehnyt mieli paikallisten miesten tavoin huudahtaa *guapa* aina kauniin naisen kohdatessaan. Humoristina hän totesi suomalaisen miehen sisällä kyllä piilevän *caballeron* vastaväitteistä huolimatta, mutta suomalaisen miehen tapoihin tällainen avomielinen huutelu ei kuulunut. Täällä paikalliset miehet elehtivät vapaasti.

Penttilää pohditutti, mitä naiset tekivät silloin, kun miehet näyttivät satamäärin vain oleilevan Sierpesillä ja lukemattomilla muilla Espanjan kaduilla. Tästä hän ei ollut päässyt selville, mutta epäili naisten olevan kodeissaan, joihin ulkomaalaisen oli mahdotonta päästä. Håkan Mörne kirjoitti samankaltaisesta sukupuolten eroa koskevasta havainnosta seuraavasti:

Sevillalaiselle porvarille koti merkitsee pelkästään vaimon ja lasten säilytyspaikkaa, jonne hän itse saapuu vain nukkumaan yönsä, kun taas jokaisen vapaahetkensä hän viettää baareissa tai kahviloissa.[248]

Suomalaisilla oli maahan tullessaan ennakkokäsityksiä naisten ja miesten paikasta espanjalaisessa yhteiskunnassa. Osa mielikuvista muuttui ja osa sai vahvistusta matkalla nähdystä ja koetusta. Suomalaisia askarrutti paikallisten naisten oikeus liikkua yksin julkisilla paikoilla, ja missä määrin espanjalaisen naisen paikka oli toimia vain suojatussa kodin piirissä. Muutama matkaajista kiinnitti huomiota siihen, miten miehiä vaikutti aina seisoskelevan ryhmissä kaupunkien kaduilla ja viettävän aikaa yhdessä kahviloissa.

Naisia näki vähemmän, ainakaan toimettomina. Pienissä kylissä naisia näki istumassa kotioven edessä askareiden parissa tai toreilla myymässä tuotteitaan. Naimattomien naisten ja nuorten tyttöjen mukana kulki useimmiten vanhempi nainen tai miespuolinen sukulainen valvomassa näiden kunniallisuutta. Espanjalaisen naisen vapaus liikkua ja toimia yhteiskunnassa vapaasti vaikutti olevan suomalaista naista silminnähden rajoitetumpi.

Elämyksiä ja pettymyksiä Sevillassa

Sevillan kuvaan kuuluu jännittävä määrä muitakin seikkoja, jotka paljoudellaan pian uuvuttavat appelsiinipuiden reunustamia katuja kuumassa auringonpaisteessa kulkevaa matkamiestä.[249]

Sevillan maurilaisaikainen arkkitehtuuri, kulttuurikohteet ja elämänmeno ihastuttivat suomalaisia muiden matkailijoiden lailla, mutta kaupunki tuotti osalle myös pettymyksiä. Odotukset olivat näin kuuluisan kaupungin kohdalla nousseet korkealle. Kaupunki näytti pitävän kiinni vanhasta maineestaan, ja kasvanut turismi oli tuonut mukanaan lieveilmiöitä. Mitään uutta ja tuoretta kaupunki ei tuntunut tarjoavan.

Tyyni Tuulio kertoi nähneensä Sevillan päivänsä aikana sympaattista katuelämää, kaiken värisiä ruusuja, hiljaisia puistoja, kuuluisan sikaritehtaan ja sataman. Aitoa sevillalaista tanssiesitystä he eivät onnistuneet näkemään, sillä tarjolla olisi ollut vain "monmartrelaista" tanssia. Tuuliot harmittelivat vanhojen paikallistapojen häviämistä "yleismaailmallisen humbuugin" tieltä. Hattuvertauksia myös muista suurista kaupungeista käyttänyt Tuulio kirjoitti Sevillan viettäneen jo vuosisatojen ajan niin hauskaa ja intensiivistä nykyhetken elämää, että se oli karistanut päältään kypärät, turbaanit ja hiipat:

Jos jostakin lakista voi puhua Sevillan yhteydessä, on se sitten leveälierinen, uljas flamenco-hattu, jonkalaisia Madridissa näkee silloin tällöin ja täällä Andalusiassa miltei joka miehellä. Tai oikea vanhanaikainen mantilla korkeine kampoineen. Meidän ei tarvinnut lähteä Espanjasta näkemättä mantillaa muualla kuin kuvissa, niin kuin Madridissa jo vähän pelkäsimme. Sevillassa näki niitä niin paljon kuin halutti.[250]

Håkan Mörne kirjoitti innoittuneesti suuresta puistosta, jossa kasvoi poppeleita ja eukalyptuspuita. Puiden varjoissa loisti kvittenipuiden ympäröimiä valkoisia marmoripatsaita, ja aukeamalla kasvoi solakoita palmuja. Puistossa kävellessään he sivuuttivat palatsin, jonka holvikaaret olivat hevosenkengän muotoisia ja jota koristivat koreat kaakelimosaiikit ja pienet lammikot. Tämä "maurilainen" rakennus oli puistonvartijan mukaan rakennettu vuonna 1929 pidettyä iberoamerikkalaista näyttelyä varten. Mörne ei ilmeisesti tiennyt tunnetun rakennelman nimeä, koska hänen mukanaan kuljettama matkaopaskirjanen oli painettu 1800-luvun lopulla.

Kyseessä oli María Luisan puistoon 1920-luvun lopulla rakennettu ja espanjalaisen arkkitehdin Anibal Gonzálesin suunnittelema Plaza de España. Vuonna 1929 järjestetyn iberoamerikkalaisen maailmannäyttelyn tavoitteena oli ollut yhdistää siteitä Espanjan, Portugalin ja siirtomaiden välillä. Maailmannäyttelyä varten rakennettu aukio rakennuksineen on arkkitehtoninen kokonaisuus, joka edustaa aikaisempia espanjalaisia rakennustyylejä. Monumentti on koristeltu Sevillalle tyypillisillä kaakeleilla, *azulejoilla*.

Mörnen mielestä mihinkään Espanjan kaupunkiin ei ollut kertynyt niin paljon muistoja eri aikakausilta kuin Sevillaan, mutta hän löysi

204

myös kritisoitavaa. Koristeellinen Plaza de España ja kaikkialla näkyneet perinteisten kaakelien kopiot eivät tehneet häneen kovinkaan suurta vaikutusta:

Entä mitä tarjosi tämä ihmeellinen kaupunki meidän päiviemme katselijalle? Hyvää viiniä ja kauniita naisia, härkätaisteluita ja pääsiäiskulkueita! Haluaisin todeta tämän ja sen perään panna pisteen. Mitään uusia tuulahduksia arkkitehtuurin ja taiteen aloilla ei ole havaittavissa. Luomisvoima näyttää ehtyneen jo hyvin kauan sitten. Kaikkialla on vain pidetty kouristuksenomaisesti kiinni "maurilaisista" kaakeleista, jotka prameilevat vuoden 1929 näyttelyn paviljongissa ja levittelevät kirkuvan koreita värejään ulko- ja sisäseinillä, missä tahansa liikkuukin.[251]

Sevilla oli kallis ja vielä kalliimpi *Semana Santan* koittaessa pääsiäisen aikaan. Simo Penttilä kertoi amerikkalaisesta turistista, joka valitteli Barcelonassa saavansa paremman hinnan dollarista kuin Sevillassa. Sinikka Kallio-Visapää pilaili kaupungin hotellien hintojen tuplaantuvan *Ferian* ja *Semana Santan* aikaan: "Siitä syystä voi Jokaiselle sattua, että hänen on sanottava Sevillalle jäähyväiset kesken kiihkeintä Feriaa ja luovuttava huoneestaan, koska Rita Hayworth tarvitsee sitä vielä kipeämmin."[252]

ALHAMBRAN LINNA GRANADASSA

Washington Irvingin Alhambra

Alhambra on Granadan maurikuninkaiden ikivanha linnoitus tai puolustusmuureilla varustettu palatsi, josta käsin he hallitsivat maallista paratiisiaan ja joka oli heidän Espanjan-valtansa viimeinen tukipiste. Itse palatsi on vain osa linnoituksesta, jonka monitorniset muurit kiertävät säännöttöminä korkeaa Sierra Nevadan kynnyskukkulaa, kaupungin laidassa kohoavaa mahtavaa näköalapaikkaa. -Washington Irving, 1832 (1990, 32)

Kirjallisuuden merkitys kiinnostavien reittien ja paikkojen näkemisessä sekä kokemisessa nousee esille jossain määrin jokaisessa lähteenä olevassa matkakertomuksessa. Erityisesti aikaisemman kirjallisuuden merkitys näkyy Granadassa sijaitsevan Alhambran linnoituksen kuvauksissa. Jokaisen Granadassa käyneen suomalaisen matkakirjasta löytyy jonkinlainen viittaus yhdysvaltalaisen kirjailijan Washington Irvingin 1830-luvulla ensimmäisen kerran julkaistuun teokseen nimeltä *Alhambra*. Matkakirjallisuudelle kirjallisuudenlajina on tyypillistä viittaaminen aikaisempiin matkaajiin ja heidän näkemäänsä ja kirjoittamaansa. Washington Irving itse viittasi matkansa alussa aikaisempaan kulkijaan, fiktiiviseen ritariin don Quijoteen ja etenkin tämän aseenkantajaan Sancho Panchaan, jonka kaltaisen hahmon he palkkasivat avukseen.

Irving vietti kesän 1829 huonoon kuntoon rapistuneessa Alhambran mauriaikaisessa linnassa, jonka rikas historia herätti hänen mielikuvitustaan. Kirja on romanttinen yhdistelmä matkapäiväkirjaa ja vanhoja tarinoita. *Alhambra*-teoksen uuden suomennoksen 1960-luvulla tehnyt Annukka Aikio kertoo Irvingillä olleen aidon romantikon tapaan taipumus nähdä asiat hiukan kauniimpina ja vaarallisempina kuin ne todellisuudessa olivat. Faktojen todenmukaisuus ei ollut yhtä tärkeää kuin tunnelman luominen. Irving yhdisteli teoksessaan historiallisia yksityiskohtia kansanperinteeseen ja keksimiinsä satuihin. Kirjailijan kuvaama Espanja oli tarinoiden ja unelmien maa, ja Aikion mukaan se olisi vallan hyvin saattanut sopia Francon Espanjan matkailumainokseen.[253]

Irvingin *Alhambran* merkitys myöhemmille matkailijasukupolville käy erinomaisesti ilmi seuraavasta Simo Penttilän matkakirjan lainauksesta:

Mies tuli tänne unohdettuun ja uniseen Granadan kaupunkiin; keksii muun työn puutteessa Kelat-al-Hamran, maurien Punaisen linnan, joka silloin 1829 oli kerjäläisten, varkaiden ja koirien otollinen tyyssija. Washington asettui asumaan palatsin pariin huoneeseen ja kirjoitti kuolemattoman tarinansa. Ja teki Alhambran.

Maurit olivat rakentaneet sen noin 500 vuotta aikaisemmin, mutta vasta Washingtonin työ kohdisti kaiken kinan keskelläkin aina kauneutta janoavan maailman katseet tänne.[254]

Tyyni Tuulio kertoi tarttuneensa tähän teokseen hieman vastentahtoi-
sesti kuusitoistavuotiaana, kun parempaakaan luettavaa ei ollut tarjolla.
Kirjan taitto oli ollut ikävä, ja suomen kieli vanhentunutta. Jopa kirjai-
lijan nimi oli aluksi herättänyt hänessä epäluuloa. Kirjan alkuperäinen
nimi *Tales of the Alhambra* kuvaa paremmin sitä, että useat kirjan tari-
noista olivat lähtöisin kirjailijan mielikuvituksesta. Tuulio innostui kui-
tenkin kirjasta niin kuin vain nuori ihminen voi, ja siitä saakka oli tämä
maurien linna välkkynyt hänen mielessään romanttisena ja houkuttele-
vana. Kun Espanjan-matka tuli mahdolliseksi, hän samalla tiesi vihdoin
pääsevänsä käymään Alhambrassa Suomenkielistä Irvingin teosta Tuu-
lio ei ollut lukenut vuosiin. Matkalla hän etsi klassikkoteosta ensin Pa-
riisista ja löysi espanjalaisen käännöksen lopulta Madridista, mutta
kirja kulki pitkään lukemattomana hänen matkassaan.

Tapio Hiisivaaralle teos ei ollut henkilökohtaisesti yhtä tärkeä, sillä
hän ainoastaan mainitsee Washington Irvingin asuneen Carlos V:n
(Kaarle V:n) huoneistossa vuonna 1829 tämän kirjoittaessa tarinoitaan
Alhambrasta. Tästä oli muistona huoneiston seinään kiinnitetty laatta.
Håkan Mörne taas kertoi lukeneensa Washington Irvingin kuvauksen
Alhambrasta juuri ennen Espanjaan lähtöä. Mörne kutsui Irvingiä mie-
heksi, joka oli yli sata vuotta sitten asettunut linnaan asumaan ja herät-
tänyt sen satujen maailmaan Prinsessa Ruususen unesta. Amerikkalai-
sen kirjailijan ansiosta Mörne pystyi lopulta itse nauttimaan kaikesta
näkemästään, sillä kirjan Alhambra oli eloisampi kuin linnoitus todelli-
suudessa:

Olin siis käynyt täällä ennenkin, muinaisina aikoina. Olin nähnyt mustalaisten asustavan Lähettiläiden salissa ja jokaisen ikkunansyvennyksen ja vuodekomeron täynnä heidän kirkuvan koreita vaatekappaleitaan ja kehnoja talousesineitään. Olin nähnyt heidän nuotiotultensa savun paksuina pilvinä leijailevan Leijonapihan mustuneiden holvikaarten alla ja puolivillien poikien pyydystävän pääskysiä Comaresin tornista sekä kuullut pöllöjen huutelevan Lindarajan umpeen kasvaneessa puutarhassa. Minua kuljetti täällä ympäri Washington Irvingin opas, tuo resuiseen viittaan verhoutunut "Alhambran poika", joka eli kokonaan tarujen maailmassa ja säilytti muistissaan suullista perimätietoa aina Boabdilin, viimeisen maurikuninkaan päivistä saakka.[255]

Washington Irvingin teos on vuosikymmenten ajan innoittanut lukemattomia muita matkailijoita suuntaamaan reittinsä kohti Alhambraa. Teosta myydään edelleen kaikissa mahdollisissa matkamuistomyymälöissä Granadassa ja Alhambrassa, ja paikallisoppaat esittelevät huonetta, jossa Irving vietti kesänsä kirjansa tarinoita luoden. Kuin suorana vastauksena luvun alussa olleeseen Irvingin *Alhambra*-sitaattiin maurikuninkaiden hallitsemasta "maallisesta paratiisista" Sinikka Kallio-Visapää kirjoitti 1950-luvun alussa:

Kadotetun Paratiisin jatko-osa on Jälleenlöydetty Paratiisi. Sillä on myös erisnimi, Granada. Tämä nimi on omiaan lannistamaan kielen

ja mielen, paljon pahemmin kuin Sevilla, sillä Granada on ajasta ai-
kaan ollut Kaikkien ihastus.[256]

Kallio-Visapää jatkoi humoristisesti, ettei yhden ihmisen ihastus kuu-
luisi mihinkään Granadaa kuorossa ihailevien joukossa. Jostain ihaile-
vien äänien syvyyksistä nousi vielä vuonna 1859 kuolleen Washington
Irvingin basso, sen polyfoniasta vastasi vuosisadallinen turisteja ja in-
nokkaina tahdinpolkijoina toimivat maan omat pojat, ja näistä omape-
räisimpänä äänenä runoilija García Lorca.

Alhambra, Granada, n. 1901, John Ferguson Weir, CC0.

Maurilaisaikainen satulinna

*Lumous alkoi heti portista – en muista oli se "Viiniportti" vai "Van-
hurskauden portti" vai "Kuningasten portti" – astuimme "Alame-
daan", Alhambran kuuluisaan puistoon. Mikä metsä! Sade itki pop-
pelien lehdillä, mutta kaikki tuoksui, kaikki loisti, kaikki tenhosi.
Kunpa näkisi tämän metsän keväällä ja kuulisi sen satakielten laula-
van! Nytkin linnut lauloivat. Ja missä ikinä on vähänkään suurempi
runko, se on yltänään muratin peitossa. Jos koskaan olet kuvitellut
satumetsää, niin tämä on satumetsä.*[257]

Alhambran linnoitus innoitti suomalaisia matkaajia sekä luonnon että
ihmisen rakentamalla kauneudella. Tuuliot kulkivat Alhambraan proo-
sallisesti raitiovaunulla, mutta vastassa oli jotain sadunomaista. Pääsy-
lipun ostamisen jälkeen Tuuliot ohjattiin ulkomuurin nähtävyyksille
"Prinsessan torniin" ja "Vangitun neidon torniin". Irvingin tarinaan kol-
mesta prinsessasta viitaten Tuulio kirjoitti:

*Zayda, Zorayda ja Zorahayda! Tietysti tekin olette nähneet sadepäi-
viä torninne ikkunasta. En tiedä, mikä on kauniimpi: itse näköala
(sateesta huolimatta) vai itse torni. Tajusimme siinä hetkessä Alham-
bran, sen hennon, hauraan, verrattoman kauneuden. Sade tehosti sen
elegisyyttä.*[258]

Sää oli merkittävässä roolissa osana matkan aistittua kokemista. Se sai paikat aina näyttämään, tuoksumaan ja tuntumaan toisenlaisilta. Sade korosti Alhambran kauneutta, mutta Tyyni Tuulio kertoi lukijoilleen, että seuraavana päivänä ei satanut ja kolmantena päivänä auringonpaistetta riitti koko päiväksi. Alhambran merkityksellisyydestä Tuulioille kertoo jotain se, että he viettivät Alhambrassa koko sen aukioloajan kaikkina Granadassa viettäminään kolmena päivänä. Kaupungin muissa nähtävyyksissä he eivät vierailleet lukuun ottamatta Generalifen puutarhaa.

Tapio Hiisivaara suunnisti varhain aamulla kartan avulla kaupungista ylös Alhambraan. Perille saavuttuaan hän huomasi tulleensa aivan uuteen maailmaan, samaan Alameda de la Alhambran satumaiseen puistoon, jota Tuuliot olivat ihastelleet yli kaksikymmentä vuotta aikaisemmin. Siellä Hiisivaara sai viimein hengähdystauon elokuun kuivasta ja kuumasta säästä, joka oli vaivannut häntä lähes koko matkan ajan:

Puiden juurella on taidolla ja rakkaudella leikattuja pensaita, ja mikä ihaninta ja viehättävintä – täällä on ilmassa ihana kosteuden tuntu. Nämä puut ja pensaat on viimeistään tänä aamuna ennen auringonnousua kasteltu suihkuttamalla ja puiden alla lepää kirvoittava vesihuuru. Hengitän ihanaa kosteutta ja nyt vasta oikein huomaan, miten raskasta on kulkea ja vaeltaa ehdottoman täydellisen kuivassa ilmastossa.[259]

Alhambran ihana vehreys elokuun helteessä oli maurien aikoinaan rakentamien ja pitkän tauon jälkeen kunnostettujen kastelukanavien ansiota. Myös Håkan Mörne totesi maurien ymmärtäneen veden siunauksellisuuden hyvin. Vettä johdettiin Sierra Nevadan lumilakeuksilta laakson viljelyksille ja Alhambran puutarhoihin, altaisiin, suihkulähteisiin ja kylpyhuoneisiin.

Sinikka Kallio-Visapää kirjoitti kastelukanavien merkityksestä seuraavasti: "Maurien karkotuksen jälkeen ei kukaan osannut tai ei kultakuumeen vallassa välittänyt hoitaa heidän kastelukanaviaan, maa muuttui hedelmättömäksi, ja sen mukana rappeutui kaikki muukin."[260] Vasta 1800-luvulla La Vega saatiin jälleen kukoistavaksi kastelualueeksi. Granadan maine ja vetovoima oli yhä maurien varassa, tai sen mikä heidän valtakunnastaan oli jäljellä.

Alhambran linnoitus koostuu useista rakennuksista. Vähiten suomalaisia kiinnosti Kaarle V:n 1500-luvun alussa rakennuttama kivinen palatsi. Italialaisen renessanssin tyyliin rakennettu nelikulmainen palatsi muistutti Hiisivaaran mielestä kauniista ympäristöstään poiketen enemmän harakanpelätintä. Palatsi jäljitteli Escorialin jylhyyttä, mutta tulos oli hänen mielestään mauton ja tympeä. Palatsi ei miellyttänyt myöskään Håkan Mörneä, jonka mielestä kaikkien sekalaisten rakennelmien, silvottujen rakennusten ja lisärakennelmien keskellä Kaarle V:n muhkea renessanssipalatsi muuttui pelkäksi keisarillisen pöyhkeyden muistomerkiksi.

Espanjalaista täysrenessanssia edustavan kaksikerroksisen palatsin pyöreä ja avonainen sisäpiha muistuttaa härkätaisteluareenaa. Sinikka

Kallio-Visapää kertoi jokaisen Espanjan *Plaza de Torosin* polveutuvan tästä palatsista. Palatsi oli seurausta Kaarle Viidennen suuresta ihastuksesta Alhambraa kohtaan: "Hänen kunniakseen on sanottava, että tullessaan toistamiseen ja nähdessään tämän härkätaisteluarenan hän tyrmistyi yhtä suuresti kuin kaikki ne, jotka hyvin toivein yrittävät kääntyä Viiniportilta oikeaan."[261]

Espanjan viimeisen mauridynastian Nasridien palatsi saleineen ja pihoineen kiinnosti suomalaisia matkaajia huomattavasti enemmän. Se on Alhambran tärkein nähtävyys edelleen tänä päivänä. Tyyni Tuulio kirjoitti seuraavasti marraskuussa 1926:

Kaikki ihmiset, jotka liikkuvat täällä – tänä vuodenaikana niitä on vähän – vahtimestarit ja turistit, kaikki näyttävät olevan saman hiljaisen lumouksen vallassa. Ole siunattu Muhammed I, joka seitsemänsataa vuotta sitten rakennutit tämän linnan myöhäisten aikojen ihmisten iloksi![262]

Nasridien kuninkaallinen palatsi hiljensi vierailijat kauneudellaan. Sinikka Kallio-Visapään kokemus 26 vuotta myöhemmin muistuttaa Tuulion kuvausta. Hän kirjoitti Alhambran olevan saduiksi muuttunutta historiaa ja historiaa, joka sellaisenaan kävi sadusta. Näissä tarinoissa kuuluivat entisten asukkaiden askeleet ja äänet, ilmeet ja katseet, vaikka paljain silmin näkyi vain pääskysiä, turisteja ja vahtimestareita.

Maurien rakentama palatsi oli niin kaunis, että Hiisivaaran mielestä pelkästään sen takia kannatti matkustaa Espanjaan. Rakennus oli ulkoa

214

päin vaatimattoman näköinen, ja sisäänkäynti sekä ensimmäiset salit eivät vielä tehneet vaikutusta. Entinen valtioneuvoston sali, jonka Kaarle V oli muuttanut kappeliksi, herätti hänessä jopa harmistusta. Kristityn kuninkaan tunnuslause *Plus Ultra* hakattuna arabialaisten koristusten keskelle ja tämän vaakunakilpi eivät tuntuneet luontevilta tässä ympäristössä, jonka valtaamiseen Kaarle Viidennellä ei ollut ansioita. Tätä samaa Kaarle V:n Alhambran saleihin lyömää puumerkkiä, vaakunaa tunnuslauseineen ihmetteli myös Tyyni Tuulio: "Onko mitään kuvaavampaa, mitään länsimaalais-faustisempaa kuin tuo 'Plus ultra'?"[263]

Latinankielinen termi *plus ultra*, "vielä pidemmälle", säilyi suosittuna Kaarle V:n jälkeen. Se on nykyään Espanjan motto, joka näkyy myös maan vaakunassa. Motto viittaa metaforisesti riskien ottoon ja eteenpäin pyrkimiseen. Tarun mukaan Herkules oli pannut kaksi pilaria Gibraltarin kahden puolen ja hakannut niihin sanat *Non plus ultra* – tämän kauemmaksi ei voi enää päästä. Sinikka Kallio-Visapää kirjoitti: "Mutta Espanjan vaakunoissa "non" on ylpeästi pyyhitty pois, ja niissä lukee: Plus ultra – kyllä pääsee kauemmaksikin, yli entisen maailman äärien."[264] Kaarle V:n valtakunnasta on sen maantieteellisen laajuuden takia sanottu, että "aurinko ei koskaan laskenut" siellä. Valtakuntaan kuuluivat useimmat Amerikan uudet maat, mihin Kallio-Visapää edellisessä lainauksessa viittasi.

Mitä syvemmälle Alhambran linnaan käveli, sitä enemmän sen kauneus ja ilmapiiri alkoi tenhota vierailijoita. Myrttien pihalla Tapio Hiisivaara tunsi omituisen ajattomuuden tunteen tarttuneen mieleen.

Matemaattisen täsmällisesti suunniteltu piha vei mielen pois kaikista ajankohtaisista kiistoista ja ristiriidoista.

Myrttien pihan keskellä oli pitkä allas ja sen päissä solisivat vilvoittavasti suihkulähteet. Altaan pitkiä sivuja reunusti täsmällisesti leikattujen myrttien rivi, ja kummassakin päässä oli kuusi kevyttä marmoripilaria. Hiisivaaran kuvaili näkyä vertauskuvalla, jolla hän viittasi linnoituksen rakentajiin: "Solakat marmoripilarit, jotka ovat autiomaassa asuneen kansan telttapaalujen jälkeläisiä, ovat valkeita ja hentoja kuin liljat."[265] Oli hankalaa määritellä, mikä niissä herätti katsojassa niin rauhallisen ja sopusointuisen tunteen. Oliko se väri, muoto vai sijoittelu, Hiisivaara mietiskeli. Myrttien pihan ilmapiiriä ja sen vaikutusta oli vaikea selittää tavanomaisilla sanoilla.

Saman havaitsi Sinikka Kallio-Visapää luettuaan ovelta ostamaansa opaskirjaa, joka ei pystynyt sanoin kuvaamaan Myrttipihan kauneutta. Håkan Mörne kirjoitti näin vaikuttavasta Myrttien pihasta: "Eivät edes Sevillan Alcazarissa hallitsijan vieraat joutuneet yhtä henkeä salpaavan näyn eteen, kuin mikä heidän astuttuaan vaatimattomasta, hiekan värisessä muurissa olevasta portista oli kohtaava heitä Alhambran Myrttipihalla."[266]

Alhambran kauneuden määrittelemistä pohti myös Tyyni Tuulio hieman yli kaksikymmentä vuotta ennen Hiisivaaraa ja Mörneä. Alhambran kauneimmat nähtävyydet, kuten Myrttipiha, Leijonapiha, Kuninkaitten Sali, Comares-sali ja Líndarajan ikkuna, sijoittuivat pienelle alueelle, joten ne oli mahdollista nähdä hyvinkin nopeasti niin halutessaan.

216

Niiden äärellä halusi kuitenkin viipyillä. Mikä niistä teki niin kauniita, Tyyni Tuulio pohti:

Niin, mikä? Muodot ja suhteetko, vai ornamentiikka, jota on verrattu kivettyneisiin pitseihin (huonosti, sillä pitsit ovat tämän rinnalla jotakin vallan poroporvarillista), vai stalaktiittikatot, vai tähtitaivasholvit vai moniväriset emaljikoristeet vai hennot alabasteripilarit ikkunoissa, vai ikkunain kaaret, vai kaikki se mikä näkyy ikkunoista? Kaikki tämä yhteensä, ja vielä paljon muuta. Mihin ikinä katsot, saa silmäsi levätä kauneudessa.[267]

Comaresin torni yhdessä vartiotornien kanssa antoi Håkan Mörnen mielestä Alhambralle linnoituksen leiman. Comaresin 45 metriä korkea torni on Alhambran korkein, ja sen rakensivat aikoinaan saman nimisestä kaupungista Málagan läheltä tulleet rakentajat. Tornin alimmissa kerroksissa sijaitsee valtaistuinsali, *Sala de los Embajadores*, Lähettiläiden Sali. Tyyni Tuulion mielestä missään ei ero idän ja lännen välillä tuntunut niin selvästi kuin Alhambrassa. Länsimainen taiteilija olisi tehnyt Comaresin salin katon tähtitaivaasta sinisen ja maalannut sinne hopean- tai kullanvärisiä piparkakkutähtiä. Itämainen taiteilija sen sijaan käytti puuhun koristelutekniikkaa, jossa sekä taivas että tähdet olivat tummanruskeita. Näin muotoillussa tähtitaivaskatossa oli etäisyyksiä, jotka antoivat tilaa mystiikalle ja kuvittelulle. Comaresin salin pyörryttävän korkean katon alla paikan ja ajan taju hämärtyi.

Myös Tapio Hiisivaara ihaili Comaresin tornin puista, värikästä ja omituisesti rakennettua sisäkupolia. Hän ei keksinyt kuvaavampaa nimitystä sille kuin "monitahoiseksi hiottu timantti". Hiisivaara arvioi tätä mauritaiteen luomusta länsimaisin silmin: "Hallitsevat värit ovat tiilenpunainen ja taivaansininen ja ajan haalistamina ne muodostavat eurooppalaiselle silmälle hiukan epätavallisen mutta hyvin miellyttävän värisoinnun."[268]

Hiisivaara tunnisti tässä – omien sanojensa mukaan "maurilaisen rakennustaiteen kenties kauneimmassa paikassa" – kuitenkin apean alistuneisuuden ilmapiiriä. Comaresin salissa olivat tarinan mukaan Kastilian lähettiläät neuvotelleet Granadan hallitsijoiden kanssa, ja täältä olivat maurit lähteneet Boabdilin johdolla viimeiseen epäonnistuneeseen yritykseensä karkottaakseen kastilialaiset. Nasridien-dynastia hallitsi Granadan emiraattia noin 250 vuotta, vuodesta 1238 tammikuuhun 1492, jolloin päättyi muslimien kaikkiaan 800 vuotta kestänyt valtakausi Espanjassa.

Håkan Mörne muistutti lukijoitaan siitä, että Nasridien hallitsijahuoneen aikana taiteet ja tieteen kukoistivat Granadassa. Siellä elivät Euroopan taitavimmat matemaatikot ja maantieteilijät, unohtamatta runoilijoita ja historioitsijoita, joiden maine oli jäänyt elämään vuosisadoiksi.

Tapio Hiisivaara kuvaa kirjassaan kaikkea Alhambrassa näkemäänsä yksityiskohtaisesti ja kaunopuheisesti. Maurien rakennustaide herätti hänessä, aivan kuten muissa suomalaisissa vierailijoissa, suurta ihastusta. Alhambran parhaiten säilynyt huone, kahden sisaren sali oli huikaisevan kaunis. Alhambran pihoista tunnetuimman, Leijonapihan ympärillä oleva pilarikäytävä taas oli niin sopusointuinen ja hartautta herättävä, että sitä saattoi Hiisivaaran mielestä väittää maailman kauneimmaksi rakennustaiteelliseksi luomukseksi. Pronssiset leijonat ja niiden kannatteleman suihkulähteen hän arvioi kuitenkin tyylittömiksi ja tavanomaisiksi.

Håkan Mörnen mielestä kyseiset pronssiset leijonat olivat todiste arabien heikosta luonnon kuvauksesta. Katsoja saattoi hänen mukaansa ihailla maurien taituruutta ennemmin kuin varsinaisesti mieltyä näkemäänsä: "Heidän taiteensa oli matemaattista, kiveen hakattua geometrista pitsikuviointia, joka on kirjailtu kullalla ja symmetrisillä upotuksilla."[269]

Taidehistoriallisesti orientoitunut Sinikka Kallio-Visapää totesi kaiken Nasridien palatsissa olevan äärimmilleen vietyä matemaattista taidetta. Ei edes kenno- tai stalaktiittikatto ollut saanut mallia mehiläispesästä tai tippukiviluolista. Arabien taiteellinen mielikuvitus näkyi kulkeneen toisia latuja kuin länsimaisten ihmisten. Osittain islamin kuvakielto oli ajanut taidetta tähän suuntaan, mutta Kallio-Visapään tulkinnan mukaan arabien taipumus käyttää taiteellista mielikuvitustaan oli lähtöisin samasta rungosta kuin heidän lahjakkuutensa matematiikan, luonnontieteiden ja filosofian alalla.

Toisin kuin muut matkaajat, Simo Penttilä ei halunnut lähteä kuvailemaan linnoituksen yksityiskohtia tarkemmin, sillä Alhambran punaisesta linnasta ja Generalifesta kirjoittaminen olisi Washington Irvingin jälkeen tuntunut hänestä kovin tylsältä ja viralliselta. Paikan kauneus kuitenkin kosketti: "Ensi sijassa huomio kiintyykin näihin ihaniin puutarhoihin, joissa ruusut ja tuhannet yltäkylläiset kukat saavat suomalaisen mielen hiljaiseksi."[270]

Alhambrassa ihmisen rakentama ja ympäröivän luonto yhdessä saivat aikaan sen ainutlaatuisen kauneuden kokemuksen, jota oli vaikea eritellä. Espanjalainen kirjailija Gregorio Martínez Sierra väitti *Tunteellisessa Granadan oppaassaan* [*Granada, Guía Emocional*, 1911] Alhambrassa luonnon lopultakin voittaneen ihmisen tekemän työn, mutta Tyyni Tuulion mielestä molemmat kuuluivat yhteen, sillä jos joku amerikkalainen miljonääri olisi päättänyt siirtää Alhambran sellaisenaan Yhdysvaltoihin, se ei olisi enää ollut sama. Ympärillä ei olisi Sierra Nevadan vuoria ja maata, jossa kasvoi oliivipuita, poppeleita, myrttejä, sypressejä ja ruusuja, eikä tämän maan historiaa ja taruja.

Tuulio yritti lukea paikan päällä Irvingin ja Martínez Sierran kuvauksia Granadasta, mutta sanat tuntuivat halvoilta ja kömpelöiltä kuvaamaan Alhambran kauneutta. Tarinat ja historian faktat eivät paikan päällä tuntuneet tärkeiltä. Täällä tarvitsee vain olla, Tuulio kirjoitti. Ihmeellisin viehätys Alhambrassa oli se, että sinne oli edesmennyt kulttuuri jättänyt parhaan olemuksensa: "Ei tarvitse ajatella: tämä on sitä ja sitä vuosisataa. Tämä on yksinkertaisesti kauneutta. Kauneutta ja rauhaa."[271]

Sinikka Kallio-Visapää tiivisti Granadaa käsittelevän matkaesseensä otsikossa Alhambran olemuksen kahteen sanaan: "Ruusuja ja algebraa". Muiden Alhambrassa vierailleiden lailla hän havaitsi luonnon ja sitä korostaneen ihmiskäden kosketuksen yhteisvaikutuksen, joka tarjosi kokijalleen ihmeen toisensa jälkeen. Alhambra oli kuin yksi ainoa *mirador*, satasilmäinen näköalaparveke, jossa oli vaikea päättää, katsoiko ulos siroista ikkunoista vai ihailisiko kattojen, seinien ja lattioiden loistoa. Kaivelemalla tarkemmin voisi kuitenkin löytää asiaankuuluvat ikävyydet, kuten "turismin suuren kultakuoriaisen", joka kalvoi heteitä ja piti pahaa ääntä.

Turistit ja näkemisen pakko

Tapio Hiisivaara kieltäytyi kutsumasta itseään turistiksi, ja Alhambrassa hän vältteli muiden vierailijoiden täyttämiä reittejä. Granadassa oli silti mahdotonta olla liikkumatta samoissa paikoissa kuin muut matkailijat. Hiisivaaran istuessa kahvilla kaupungin keskeisimmän aukion Plaza de Bib Ramblan laidalla samaan paikkaan tuli barcelonalainen pariskunta, jonka hän oli kohdannut junassa edellisenä päivänä. Pari oli asettunut sattumalta myös samaan hotelliin. Koska he olivat jo tavallaan tuttuja, oli aika esittäytyä oikein nimeltä. Pariskunta houkutteli Hiisivaaran mukaansa tutustumaan kartusiaanien luostariin, La Cartujaan, kaupungin pohjoislaidalle. Luostarin luona oli myös muita odottamassa sisäänpääsyä, espanjalaisia matkailijoita ja nuori englantilainen pari, jotka Hiisivaara oli pannut merkille jo Alhambrassa vieraillessaan. Turisteilta oli todellakin vaikea välttyä, vaikka itseään ei sellaiseksi olisi ajatellut.

Simo Penttilä kuvailee 1950-luvun alun kirjallisissa matkakuvissaan varsin tarkkanäköisesti Espanjan kasvamassa ollutta turismia. Hän tiivistää humoristisesti yhteen virkkeeseen osuvaa ajankuvaa turistien täyttämästä Alhambrasta: "Ja palatsin Leijonapihalla tunkeutuu aivoihin ihmeellinen ajattomuus, vaikka yksi mies kyykkysillään valokuvaakin yhtä housuniekkaa tyttöä, joka nojaa yhteen leijonaan."[272] Moderni matkailu oli tullut Alhambraan, ja tunnetuimmat nähtävyydet tallennettiin nyt valokuviin.

Matkailuntutkijat ovat havainneet, että matkojen aistein kokemisessa tapahtui muutos 1700-luvun lopulla romantiikan aikakaudella, jolloin matkailijoita alkoi ohjata uudenlainen näkemisen kaipuu. Matkan visuaalisuuden havainnoinnista, katselemisesta ja omin silmin nähtyjen asioiden raportoinnista tuli aiempaa merkityksellisempää. Romantiikan ajan matkailijoiden nähtävyyksien "keräileminen" siirtyi myöhemmille matkailijoille ja turisteille. Valokuvauksen keksiminen ja kehittyminen mullisti matkailua ja korosti näkemisen merkitystä lisää. Kuvaukselliset kohteet alkoivat jäsentää matkailijoiden reittejä ja käyttäytymistä jopa tiedostamatta. Näiden kohteiden luokse matkustettiin, niiden luona pysähdyttiin ikuistamaan näkymä ja jatkettiin kohti uusia kuvauskohteita. Matkailijat myös omaksuivat tietoisesti tai tiedostamattaan ennakkokäsityksiä ja odotuksia siitä, mikä oli näkemisen ja kuvaamisen arvoista, ja miten kohteet tuli kuvata.[273]

Turismia kritisoinut Sinikka Kallio-Visapää kirjoitti sarkastisesti Granadan ruusujen keskellä loistavan "piikkisen, mutta helakan kaktuksen" eli mustalaisluolien kovertaman Sacromonten, jota hän nimitti "Granadan turistien Montmartreksi". Simo Penttilä kertoi mustalaisten tanssivan turisteille Sacromonten luola-asunnoissa noin tuhannesta markasta. Granadan äänimaailmaan kuuluivat kastanjetit ja flamencokenkien voimakas kopina, joita kasvamassa ollut matkailuelinkeino pyrki hyödyntämään tehokkaasti. Hotellissa soi iltaisin flamenco ja *jota*, espanjalaisen kansanmusiikin laji, joihin tavallinen ihminen kyllästyi jo muutaman kerran esitykset kuultuaan.

Granadan vierailunsa päätteeksi Penttilä kirjoitti Irvingin Alhambran tarinoihin viitaten humoristisen kuvan muuttuneesta äänimaisemasta: "Zaida, Zoraida ja Zorahaida, hurmaavat mauriprinsessat, puhuvat ruusujen keskellä rakkaudesta. Ja huoneeni eduskäytävässä möreä miesääni oklahomaksi kiroaa whiskynsä viipymistä."[274]

KITARA, TANSSIA JA RUUSUNPIIKKEJÄ

Andalusian romanit turistien silmin

Silloin näet tapahtuu yhteentörmäys hänen ja gitanan välillä: siinä onkin jo ruskea käsi kastanjetteineen Jokaisen nenän alla, kämmenpuoli odottavasti ylöspäin. Tuskin edes Pedro julma olisi huolinut haaremiinsa noita tyttöparkoja, joista vähän yli kymmenvuotiaatkin ovat räikeästi maalattuja ja ammattimaisen julkeita. Eivätkä he itse sitä murehdi, että heidän täytyy heittäytyä tungetteleviksi niin julkisesti ja hehkuvan heleästi, pystyäkseen olemaan Matkailumainoksen pikanttina kärpäsenpilkkuna – jotta Jokainen varmasti uskoisi olevansa oikeassa Sevillassa.275

Yllä olevassa lainauksessa turismin mukanaan tuomiin lieveilmiöihin kriittisesti suhtautunut Sinikka Kallio-Visapää kuvailee Sevillan *gitanoita*. Romanilapset olivat puistojen varjoissa valmiina viihdyttämään jokaista, jolla oli kamera tai vaaleat hiukset. Nämä sulkivat matkailijoiden reitit ja esittivät muutamia tanssin askelia tai mustalaislaulun pätkiä rahan toivossa. Kallio-Visapään kritiikki ei niinkään kohdistunut matkailijoita ahdistelleisiin lapsiin vaan ennen kaikkea matkailumarkkinointiin ja turisteihin, jotka olivat pilanneet kaupungin ja odottivat näkevänsä siellä matkailumainosten Carmenin tanssivan ruusu hampaissaan.

224

Suomalaisten matkailijoiden kohtaamiset paikallisten romanien kanssa olivat yleensä pinnallisia, ja näin ollen matkakertomusten välittämät mielikuvat Espanjan romaniväestöstä olivat stereotyyppisiä ja usein ennakkoluulojen värittämiä. Ennakkoluulot Espanjan romaniväestöä kohtaan juonsivat juurensa osin jo Suomesta, missä romanien valtaväestöstä poikkeava liikkuva elämäntapa ja kulttuuri herättivät huomiota ja aiheuttivat syrjintää.[276]

Matkakirjallisuudessa esitetyt "mustalaiset" joko kerjäsivät, povasivat tai tanssivat turisteille, sillä nämä olivat niitä romaniväestön elannon ansaitsemisen tapoja, jotka näkyivät matkailijoille. Flamencon tahtiin tanssiva *gitano* ja tummasilmäinen Carmen olivat myös tyypillistä matkailumainosten romanttista kuvastoa.

Espanjan romanivähemmistöä alettiin vainota 1400-luvulta lähtien, toisin sanoen käytännössä siitä lähtien kuin heitä alkoi liikkua Iberian niemimaalla. Katoliset hallitsijat kielsivät 1500-luvulla romaneilta oman kielen ja kulttuurin, kuten juhlat ja flamencon. 1800-luvun eurooppalaisessa kirjallisuudessa ja oopperoissa Espanjan romanit nostettiin uudenlaiseen rooliin. Vainotusta kansanosasta tuli näkyvä osa espanjalaista ja etenkin andalusialaista kulttuuria, mitä alettiin hyödyntää myös matkailumarkkinoinnissa. Flamenco liitetään andalusialaiseen romanikulttuuriin, mutta on huomattava, että siihen on sekoittunut vaikutteita sekä arabeilta että juutalaisilta. Flamencotanssista ja -laulusta tuli 1800-luvulla viihdemuoto, jolla romanit saattoivat ansaita hieman rahaa, ja vasta paljon myöhemmin arvostettu taidemuoto. Turisteja kiinnosti "mustalaistanssi", mutta romanien huono-osaisuus ja vähemmistöasema olivat 1900-luvun alkupuoliskolla ilmeisiä. Täydet kansalaisoikeudet Espanjan romanit saivat vasta diktaattori Francon kuoleman jälkeen ja uuden perustuslain myötä vuonna 1978.

Rantasalmen sulttaani ja "mustalaistanssijat"

Mustalaistanssit olivat eräänä tärkeänä osana filmissämme ja mistäpä muualta löytyisi aidompaa mustalaismiljöötä kuin juuri Andalusiasta. Ovathan Espanjan mustalaiset maailmankuuluja – mustalaisheimon ehkä alkuperäisimpänä säilynyttä kansaa.[277]

"Mustalaistanssijoita" haluttiin mukaan myös *Rantasalmen sulttaani* -elokuvaan, joka oli täynnä espanjalaisia stereotypioita mukaan lukien aiemmin mainitut härkätaistelukohtaukset. Filmiryhmän edustajat lähtivät etsimään tanssijoita málagalaisesta tanssiakatemiasta, missä pitkän odottelun jälkeen he pääsivät käymään neuvotteluja paikan "professorin" kanssa. Lyhyt ja pörrötukkainen mies pyjamatakki päällään muistutti ennemmin vahtimestaria kuin professoria

Filmiryhmä tarvitsi tanssiryhmän, joka osasi andalusialaisia tansseja, sekä soolo-osiin taitavan tanssiparin. Kaikki oli "professorin" mukaan kallista, niin puvut ja kapellimestarit kuin ensiluokkaiset tanssijat, jotka olivat hänen mukaansa vähintään tulevia ooppera- ja filmitähtiä. Lopulta päästiin sopimukseen koenäytöksestä, jossa tanssi toistakymmentä eri ikäistä romanityttöä. Ryhmän primadonna oli 17-vuotias romanityttö, joka parinsa kanssa esitti keskitasoa parempaa tanssia.

Tytön holhoojan mukaan tämä oli osannut tanssia jo ennen kuin osasi ryömiä. Tyttö oli jo ollut mukana jossain espanjalaisessa filmissä, ja "professorin" mukaan tälle tulisi aukeamaan tie Madridin kabareeteattereihin. Ongelmia tuotti edelleen vain esiintyjistä pyydetty korkea hinta, jota paikan johtaja kieltäytyi laskemasta. Suomalainen elokuvaryhmä jatkoi katukuvausten filmaamista viikon verran, kunnes sai asiamiesten välityksellä kuulla, että tanssiryhmän hintaa oltiin valmiita alentamaan. Filmiryhmä teki oman tarjouksensa ja määräsi kuvauspäivän.

Tanssikohtauksen kuvauspaikkana oli Málagan vanhassa osassa sijaitseva Plaza Viento, minne rakennettiin puinen lava. Sen ympärille avustajat keräsivät ruukkukasveja somistukseksi. Katsojia oli kerääntynyt lähikaduille niin paljon, että kuvausryhmällä oli vaikeuksia päästä ajamaan paikalle. Paikalle tuotiin myös aasit, joilla ratsastaneet päänäyttelijät Esa Pakarinen ja Oke Tuuri olivat jo aikaisemmin herättäneet suurta ihastusta kaduille kerääntyneissä paikallisissa. Enää puuttui vain tanssiryhmä.

Tunnin odottelun jälkeen tanssijaryhmä saapui. Kohtauksen kuvaamista häiritsivät tungeksivat katsojat, joita poliisi hääti pamppujen avulla kauemmaksi. Kaikkien kommelluksien jälkeen kohtausta saatettiin alkaa kuvata, ja tanssijat aloittivat tanssinsa kastanjettien ja kitaroiden säestämänä. Myöhemmin samana iltana Haapasaari törmäsi "tanssiakatemian professoriin" ja tanssijattariin Málagan vanhan kaupungin eräässä halvassa *bodegassa*. Ilmeisesti kuvauspalkkio oli ollut riittävä, sillä mies tarjoili halpaa viiniä tytöille ja kehui paikan isännälle heidän olevan nyt kuuluisia, sillä tytöt olivat tanssineet ulkomaalaisessa suur-filmissä.

On jälleen lukijan arvioitavissa, onko edellä kerrottu vain Haapasaa-ren keksimä huvittava päätös hauskalle tarinalle filmiryhmän kommel-luksista. Viihdyttävän tarinan lisäksi on kiinnostavaa, millaisia mieli-kuvia elokuvien "tanssivat mustalaiset" synnyttivät suomalaisissa kat-sojissa, sillä Suomen romanien kulttuuriin tanssi ei ole kuulunut. Ste-reotyyppistä kuvaa Andalusian "tanssivista mustalaisista" *Rantasalmen sulttaani* -elokuva luonnollisesti vahvisti.

Aarne Haapakoski etsi romanitanssijoita filmiä varten myös Plaza Gitanalta, Málagan huonomaineiselta "mustalaistorilta", paikallisten avustajien vastalauseista huolimatta. Öiseen aikaan tori näytti romant-tiselta savuavine nuotioineen. Hökkeleistä kuului laulua ja kitaransoit-toa. Päivällä tori oli ankea kurjine hökkeleineen ja kerjäläisineen. "Ää-rimmäisen kurjuuden kuva", kuten Haapakoski kuvaili näkemäänsä. Yöllinen vierailu torilla oli vähällä päättyä onnettomasti, kun ulkomaa-lainen tunkeilija havaittiin. Kerjäläisten ja lasten lauma piiritti Haapa-koskea, ja hänen päälleen heiteltiin aasinlantakokkareita ja pieniä kiviä. Kirjailijan juostessa karkuun ja saavuttaessa varsinaisen kaupunkialu-een poliisit tulivat apuun pamppuineen. Epäluuloiset poliisit muuttuivat ystävällisiksi kuultuaan Haapakosken olevan "Pelicula finlandesan" miehiä ja saattoivat tämän hotellille saakka. Liian uhkarohkeille ja ute-liaille ulkomaalaisille oli torilla sattunut aiemmin ikäviä asioita, joten Haapakoski säästyi pahimmalta.

228

Tästä seikkailusta huolimatta filmiryhmä sai tanssijansa "mustalais-torilta" paikallisen järjestäjän ansiosta. Torin paras tanssiryhmä suostui esiintymään elokuvan kohtauksessa palkkaa ja viiniä vastaan. Viinin ei tarvinnut olla kallista, mutta sitä tuli olla paljon. Tanssijoiden mukana tuli joukko sukulaisia nauttimaan ilmaisesta viinistä ja harvinaisesta tapahtumasta, missä joukon taitavimmat tanssijat pääsivät esiintymään.

Flamenco-tanssija Málagassa, 1898–1899, Wikimedia Commons, CC0.

Flamencon määrittelyä

Håkan Mörne halusi perehtyä muita suomalaisia matkailijoita syvälli-semmin andalusialaiseen romanikulttuuriin. Tästä syystä hän jopa lensi Madridiin tapaamaan irlantilaista hispanistia Walter Starkieta, joka oli kirjoittanut tunnetun Andalusian romaneista kertovan teoksen *Don Gipsy* (1936). Mörneä ja Starkieta yhdisti kiinnostus matkustamiseen ja matkoista kirjoittamiseen. Valitettavasti Starkien omista yhteyksistä ro-maneihin oli kulunut jo vuosia, joten hän ei pystynyt edistämään Mör-nen toivetta päästä tutustumaan Andalusian luola-asunnoissa asuviin romaneihin.

Matka Madridiin ei silti ollut turha, sillä siellä Mörne sattui kovassa lumisateessa eksymään puusepän työpajaan, jota luuli ensin baariksi. Kävi ilmi, että paikalla oli nuori ruotsalainen muusikko Dan, jonka ai-keissa oli tallentaa magnetofonin nauhalle espanjalaista kansanmusiik-kia. Miehet sopivat tapaavansa parin viikon päästä Sevillassa, mistä he aloittivat retkensä Andalusian maaseudulle. Mörne iloitsi pääsevänsä viimeinkin pois turistien valtaamilta reiteiltä.

Ennen kuin miehet pääsivät tapaamaan paikallisia muusikoita Mörne katsoi tarpeelliseksi määritellä lukijoilleen flamencon käsitettä, "tuota ilmiötä, jonka juhlava hohde alati ympäröi Andalusiassa liikkuvaa mat-kailijaa". Flamenco-sanan synnystä ei ole varmaa tietoa, mutta Mörne esitti pari tunnettua teoriaa. Joidenkin tutkijoiden mielestä se olisi tullut sanasta "flaamilainen" ja sana olisi juurtunut kansankieleen 1400-lu-vulla, jolloin "saksalaisiksi" tai "flaamilaisiksi" itseään kutsuneet mustalaisryhmät olivat kierrelleet Pyreneiden niemimaalla esittämässä laulua ja tanssia ja asettuneet asumaan Andalusiaan enemmän tai vähemmän pysyvästi. Koska flamencomusiikissa on kuitenkin selvää arabialaista vaikutusta, Mörne piti todennäköisempänä, että sana tuli arabiankielisestä ilmaisusta *"felah-mengu"*, joka hänen mukaansa tarkoitti "kiertävää talonpoikaa". Arabiankielinen sana *fellahmengu* tarkoittaa yhden tulkinnan mukaan maatonta tai karkotettua talonpoikaa ja yhden käännöksen mukaan kulkurien vaeltelua vuorilla. Näiden flamenco-sanan eri etymologisten tulkintojen jälkeen Mörne kertoi, mistä flamencossa oikeastaan oli kysymys:

Olipa sanan alkuperä mikä tahansa, se merkitsee meidän päivinämme soiton, laulun ja tanssin tyyppiä, joka on jossain määrin mustalaismaista ja tuli muotiin 1870-luvulla. Silloin näet oopperoiden innostuneet katsomot olivat hurmioissaan Carmenista ja mustalaisuus yleensäkin oli korkeassa kurssissa.[278]

Mörne kertoi flamenco-sanan tarkoittavan arkikielessä "hälisevän hilpeää", "pöyhkeilevän koreaa" tai "veijarimaista". 1950-luvun matkailumarkkinoinnissa flamencolla oli keskeinen asema, tosin kesytet-tynä versiona alkuperäisistä muodoistaan:

Mutta jos kysyy andalusialaiselta matkailijoiden oppaalta, tuolta viekassilmäiseltä huiputtajalta, mitä oikeastaan tarkoitetaan flamencolla, hän vastaan: - Oh, ettekö todellakaan tiedä, hyvä herra! Sehän

231

merkitsee manzanillaviiniä, kauniita naisia, kitaransoittoa ja tanssia![279]

Flamencolle tehtiin Mörnen mielestä kuitenkin vääryyttä, jos sitä ajateltiin puhtaasti "arvottomana ajanvietteenä". Laulut olivat usein musiikillisia helmiä, joissa oli aidon kansanmusiikin piirteitä. Flamencon erityispiirre on, että siihen kuuluu musiikin lisäksi samanaikainen tanssi. Mörne valisti lukijoitaan kertomalla, että tanssia ja laulua säestetään kitaran ja kastanjettien säestyksellä sekä yleisön rytmikkäillä taputuksilla.

Musiikkia Arcos de la Fronteran luolassa

Cádizin ja Rondan välissä sijaitsevassa Arcos de la Fronteran kaupungissa Mörnen matkakumppani Dan onnistui löytämään paikallisia laulajia, joiden kanssa hän halusi järjestää flamencoillan. Matkaajien paikallisoppaaksi tarjoutunut mies valisti, että tällaista esitystä ei olisi mahdollista järjestää julkisella paikalla, koska pormestari oli "erittäin katolinen". Sen sijaan mies tarjosi illanvieton paikaksi asuntonsa yhteydessä olevaa luolahuonetta ja lupasi jopa järjestää tarjoilun pientä maksua vastaan, sillä flamencoa ei hänen mukaansa voinut esittää ilman viiniä.

Mörnen kertomus Arcosin luolassa pidetystä flamencoillasta on pitkä ja yksityiskohtainen. Kyseessä oli ainutlaatuinen tilaisuus päästä osalliseksi paikallista kulttuuria, mistä kirjailija oli ymmärrettävästi innoissaan. Illan aikana ei ilmeisesti kuitenkaan tanssittu, koska hän ei mainitse siitä mitään. Kutsuttujen laulajien lisäksi paikalle oli tullut joukko

uteliaita, joista osan Mörne tunnisti jo aiemmin näkemänsä kukkotap-
pelun yleisöstä. Paikalla oli yksinomaan miehiä, karkeapiirteisiä vedon-
lyöjiä, ylväs keikari, haaveellisen oloisia flamencon ihailijoita, uupu-
neita maatyöläisiä ja nuoria poikia. Paikan isäntä oli tuonut tarjolle mie-
toa paikallista viiniä kannuissa, jota Mörne tarjoili rohkaisuksi laula-
jille:

Miehiset tähdet kuitenkin kursailivat ylenmääräisesti toisiaan, kun-
nes vihdoin muuan nuorukainen sortui imarteluihin, joita hänelle
suitsutettiin. Saatuaan pienellä puheella meidät vilpittömästi vakuut-
tuneiksi mitättömyydestään hän karautti kurkkuaan ja lausui tunteel-
lisen malagueñan.[280]

Laulajat seurasivat toisiaan, ja yleisö eli esityksen mukana huudahdel-
len asiaan kuuluvia kannustushuutoja: "Olé, olé!" ja "Anda, anda –
Anna mennä, anna mennä"! Mörnen mielestä huudot ristiriitaisesti sekä
repivät että kohottivat tunnelmaa: "Siten tämä taidelaji kaikesta viehät-
tävyydestään huolimatta paljastaa myös andalusialaisten elämäntyyliin
sisältyvän riitasointuisen piirteen."[281]

Illan tunnelma oli intensiivinen. Kaikki puhuivat toistensa päälle,
esiintyjiä kannustettiin ja syleiltiin, ja viinilasit kiersivät laulajilta aina
luolan ulko-ovelle kerääntyneille kuokkavieraille asti. Isäntä kiikutti si-
sälle uudet viiden litran kannut viiniä ja vakuutti, että ne eivät maksa-
neet enempää kuin pääsylippu härkätaisteluun aurinkoiselle puolelle.

233

Onnistuneesta illasta iloinnut Mörne myönsi, että he olisivat olleet valmiita maksamaan reilun pääsymaksun tästä itse järjestämästään illasta. Illan laulunumeroista erityisen mieleenpainuva oli 12-vuotiaan paimenpojan esittämä *fandanguillo*. Poika kertoi paimentavansa linnanherran vuohia neljän pesetan päiväpalkalla. Dan lupasi pojalle viisi pesetaa, jos tämä laulaisi jotain. Kaunisäänisen pojan laulu tempaisi yleisön mukaansa, ja myös Mörne tunsi laulun kohottavan vaikutuksen.

Innostunut Dan ymmärsi, että täältä oli löydettävissä todellisia kansanmusiikin aarteita. Eteen tuotiin vanhahko mies, jonka hurjannäköinen olemus muistutti "kaikkein synkimpään luokkaan kuuluvaa kukkotappelujen harrastajaa". Mörne mietti, miten näin vastenmielisen näköinen ilmestys saattaisi pystyä laulamaan vaativaa *cante jondoa,* "syvää laulua". Kyseinen laulutyyppi on muodostunut erilaisista musiikin lajeista, muinaisesta bysanttilaisesta kirkkomusiikista, Espanjan synagogissa keskiajalla esitetyistä lauluista ja arabialaisista surumielisistä erämaalauluista. "Syvä laulu" on flamencon laji, jota pidetään andalusialaisen kansanmusiikin alkukantaisimpana muotona.

Romanikulttuurista kiinnostunut Mörne kertoi mustalaisten vaalineen viidensadan vuoden ajan tätä laulutyyppiä, joka kuvasti heidän sielunsa syvällistä pessimismiä. Hurjannäköisen laulajan samalla voimakas ja pehmeä tulkinta yllätti Mörnen. Laulu tuntui kumpuavan ilmoille suoraan andalusialaisen sielun syvimmistä tunnoista.

Onnistunut ja yllättävä ilta sai Danin esittämään toiveen, että joukosta löytyisi vielä *cante jondon* vanhimpiin kuuluvan laulutyypin, *martineten*, esittäjä. Dan oli aiemmin arvellut, että näin vaikeaa laulua

234

he tuskin tulisivat koskaan kuulemaan. Miesjoukko raahasi luola-asunnon uumenista esille köyryselkäisen ja uurteisen vanhuksen, Crespon, joka tunnettiin tämän tyylin osaajana. Hän oli haluton laulamaan, mutta isäntä houkutteli häntä viinin avulla. Lopulta Crespo lupasi laulaa ainoan osaamansa laulun, *la deblan*. Aluksi hän hiljensi tylysti kitaransoittajan ja sanoi laulun puhuvan omaa kieltään:

Hän otti messinkitarjottimen isännän kädestä ja asetti sen kivilattialle jalkojensa viereen. Tukevalla ryhmysauvallaan hän alkoi jyskyttää tarjotinta poljennollisesti ja tahdikkaasti, aivan kuin moukari olisi iskenyt alasimeen. Hän takoi ja takoi, kunnes metallisointuinen ääni oli vaientanut ympäriltämme kaiken hälyn. Sitten vanhus lauloi äänellä, joka oli käheä ja valittava, mutta josta huokui vaikuttavaa paatosta.[282]

Ilta oli kaikin puolin onnistunut, ja seuraavana päivänä monet laulajat ystävineen kokoontuivat luolassa sijainneeseen baariin kuuntelemaan omaa lauluaan Danin magnetofoninauhoilta ja esittämään uusia lauluja tallennettaviksi. Viini ja laulu virtasi, joten vietettyään pari tuntia tässä maanalaisessa kapakassa, Mörne ja Dan vetäytyivät lounaalle ja siestalle.

Musiikillisen juhlinnan päätös oli kaikkea muuta kuin mieltäylentävä, kuten jo kirjan alussa kerrottiin. Mörnen ja Danin herättyä heidän luokseen saapui juhlassa mukana ollut vanha mies, joka kertoi falangistien hälyttäneen paikalle poliisin. Iloinen seurue oli viety putkaan, ja heidät oli määrä pitää siellä siihen saakka, kunnes muukalaiset olisivat poistuneet kaupungista. Viranomaiset eivät pitäneet siitä, että ulkomaalaiset seurustelivat alaluokan väen kanssa. Näin ollen Mörnellä ja Danilla ei ollut muuta mahdollisuutta kuin maksaa lasku ja jatkaa matkaa bussilla seuraavaan paikkaan.

Sacromonten romanien vieraana

Maaliskuussa 1951 Mörne matkusti Granadaan, missä Dan oli jo pari päivää kierrellyt kitaransa kanssa kaupungin vieressä kohoavan kukkulan romaniluolissa Sacromontella. Täällä eräs vanha nainen oli pyytänyt Dania soittamaan ja luullut tätä soittotaitojensa vuoksi mustalaiseksi. Dan oli leikillään sanonut olevansa puoliksi *gitano* ja pohjoisesta tervehtimään tullut köyhä soittoniekka. Vaeltava flamencokitaristi oli otettu niin hyvin vastaan, että hänet esiteltiin vanhuksen perheelle ja lapsia kiellettiin enää kerjäämästä Danilta.

Viikon ajan Dan kulutti päivänsä Sacro Montella eivätkä hänen kitaraansa saaneet enää kuunnella muut kuin luolien asukkaat. Professori Starkien teoksesta Don Gipsy hän oli poiminut muutamia caló kielen lauseita, jotka oli opetellut ulkoa, ja pian hän perehtyi yhä enemmän tähän Andalusian mustalaisten murteeseen, joka oli romanin ja rahvaanomaisen espanjan sekasotkua. Hän näytti minulle pitkiä luetteloita mitä pöyristyttävimpiä sanontatapoja, jotka kuuluivat hänen uuden seurapiirinsä jokapäiväiseen puhekieleen.[283]

236

Dania pyydettiin jopa kummiksi ensimmäisenä tapaamansa perheen nuorimmaiselle lapselle. Hän palasi ristiäisistä takaisin kantaen mukanaan isoäidiltä saatua taikakalua: "Pientä pellinpalaa, joka esitti pyhää Maria de la Esperazaa, luolakansan nimikkopyhimystä, pidettiin erittäin tehokkaana apuna kaikenlaisissa metkuissa ja konnankoukuissa."[284] Danin pää näytti myös harmaantuneen vierailun jälkeen. Tämä ei johtunut murheista, sillä Sacromontella ne eivät Danin mukaan olleet musertavia. Hän myönsi puuteroineensa hieman tukkaansa DDT:llä, sillä hyönteismyrkky oli osoittautunut syöpäläisten vuoksi välttämättömäksi.

Danin kotiuduttua riittävästi mustalaisluoliin hän arveli voivansa esitellä uusille ystävilleen Mörnen, jota hän luonnehti "ei-mustalaiseksi, mutta muuten kunnon ihmiseksi". Mörne esiteltiin jopa vuoriyhdyskunnan "kapteenille". Mörne lahjoitti tälle lukutaitoiselle miehelle Federico García Lorcan runokokoelman *Romancero Gitano*. Päällikkö suuteli kirjaa ja syleili Mörneä. Hän käski myös tuoda viiniä, jonka poikkeuksellisesti maksoi itse. Muutoin vieraat saivat tuoda ja tarjota viinit.

Miehet keskustelivat Lorcasta. Mörne kertoi lukeneensa Lorcaa ja ihaili tämän runoutta, mistä romanimies oli hyvin otettu. Mörne tiesi runoilijan olleen Granadan kasvatteja, ja tämän runoudesta oli käynyt ilmi läheiset suhteet romaniväestöön. Yleisesti oli tiedossa, että Francon sotilaalliset joukot olivat surmanneet runoilijan sisällissodan aikana julmalla tavalla, vaikka hautapaikkaa ei ollut löydetty. Mörne oppi vierailullaan tästä myös jotain uutta:

Uutta minulle sitä vastoin oli, että runoilijasta näiden mustalaisten
keskuudessa oli tullut pyhimys ja puolijumala, jonka muistoksi viete-
tään juhlaa juhannusyönä. Silloin koko luolien väki tanssii, kunnes
kaatuu maahan uupumuksesta.[285]

Mörne kuvaili päällikön asuntoa, jota leimasi jonkinasteinen varalli-
suus. Valkoisiksi kalkituilla seinillä oli muutamia *Raamatun* aiheita
esittäviä öljyväripainoksia ja madonnankuva, jota kehysti kuivattu kuk-
kaseppele. Naulassa roikkui kielisoitin, *bandurria,* joka on kooltaan ki-
taran ja mandoliinin puolivälissä. Mörnen sanoin soitin oli "Andalusian
kerjäläisille varsin arvokas työväline". Luola-asunnossa oli myös lasi-
vitriiniin aseteltu kukikas posliiniastiasto sekä holvikattoisessa kome-
rossa pitsipeitolla peitetty ja patsailla koristeltu leveä vuode.

Mörne pohti romanien asemaa järjestäytyneen yhteiskunnan ulko-
puolella ja omaa ristiriitaista suhtautumistaan heihin. Hän pyrki ym-
märtämään, miten vuosisatojen ajan jatkunut romaniväestöön kohdistu-
nut vaino ja tylyys oli saanut aikaan sen, että nämä näyttäytyivät valta-
väestölle outoina ja pelottavina. Aivan liian moni vaikutti olevan kerjä-
läinen tai huiputtaja. Varsinkin romaninaiset käyttivät Mörnen mielestä
hyväkseen kansan uskoa, jonka mukaan "mustalaiset" olivat yhteydessä
pimeisiin voimiin, ennustamalla kädestä ja tekemällä taikajuomia.

Näistä seikoista huolimatta hän vakuutti lukijoitaan siitä, että anda-
lusialaisen kansanlaulun vaalijoina romanit olivat tehneet suuren sivis-
tysteon ja saaneet tämän ainutlaatuisen taiteenlajin kukoistamaan ja le-
viämään:

Kerjäämisen, kädestä ennustamisen, hevoskaakkien kaupustelun ja luolapajassa harjoitetun sepäntoimen (joka todella on rehellistä ammattityötä) ohella mustalainen kykenee muille saavuttamattomalla tavalla antautumaan tanssin, laulun ja soiton lumoihin. Niinpä Andalusian kansanlaulua ikivanhoine muotoineen, joissa on jälkiä arabialaisista ja myös juutalaisista aineksista, ovat todellisuudessa kautta vuosisatojen pitäneet hengissä nämä luolaihmiset.[286]

Mörne pääsi vielä toisen kerran vierailemaan romanien luona Sacromontessa. Luolissa jokaisen päivänsä viettänyt Dan lähetti tutun Raymondo-pojan Mörneä vastaan. Dan oli tuonut pojan kerran täysihoitolaan, jossa tämä oli tanssinut asukkaille. Poika opasti Mörneä kädestä pitäen vaikeakulkuisella tiellä ja piti kepin avulla kerjäämistä yrittäneet lapsilaumat ja vanhan naisen tiukasti etäällä.

Mörne oli aikaisemmin nähnyt matkailijoille esitettyjä mustalaistansseja, mutta luolassa hän pääsi katselemaan kotoista näytöstä, joka oli tarkoitettu asukkaiden omaksi huviksi. Mörnen osuus tilaisuudessa oli tarjota *manzanillaa*, mietoa viiniä, joka oli paikallisten romanien lempijuomaa ja sopi hyvin tanssiesityksissä nautittavaksi. Esitys oli lyhyt, mutta täynnä aitoa ja väkevää tunnelmaa. Vanha mies soitti taitavasti *bandurria*, ja Raymondo aloitti *fandangon*, nopean paritanssin, nuoren tytön kanssa. Toinen tyttö tanssi *tango de la florin* Danin säestäessä kiihkeästi kitaralla ja muiden taputtaessa tahtia sitä hurjemmin, mitä kiihkeämmäksi tanssi eteni. Mörne pääsi siis todistamaan aitoa

239

sacromontelaista tangoa, jota pidetään flamencon perinteessä ainutlaa-
tuisena lajina. Granadalaisen flamenco-tangon juuret ovat maurien mu-
siikkiperinteessä, ja ne ovat kehittyneet Sacromonten romaniyhteisön
piirissä.

Esitys kosketti Mörneä syvästi. Esityksen jälkeen Dan esitti *ban-
durrian* soittajalle vaikean kysymyksen, mitä flamenco oikeastaan on.
Mies vastasi tovin mietittyään: "Vanhaa perintöosuutta, jotakin, mikä
kerran on tullut jostakin tuulen mukana. En tiedän, mutta ehkä se on
itse paholainen!"[287]

Kotimatkallaan takaisin täysihoitolaan yksin kävellyt Mörne ei enää
saanut olla rauhassa kaktuspusikoista kimppuun hyökänneiltä "pieniltä
ryysyläisiltä". Lapset kiskoivat häntä vaatteista ja pakottivat hänet mak-
samaan "perron" eli kolikon jokaisesta metristä, joka vei pois vuorelta.

Guadixin luolat

Håkan Mörne oli nähnyt Andalusian mustalaisista kertovissa kuvauk-
sissa mainintoja myös Guadixin luola-asumuksista reilun kuudenkym-
menen kilometrin päässä Granadasta itään. Danin hän vakuutti lähte-
mään mukaansa kertomalla, että "mustalaiset" olisivat siellä täysin eri-
laisia kuin matkailijoiden valtaväylillä. Seuraan liittyi myös tanskalai-
nen maalari Sven, joka opiskeli kitaransoittoa Danin ohjaamana. Matka
Granadasta Guadixiin tehtiin täydessä linja-autossa, joka kulki pitkin
vaikeakulkuisia harjanteita, kunnes bussi laskeutui punakiviselle tasan-
golle.

Guadixin maisema oli mielikuvituksellinen. Kaupunki muodostui erimuotoisista kivimuureista ja torneista. Hetken käveltyään miehet oivalsivat, että sienimäisen rykelmän muodostavissa kivikartioissa asui ihmisiä. Luola-asuntojen pyöreät, valkoiset savutornit toimivat majakan kaltaisina opasteina.

Harhailtuaan pidemmälle kaupunkiin matkalaiset näkivät laihoja ja likaisia romanilapsia resuisissa vaatteissa. Lapset eivät kerjänneet, kuten muualla Espanjassa, vaan tuijottivat muukalaisia suurin, nälkäisin silmin. He näkivät myös tummaihoisia naisia, jotka kantoivat vesiruukkuja päänsä päällä. Mörne pohti syytä sille, miksi juuri tänne oli asetuttu asumaan. Luola-asutus oli hänen käsityksensä mukaan lajissaan maailman suurin. Täällä eli vanhanaikaista elämää noin neljä-viisituhatta ihmistä. Mörne muisteli luonnoltaan vastaavanlaista paikkaa Slivenissä Bulgariassa, minne oli asettunut romaniväestöä asumaan pysyvämmin.

Dan istui erään luolansuun eteen ja alkoi tapailla kitaraansa. Pian luolassa syttyi öljytuikku ja luolasta ilmestyi nainen kysyen, kuka soitti niin hyvin. "Mustalaiseksi" itsensä jo kuvitellut Dan vastasi olevansa "köyhä gitano". Hän pyysi naista tanssimaan, mutta tämä ei halunnut, koska oli raskaana. Nainen kutsui sen sijaan poikaansa Antoniota tanssimaan. Poika oli iältään noin kahdeksan-yhdeksänvuotias, nälkiintyneen näköinen ja likainen, ja päällään hänellä oli polviin asti ulottuva miesten takki.

Dan soitti kiihkeän ja vaikean *farrucan*, ja poika tanssi tömistäen jalkojaan kivilattiaan takin lepattaessa hänen ympärillään. Pojan päätettyä kiihkeän tanssin äiti painoi hänet rintaansa vasten ja kaivoi hameensa taskuista lantin, jonka ojensi Danille. Tämä suuteli kolikkoa ja antoi sen pojalle. Erikoisen nuorten tanssiesityksillä jatkuneen illan jälkeen Mörne kirjoitti heidän saaneen katsella tanssin syntyä ihmiskunnan kohdussa, luolassa. Seuraavana päivänä miehet kiersivät luolilla Antonio oppaanaan ja kuulivat sepän laulavan mustalaisseppien nimikkolaulua sekä näkivät vielä toistamiseen Antonion tanssivan nuoren tytön kanssa.

Kuten tämän kirjan alussa jo kävi ilmi, ulkomaalaisten kohtaamisia tavallisen kansan ja vähemmistöryhmien kanssa valvottiin tarkasti Francon aikaan. Guadixin retken päätteeksi poliisi pidätti romanin, josta Mörne oli ottanut valokuvan linja-autoasemalla ennen lähtöä. Samanaikaisesti siviiliasuinen falangisti hyökkäsi Danin kimppuun uhaten rikkoa tämän kameran, jos tämä vielä kuvaisi "mokomaa roskajoukkoa". Mörnen mielestä oli ihmeellistä, että näin tapahtui juuri tässä kaupungissa, missä kukaan ei ollut häirinnyt matkaajia kerjäämällä:

Oli ilmeistä, että tämän pikkukaupungin vallanpitäjiä olivat ärsyttäneet käyntimme luolayhdyskunnassa. Meidän olisi tietenkin pitänyt kohdistaa huomiomme kirkkoihin! Mutta milloin poliisilla olisi todella ollut syytä puuttua asioihin, se ei ollut sitä tehnyt. Kaikkien ammattikerjäläisten, jotka uskomattoman röyhkeästi ahdistelivat matkailijoita Alhambran ympäristössä, sallittiin harjoittaa elinkeinoaan kenenkään häiritsemättä.[288]

242

Mörne muisteli myös, miten Sacromontella viranomaiset olivat reagoineet matkailijoiden toistuviin valituksiin merkillisellä tavalla lähettämällä ratsupoliisit kurittamaan kerjäläislapsia. Lapset olivat vain riemastuneet tästä uudesta piiloleikistä, missä heitä etsineet poliisit olivat edenneet hevosillaan vaivalloisesti luolien ja kaktusten välissä kulkeneilla huonokuntoisilla poluilla.

ESPANJALAISET JA AIKA

Mañana, suomeksi "huomenna", on sana, joka minusta on suorastaan avain espanjalaiseen kansanluonteeseen.[289]

Tämän yhteisen Espanjan-matkamme päätteeksi on vielä otettava esille aihe, joka tuntuu lähes sementoituneen kulttuurisiin mielikuviin Espanjasta. *Mañana*-ilmaisu eli asioiden siirtäminen huomiseen tai tulevaisuuteen oli ja on osin edelleen useimmille matkaajille tuttu stereotypia, joka sitkeästi on liitetty espanjalaiseen mentaliteettiin. Kirjallisuudessa toistetut, usein humoristiset kertomukset *mañana*-mentaliteetista ovat luonnollisesti vahvistaneet tätä espanjalaisuuteen liitettyä mielikuvaa suomalaisten mielissä, vaikka asioita todellisuudessa tapahtuu myös rivakammassa tahdissa.

Kanarian saarilla 1930-luvun lopulla matkaillut Vappu Roos pakinoi, että sana *mañana* oli yhtä helppo sanoa sointuvalla espanjan kielellä kuin oli sen mukaan toimiminen. Tällä yhdellä sanalla espanjalainen tarkoitti samaa kuin oli suomalaisen koulupojan elämänfilosofia: "Älä tee tänään sitä, minkä voit antaa toisten tehdä huomenna". Tosiasiallisesti asiat kyllä tapahtuivat, mutta eivät välittömästi. Roos kertoi oppineensa, että *mañana* oli oikeastaan samalla jonkinlainen kohteliaisuuden ilmaus. Hän pakinoi humoristisesti tavasta, jolla hymyilevä postivirkailija käytti sanaa postia turhaan odottavalle matkailijalle:

Ja señorita poistuu joka tapauksessa toiveikkaana, vaikka ajattelee-
kin, että mistä tuo voi tietään, että huomenna tulee kirje. Parasta vain
suhtautua valoisasti asiaan, sillä posti on tärkeä seikka näin merten
takana ja saarilla[290]

Postinkulku Kanarian saarilla ihmetytti Roosia. Hän oli lähtiessään antanut ystävilleen Suomessa Poste restante -osoitteen Las Palmasissa, koska ei vielä tiennyt lopullista osoitettaan. Kun vakinaisen asunnon osoite naapurisaarella Teneriffalla varmistui, hän pyysi Las Palmasin postia lähettämään sinne jo saapuneen postin: "Las Palmas siroitteli minulle postia päivän väliajoin toista viikkoa, vaikka kaikki oli lähetetty suunnilleen samanaikaisesti Suomesta. Kaikki nämä lähetykset olivat saapuneet Las Palmasiin ennen kuin ilmoitin osoitteeni."[291]

Suomalaiselle filmausryhmälle sana *mañana* tuli tutuksi Málagassa. Sen sijaan kiire tuntui olevan vierasta espanjalaisille. Kaikki asiat tapahtuivat "huomenna", kuten Aarne Haapakoski pilaili:

Kun kysyin postissa, koska lentoposti lähtee, sanottiin: mañana. Kun
tiedustelin Conchitalta, voiko hän ommella napin paitaani, sain vas-
tauksen: mañana. Halusin ostaa konekirjoituspaperia kaupungin
suurimmasta paperikaupasta. Minulle sanottiin: juuri nyt ei ole,
mutta mañana. Kun minun piti lähettää tärkeä sähkösanoma, ilmoitti
hotellin patrona: tänään ei enää voi lähettää, mutta mañana.[292]

245

Edellisessä lainauksessa on todennäköisesti saatettu käyttää hieman humoristisen kirjailijan värikynää ja haluttu naurattaa lukijoita tutulla stereotypialla. Haapakoski vitsaili myös sanan *fiesta* tulleen elokuvantekijöille tutuksi, sillä Andalusiassa tuntui joka viikko olevan ainakin kaksi *fiestaa* eli juhlapäivää, jotka useimmiten liittyivät johonkin paikalliseen pyhimykseen. Silloin olivat pankit ja kaikki virastot kiinni, ja kaupungilla liikkui toinen toistaan merkillisimpiä juhlakulkueita.

Espanjalaisten suhtautuminen aikaan vaikutti poikkeavan suomalaisesta siinä määrin, että matkaajat pohtivat sitä kertomuksissaan. Aina ei suinkaan ollut kysymys asioiden siirtämisestä huomiseen. Tapio Hiisivaaran mielestä mikään Espanjassa ei tapahtunut kovin täsmällisesti, vaan "noin suunnilleen oikein". Hän kertoi tähän liittyvän esimerkin pankin avautumisesta. Hotellissa oli kerrottu pankkien avautuvan kello kahdeksan, ja pankin ovessa luki sen avautuvan yhdeksältä. Kun hän saapui pankin luokse varttia vaille, finanssitoiminta oli jo täydessä käynnissä. 1940-luvun lopulla hotellien ja pankkien seinillä olevat kellot vaikuttivat harvoin olevan oikeassa ajassa. Hiisivaara kertoi myös toisen aikaan liittyvän esimerkin, joka hänen mukaansa kertoi ennen kaikkea säntillisestä kastilialaisesta mentaliteetista:

Kello on jo kymmenen ja junan pitäisi olla Madridissa 9,10. Kun junailija tulee viimeisen kerran tarkistamaan lippuja, kysyn häneltä, milloin saavumme Madridiin. Kello 9,10, hän vastaa. Aito kastilialainen vastaus. Juna saapuu aina aikataulun mukaan. Elleivät kellot sitä todista, se on kellojen vika eikä junan.[293]

246

Kanarian saarilla jonkin aikaa asunut Yrjö Kokko kirjoitti *Suomen Ku-valehteen* oman aikaan liittyvän kokemuksensa *mañana* -stereotypian ja todellisuuden kohtaamisesta:

Sanotaan, että Kanarian saarilla vallitsee mañana-rytmi, "voihan sen tehdä huomennakin". Mutta don Torobio töräytti hotellimme edessä autonsa torvea minuutilleen sinä hetkenä, jolloin hän oli sanonut tulevansa meitä hakemaan.[294]

Käsitteenä *mañana*-kulttuuri oli siis entuudestaan tuttu suomalaisille matkaajille. Omat kokemukset paikan päällä saivat sille joko vahvistusta tai kyseenalaistamaan tätä stereotyyppiseksi muodostunutta käsitystä. Sinikka Kallio-Visapään mielestä olisi ennemminkin pitänyt puhua ihmisten ahkeruudesta vaativissa olosuhteissa. Hän näki yhteyden Espanjan maaperän hedelmällisyyden ja ihmisten elämisen mahdollisuuksien välillä. Hänen laskujensa mukaan lähes puolet maan pinta-alasta oli karua ja hedelmätöntä *mesetaa*, ja toisesta puolesta osansa veivät vuoristoalueet. Kuivalla mesetalla oli hänen mielestään suurempi ihme, että ihmiset ylipäätään elivät, asuivat ja tekivät töitä siellä kuin se, että työn tulokset eivät aina näyttäneet niin loistavilta. Vain pieni osa laajasta pinta-alasta oli viljelyskelpoista tai edes "elinkeinokelpoista":

Silti Espanjan pääelinkeino on juuri maanviljelys, ja koska tämän kokonaisuudessaan varsin kitsaan ja karun maan tuotteita riittää

247

myös huomattavaan vientikauppaan, voi pikemminkin puhua asuk-
kaiden sitkeydestä ja ankarasta ponnistelusta kuin vetelyydestä ja sa-
nanparreksi muuttuneesta mañana-mielialasta.[295]

Simo Penttilä kytki paikallisten ihmisten suomalaisesta poikkeavan ai-
kakäsityksen kiinteästi espanjalaiseen mentaliteettiin. Hänelle ei olisi
tullut mieleenkään arvostella espanjalaista elämäntyyliä lyhyen vierai-
lunsa perusteella. Maailmassa hosuttiin ja hälistiin muutenkin aivan lii-
kaa humoristisen kirjailijan mielestä, joten "pikkuisen mañanaa silloin
tällöin ei olisi pahitteeksi":

Espanjalainen ei pidä kiireestä. Hän saattaa olla ja usein onkin
köyhä, mutta aikaa hänellä on. Ja hän tietää varsin hyvin, että hänen
mañanansa herättää hymyilyä ja että tuolle huomiseen lykkäämiselle
ollaan ynseitä. Hänen mielestään ynseät hymyilijät ovat unohtaneet
elämisen taidon.[296]

248

MATKAMUISTOJA

Ei täällä monikaan ihminen tee kauppoja, paitsi turistit, jotka alempana olevan Galerias-kivitalon myymälöistä hankkivat kalliiseen hintaan ihan tarpeettomia tavaroita. Turisti kun nyt kerta kaikkiaan on sellainen. Outomuotoisen ja värikkään esineen omistamisen himo on sitä paitsi varsin yleinen järkevienkin ihmisten parissa. Se on sitä ikuista eksotiikan ikävöintiä, josta on niin paljon kirjoitettu. Minkä vuoksi englantilainen lordi muuten ostaisi Suomesta pienoisvirsut. Toisaalta taas en ole tavannut kuin pari naista, jotka eivät Espanjasta olisi tuoneet kastanjetteja mukanaan. Minä olen ostanut – nuken.[297]

Simo Penttilän mukaan Madridin *Rastrolle* eli kirpputorille mentiin etupäässä itämaista basaari muistuttavan tunnelman takia. Ostoksia tekivät vain turistit, jotka halusivat palan Espanjaa mukaansa. *Rastro* oli täynnä vastakohtaisuuksia, aivan kuten koko Espanja. Markkinoilla näki rinnakkain arvokkaita persialaisia mattoja ja rikkinäisiä riippulukkoja.

Millaisia muistoja tai materiaalisia artefakteja matkoilta lähti mukaan kotiin? Sinikka Kallio-Visapää vertasi keskiajan pyhiinvaeltajia 1950-luvun alun Santiago de Compostelan reittiä kulkeneisiin vaeltajiin seuraavasti:

Mutta tällaisella pitkällä ja hankalalla matkalla ihmiset perehtyivät vieraan maan oloihin aivan toisin kuin nykyajan kiireiset "moottoroidut turistit". Silloin saatiin matkasta muutakin saalista kuin kymmenen filmirullallista kuvia ja rahalla ostettuja matkamuistoja, joilla tämän päivän turisti todistaa olleensa jossakin.[298]

Kallio-Visapää tarkoitti pyhiinvaeltajien "saaliilla" kenties enemmän hengellisiä kuin materiaalisia tuomisia. Tiedetään kuitenkin, että menneiden aikojen pyhiinvaeltajat toivat mukanaan plakaatteja ja muita tavaroita. Matkailuntutkijat ovat verranneet massaturismin ajan tapaa tuoda matkamuistoja kotiin keskiajan pyhiinvaeltajien mukanaan tuomiin esineisiin.[299]

Suomalaiset 1900-luvun alun matkailijat kirjoittivat ylipäätään hyvin vähän matkalta ostamistaan esineistä. Tapio Hiisivaara osti muistoksi pari pientä, mutta hienoa taottua esinettä Toledosta. Yhdeltä kaupustelevalta lapselta hän kertoi ostaneensa parilla pesetalla luisen käsityöneulan, vaikka ei edes tiennyt, mihin esinettä käytettiin.

Tyyni Tuulio ja Håkan Mörne mainitsevat etsineensä tai ostaneensa Espanjaa käsitteleviä kirjoja ja espanjalaista kirjallisuutta. Tuuliolla oli tekeillä espanjalaista kirjallisuutta käsittelevä suurhanke, joten tämä kuului jo työn puolesta tiedonhankintaan. Espanjan kulttuurista ja yhteiskunnallisista kysymyksistä kiinnostuneelle Mörnelle kirjat olivat luontevia tuomisia. Matkalla mukanaan hän kuljetti jo valmiiksi suurta säkillistä kirjoja.

Muunkinlaiset tuomiset olisivat mahdollisesti kiinnostaneet. Sevillassa Håkan Mörne vieraili puolisonsa kanssa Trianan-kaupunginosassa, missä sijaitsi perinteisiä keramiikka- ja kaakelitehtaita. He

toivoivat löytävänsä matkamuistoksi aistikkaita jäljennöksiä mauriai-
kaisia rakennuksia koristavista laatoista. Pettymyksekseen he löysivät
vain samanlaisia kaakeleita, joita näki lukuisissa kahviloissa ja hienoh-
koissa käymälöissä. Håkan Mörne moitti esineitä, joita tehdas valmisti
keskiluokkaisiin andalusialaisiin koteihin ja matkamuistoiksi:

*Satoja kappaleita käsittävissä riveissä oli lasitettuja nukkeja, anda-
lusialaisia kitaransoittajia, tanssivia mustalaistyttöjä, punaposkisia
paimenettaria, madonnia ja enkeleitä. Todellista sokerileipurin ko-
reutta! Tätä seikkaa ei kuitenkaan tajunnut yrityksen johtaja, vaan
ylisti innokkaasti laitoksensa ylevää taidetta, joka erittäin arvok-
kaalla tavalla oli osallistunut Sevillan maineen luomiseen.*[300]

Espanjasta mukaan kotiin otetut aineelliset muistot eivät olleet vain to-
reilta tai kaupustelijoilta rahalla ostettavia matkamuistoja. Pohjois-Es-
panjassa, Asturian rannikolla Sinikka Kallio-Visapäätä houkuttelivat
veden hiomat pienet kivet ja näkinkengät, "näkinkuoret". Niiden koh-
dalla aikaihmistäkin alkaa lapsettaa:

*Näytä minulle ihminen, joka jaksaa vastustaa säännöllisen soikeaksi
tai pallonpyöreäksi hioutuneen kiven kiusaukset – minä kun en ole
sellaista voimaa havainnut vielä yhdessäkään mainitun kiusauksen
ulottuville joutuneessa.*[301]

KIITOKSET

Kiitos Rafalle kaikesta tuesta kirjoitusprosessin aikana sekä yhteisistä matkoista eri puolilla Espanjaa. Lämpimät kiitokset Fannylle työni lukemisesta ja arvokkaista kommenteista. Kiitos Kaapo teknisestä tuesta työn painokelpoiseksi saattamisessa. Lisäksi kiitän kaikkia ystäviä, jotka ovat osoittaneet mielenkiintoa kirjahankettani kohtaan. Hedelmälliset keskustelut ja kannustus ovat olleet yksinäisen kirjoitustyön iloja.

LÄHTEET

Alkuperäislähteet

Arijoutsi: *Melkein Afrikassa*. Kustannusosakeyhtiö Otava, Helsinki 1949.

Brenan, Gerald: *The Face of Spain*. Penguin Travel Library, Penguin Books, London 1950.

Cervantes, Miguel de: *Don Quijote: Ensimmäinen ja toinen osa*. Alkuteos *El ingenioso hidalgo don Quijote de La Mancha* (1605) ja *Segunda parte del ingenioso caballero don Quijote de La Mancha* (1615). Suom. Jyrki Lappi-Seppälä, runot tulkinnut Jyrki Koskelainen. WSOY, Helsinki 2013.

Haapakoski, Aarne: *Filmausmatka maurien maahan*. WSOY, Porvoo-Helsinki 1953.

Hiisivaara, Tapio: *Hurja, viehkeä Espanja*. Pellervo-seura, Helsinki 1949.

Jeannette: *Me lähdimme Ranskaan ja Espanjaan. Matkakirjeitä*. WSOY, Porvoo 1927.

Järvelä-Kairenius, Soile: *Don Quijoten Espanja*. WSOY, Porvoo-Helsinki 1955.

Kallio-Visapää, Sinikka: *Santiagon simpukka. Matkaesseitä ja kuvasarjoja Espanjasta*. Otava, Helsinki 1952.

Mörne, Håkan: *Aurinkoista Andalusiaa*. Alkuteos *Spanskt paradis* (1951). Suom. Kai Kaila. WSOY, Porvoo-Helsinki 1952.

Oppenhejm, Ralph: *Minun Espanjani.* Alkuteos *Spanien i spejlet* (1953). Suom. Eija Palsbo. WSOY, Porvoo-Helsinki 1954.

Penttilä, Simo: *Linna Espanjassa. Matkakuvia.* Otava, Helsinki 1953.

Roos, Vappu: *Passinne, olkaa hyvä! Pakinaa maisemista ja ihmisistä 1932–1936.* Gummerus, Helsinki 1938.

Irving, Washington: *Alhambra.* Alkuteos *Tales of Alhambra* (1832). Suom. Annukka Aikio. 2. painos. WSOY, Helsinki 1990 (1. painos 1969).

Sähköiset lähteet

Campo De Criptana. Portal informativo, turìstico & comercial. https://www.campodecriptana.info/ Haettu 9.1.2025.

Håkan Mörne. Elmer kirjailijatietokanta. https://www.elmerinfo.net Haettu 29.9.2022.

Oiva Tuulio. 375 humanistia. Helsingin yliopiston humanistinen tiede-kunta. Tekstit Thomas Sjöblom. https://375humanistia.helsinki.fi/hu-manistit/oiva-tuulio Haettu 22.6.2022.

Sala, Kaarina: *Tuulio, Tyyni (1892–1991).* Kansallisbiografia-verkko-julkaisu. Studia Biographica 4. Suomalaisen Kirjallisuuden Seura, Hel-sinki 1997. https://kansallisbiografia.fi/kansallisbiografia/ henkilo/4985 Haettu 22.6.2022.

Lehdet

El Mundo

Etelä-Suomen Sanomat

Kotiliesi

Länsi-Savo

Suomen Kuvalehti

Suomen Sanomat

Uusi Suomi

Tutkimuskirjallisuus

Aikio, Annukka: Lukijalle. Teoksessa Washington Irving: *Alhambra*. 2. painos. WSOY, Helsinki 1990 (1. painos 1969).

Carretero, Nacho: *Kokaiinirannikko*. Suomentanut Einari Aaltonen. Into, Helsinki 2020.

Gardberg, Carl Jacob: *Santiago de Compostela. Matka apostoli Jaakobin haudalle*. Suomennos Irma Savolainen. Schildts Kustannus Oy, Helsinki 2001.

Hapuli, Ritva: *Ulkomailla. Maailmansotien välinen maailma suomalaisnaisten silmin*. Suomalaisen Kirjallisuuden Seuran toimituksia 911, SKS, Helsinki 2003.

Karisto, Antti: *Satumaa. Suomalaiseläkeläiset Espanjan aurinkorannikolla*. Suomalaisen Kirjallisuuden Seuran toimituksia 1190, SKS, Helsinki 2008.

Lappi-Seppälä, Jyrki: Suomentajan saatesanat. Teoksessa Miguel de Cervantes: *Don Quijote: Ensimmäinen ja toinen osa.* WSOY, Helsinki 2013.

Lappi-Seppälä, Jyrki: Espanjan historian ja Cervantesin elämän merkkipaaluja. Teoksessa Miguel de Cervantes: *Don Quijote: Ensimmäinen ja toinen osa.* WSOY, Helsinki 2013.

Lindh, Ilona: *Matkasta kertomus: Kielen ja kerronnan keinot omakohtaisessa matkakertomuksessa.* Helsingin yliopisto, Helsinki 2021.

Matkailijan ihmeellinen maailma: matkailun historia vanhalta ajalta omaan aikaamme. Toim. Auvo Kostiainen et al. Suomalaisen Kirjallisuuden Seuran toimituksia 977, SKS, Helsinki 2004.

¡NO PASARÁN! Espanjan sisällissodan kulttuurihistoriaa. Toim. Hanne Koivisto & Raimo Parikka. Työväen historian ja perinteen tutkimuksen seura, Helsinki 2015.

Outinen, Jyrki: Tuhannenpa verran poikia läksi. Kulttuuri ja historia Tapio Hiisivaaran Venäjä–Turkin-sodan popularisoinnissa. Teoksessa *Avaintekstejä kulttuurihistoriaan.* Toim. Hanna Järvinen ja Kimi Kärki. Cultural History – Kulttuurihistoria 6, K&h kustannus, Turku 2005.

Pakkasvirta, Jukka: *Francon kanssa? Suomi, Espanja ja kylmä sota.* Siltala, Helsinki 2023.

Pynttäri, Veli-Matti: "Sinä, "me", Simpukka ja Shell. Sinikka Kallio-Visapään Santiagon Simpukka. Teoksessa *Nainen kulttuurissa, kulttuuri naisessa.* Toim. Viola Parente-Čapková et al. Cultural History – Kulttuurihistoria 13, K&h kustannus, Turku 2015.

Rantala, Heli: *Pikisaaresta Pariisiin. Suomalaismatkaajien kokemuksia 1800-luvun Euroopassa.* Gaudeamus, Helsinki 2020.

Saksa, Markku: *Don Quijoten maassa. Reportaasi Espanjasta.* WSOY, Helsinki 1992.

Salmi, Hannu: Onko tuoksuilla ja äänillä menneisyys? Aistien historia tutkimuskohteena. Teoksessa *Kulttuurihistoria. Johdatus tutkimukseen.* Tietolipas 175, Suomalaisen Kirjallisuuden Seura, Helsinki 2001.

Sinisen junan ikkunasta, Matkakuvia Euroopasta. Toim. Hilpi Saure ja Liisi Huhtala. Suomalaisen Kirjallisuuden Seura, Helsinki 1992.

Tervonen, Miika: Kiertolaisia, silmätikkuja ja rajojen ylittäjiä: 1800-luvun lopulta toiseen maailmansotaan. Teoksessa *Suomen romanien historia.* Toim. Panu Pulma. Suomalaisen Kirjallisuuden Seuran toimituksia 1372, SKS, Helsinki 2012.

Tyyni Tuulio. Nuoruusajan kirjeenvaihtoa. Toim. Irma Koskinen. Suomalaisen Kirjallisuuden Seuran toimituksia 1153, SKS, Helsinki 2008.

Varpio, Yrjö: *Matkalla moderniin Suomeen. 1800-luvun suomalainen matkakirjallisuus.* Suomalaisen Kirjallisuuden Seuran toimituksia 681, SKS, Helsinki 1997.

VIITTEET

[1] *Etelä-Suomen Sanomat* 02.04.1950, nro 76, 5. Kansalliskirjaston digitaaliset aineistot.

[2] Ks. lisää Espanjan ja Suomen välisistä suhteista Francon aikana Pakkasvirta 2023, 26, 98 & passim.

[3] Kostiainen et al. 2004, 188, 239–240.

[4] Pakkasvirta 2023, 156.

[5] Jeannette 1927, 105–106.

[6] Varpio 1997, 9–10.

[7] Kallio-Visapää 1952, 8.

[8] Lindh 2021, 15.

[9] Rantala 2020, 16.

[10] Karimo 2008, 117.

[11] Käytän tässä kirjassa selkeyden vuoksi kirjailijasta nimeä Tyyni Tuulio nimimerkin Jeannette sijaan. Kirjailija ja kulttuurivaikuttaja tunnetaan parhaiten Tuulio-nimellä, vaikka hän alkoi käyttää sitä vasta myöhemmin. Tyyni Maria Haapanen avioitui vuonna 1917 kielitutkija Oiva Tallgrenin kanssa, ja pariskunta alkoi käyttää suomenkielistä sukunimeä Tuulio vuodesta 1933 lähtien.

[12] Koskinen 2008, 369.

[13] *Uusi Suomi* 17.07.1927, nro 161, 9. Kansalliskirjaston digitaaliset aineistot.

[14] *Uusi Suomi* 11.10.1952, 5. Kansalliskirjaston digitaaliset aineistot.

[15] Pynttäri 2015, 252.

[16] *Länsi-Savo* 08.04.1953, nro 78, 5. Kansalliskirjaston digitaaliset aineistot.

[17] Kun puhun fiktiivisestä ritarista, käytän nimeä don Quijote. Cervantesin kaunokirjallisen teoksen nimi *Don Quijote* on aina kursivoitu. Lainauksissa korkea-arvoista aatelista herrasmiestä tarkoittava kunnioittava nimitys "don" on kirjoitettu joko isolla tai pienellä alkukirjaimella alkuperäisen tekstin mukaisesti.

[18] Jyrki Lappi-Seppälä käyttää vuoden 2013 suomennoksessaan nimeä Alonso Quijano Hyvä, mutta J. A. Hollon 1920-luvulla tekemässä suomennoksessa lisänimi oli vielä espanjankielinen *Bueno*.

[19] Jeannette 1927, 20–21.

[20] Jeannette 1927, 36.

[21] Penttilä 1953, 168–169.

[22] Hiisivaara 1949, 154.

[23] Jeannette 1927, 94–95.

[24] Jeannette 1927, 96.

[25] Hiisivaara 1949, 158.

[26] Mörne 1952, 207.

[27] Jeannette 1927, 136.

[28] Penttilä 1953, 140–141.

[29] Jeannette 1927, 30.

[30] José María Rondón: Ganivet, loco enamorado. *El Mundo* 25.8.2014.

[31] Penttilä 1953 132.

[32] Penttilä 1953, 61.

[33] Penttilä 1953, 60.

[34] Hiisivaara 1949, 110.

[35] Hiisivaara 1949, 156.

[36] Hiisivaara 1949, 107.

[37] Ks. lisää Hiisivaarasta sotahistorioitsijana: Jyrki Outinen: Tuhannenpa verran poikia läksi. Kulttuuri ja historia Tapio Hiisivaaran Venäjä–Turkin-sodan popularisoinnissa. Teoksessa *Avaintekstejä kulttuurihistoriaan.* Toim. Hanna Järvinen ja Kimi Kärki. Cultural History – Kulttuurihistoria 6, Turku 2005.

[38] Pakkasvirta 2023, 67.

[39] Ks. esim. *¡NO PASARÁN! Espanjan sisällissodan kulttuurihistoriaa,* toimittaneet Hanne Koivisto & Raimo Parikka. Työväen historian ja perinteen tutkimuksen seura, Helsinki 2015.

[40] Hiisivaara 1949, 157.

[41] Carretero 2020, 26.

[42] Saksa 1992, 93, 284.

[43] Jeannette 1927, 54.

[44] Arijoutsi 1949, 132.

[45] Arijoutsi 1949, 133.

[46] Hiisivaara 1949, 150.

[47] Hiisivaara 1949, 51.

[48] Mörne 1952, 105.

[49] Järvelä-Kairenius 1955, 67.

[50] Ks. esim. Saksa 1992, 26–27.

[51] Mörne 1952, 238–239.

[52] Kallio-Visapää 1952, 272.

[53] Kallio-Visapää 1952, 45.

[54] Mörne 1952, 105.

[55] Arijoutsi 1949, 14.

[56] Mörne 1952, 14.

[57] Mörne käyttää Madridissa sattumalta kohtaamastaan ruotsalaisesta muusikosta vain hänen etunimeään Dan, mistä syystä olen myös itse päätynyt

259

käyttämään sitä tässä kirjassa. Yhdestä Mörnen kirjan alaviitteessä käy ilmi, että kaikki kirjaan painetut espanjalaiset kansansävelmät on esityspaikalla merkinnyt muistiin Dan Grenholm.

[58] Mörne 1952, 127.
[59] Mörne 1952, 173.
[60] Hiisivaara 1949, 31.
[61] Jeannette 1927, 30–31.
[62] Saksa 1992, 14.
[63] Jeannette 1927, 28–29.
[64] Saure & Huhtala 1992, 149.
[65] Kostiainen et al. 2004, 238–239.
[66] Kallio-Visapää 1952, 174.
[67] Ibid.
[68] Hiisivaara 1949, 130.
[69] Hiisivaara 1949, 116.
[70] Hiisivaara 1949, 118.
[71] Hiisivaara 1949, 120.
[72] Hiisivaara 1949, 123.
[73] Gardberg 2001, 27.
[74] Ibid.
[75] Gardberg 2001, 29.
[76] Kallio-Visapää 1952, 21.
[77] Kallio-Visapää 1952, 127.
[78] Kallio-Visapää 1952, 130.
[79] Hiisivaara 1949, 127.
[80] Hiisivaara 1949, 135.
[81] Kallio-Visapää 1952, 159.
[82] Kallio-Visapää 1952, 160.
[83] Kallio-Visapää 1952, 48.
[84] Hiisivaara 1949, 29.
[85] Hiisivaara 1949, 109.
[86] Jeannette 1927. 39–40.
[87] Kallio-Visapää 1952, 58.
[88] Kallio-Visapää 1952, 55.
[89] Jeannette 1927, 42–43.
[90] Kallio-Visapää 1952, 59.
[91] Kallio-Visapää 1952, 60.
[92] Hiisivaara 1949, 165.
[93] Kallio-Visapää 1952, 110.
[94] Kallio-Visapää 1952, 216.
[95] Kallio-Visapää 1952, 199.

[96] Kallio-Visapää 1952, 217.
[97] Kallio-Visapää 1952, 220.
[98] Kallio-Visapää 1952, 224.
[99] Jeannette 1927, 48.
[100] Ibid.
[101] Jeannette 1927, 75.
[102] Jeannette 1927, 71.
[103] Jeannette 1927, 77.
[104] Jeannette 1927, 79.
[105] Jeannette: Miten Espanjassa ollaan ja eletään. *Kotiliesi* 1.3.1927, nro 9, 11. Kansalliskirjaston digitaaliset aineistot.
[106] Jeannette 1927, 78.
[107] Jeannette 1927, 80.
[108] Penttilä 1953, 36–37.
[109] Hiisivaara 1949, 38.
[110] Jeannette 1927, 52.
[111] Hiisivaara 1949, 54.
[112] Hiisivaara 1949, 173.
[113] Jeannette 1927, 52,
[114] Kallio-Visapää 1952, 335.
[115] Hiisivaara 1949, 44.
[116] Jeannette 1927, 56.
[117] Jeannette 1927, 98.
[118] Penttilä 1953, 161.
[119] Jeannette 1927, 98.
[120] Penttilä 1953, 45.
[121] Penttilä 1953, 158.
[122] Penttilä 1953, 170.
[123] Jeannette 1927, 57.
[124] Lappi-Seppälä 2013, 8.
[125] Järvelä-Kairenius 1955, 10–11.
[126] Hiisivaara 1949, 72–73.
[127] Hiisivaara 1949, 81.
[128] Kallio-Visapää 1952, 360.
[129] Saksa 1992, 218.
[130] Mörne 1952, 178.
[131] Jeannette 1927, 52–53.
[132] Jeannette 1927, 53–54.
[133] Saure & Huhtala 1992, 148.
[134] Jeannette 1927, 53.
[135] Järvelä-Kairenius 1955, 81.

[136] Hapuli 2003, 86–87.
[137] Oppenhejm 1954, 139.
[138] Oppenhejm 1954, 140.
[139] Saksa 1992, 223.
[140] Hiisivaara 1949, 55.
[141] Hiisivaara 1949, 57.
[142] Ibid.
[143] Hiisivaara 1949, 68.
[144] Jeannette 1928, 107.
[145] Hiisivaara 1949, 83.
[146] Järvelä-Kairenius 1955, 138.
[147] Järvelä-Kairenius 1955, 56.
[148] Lappi-Seppälä 2013, 16.
[149] Lappi-Seppälä 2013. 17.
[150] Hiisivaara 1949, 106.
[151] Jeannette 1928, 106–107.
[152] Penttilä 1953, 32–33.
[153] Järvelä-Kairenius 1955, 9.
[154] Cervantes 2013, 41.
[155] Lappi-Seppälä 2013, 16–17.
[156] Lappi-Seppälä 2013, 11–14.
[157] https://www.campodecriptana.info/ Haettu 9.1.2025
[158] Järvelä-Kairenius 1955, 150.
[159] Penttilä 1953, 49.
[160] Jeannette 1927, 83.
[161] Jeannette 1927, 84.
[162] Jeannette 1927, 85,
[163] Jeannette 1927, 87.
[164] Penttilä 1953, 51.
[165] Hiisivaara 1949, 93, 95.
[166] Jeannette 1927, 89.
[167] Kallio-Visapää 1952, 344–345.
[168] Kallio-Visapää 1952, 347.
[169] Jeannette 1927, 90–91.
[170] Penttilä 1953, 57.
[171] Hiisivaara 1949, 105
[172] Penttilä 1953, 58.
[173] Cervantes 2013, 936.
[174] Penttilä 1953, 14.
[175] Penttilä 1953, 15.
[176] Penttilä 1953, 16.

[177] Järvelä-Kairenius 1955, 170–172.
[178] Järvelä-Kairenius 1955, 172.
[179] Mörne 1952, 37.
[180] Mörne 1952, 129.
[181] Jeannette 1927, 78.
[182] Jeannette 1927, 175.
[183] Jeannette 1927, 176.
[184] Jeannette 1927, 175.
[185] Järvelä-Kairenius 1955, 63.
[186] Salmi 1990, 350. alk. Piero Camporesi: *Il Brodo Indiano*, 1990 (*Exotic Brew*. 1994).
[187] Kallio-Visapää 1952, 251.
[188] Penttilä 1953, 34.
[189] Jeannette: Miten Espanjassa ollaan ja eletään. *Kotiliesi* 1.3.1927, nro 9, 9–10. Kansalliskirjaston digitaaliset aineistot.
[190] Järvelä-Kairenius 1955, 201.
[191] Penttilä 1953, 170.
[192] Hiisivaara 1949, 149–150.
[193] Mörne 1952, 18.
[194] Kostiainen et al. 2004, 238–240.
[195] Penttilä 1953, 131.
[196] Mörne 1952, 19.
[197] Haapakoski 1953, 53.
[198] Mörne 1952, 20–21.
[199] Mörne 1952, 21.
[200] Mörne 1952, 22–23.
[201] Mörne 1952, 24.
[202] Mörne 1952, 24.
[203] Penttilä 1953, 130.
[204] Haapakoski 1953, 24.
[205] Penttilä 1953, 130.
[206] Penttilä 1953, 129.
[207] Haapakoski 1953, 43.
[208] Mörne 1952, 24.
[209] Mörne 1952, 132.
[210] Haapakoski 1953, 29.
[211] Mörne 1952, 26.
[212] Mörne 1952, 27.
[213] Mörne 1952, 32.
[214] Mörne 1952, 33.
[215] Ibid.

[216] Mörne 1952, 40.
[217] Mörne 1952, 203.
[218] Mörne 1952, 204.
[219] Mörne 1952, 16–17.
[220] Haapakoski 1953, 68.
[221] Oppenhejm 1954, 160.
[222] Kostiainen et al. 2004, 100.
[223] Jeannette 1928, 117.
[224] Jeannette 1928, 118.
[225] Hiisivaara 1949, 276.
[226] Ibid.
[227] Kallio-Visapää 1952, 265–266.
[228] Mörne 1952, 68.
[229] Penttilä 1953, 80
[230] Jeannette 1927, 118.
[231] Mörne 1952, 69.
[232] Kallio-Visapää 1952, 267,
[233] Penttilä 1952, 78.
[234] Mörne 1952, 69.
[235] Mörne 1952, 68.
[236] Kallio-Visapää 1952, 268.
[237] Penttilä 1952, 78.
[238] Mörne 1952, 71.
[239] Kallio-Visapää 1952, 275.
[240] Mörne 1952, 74.
[241] Penttilä 1953, 79.
[242] Kallio-Visapää 1952, 264.
[243] Hiisivaara 1949, 283.
[244] Mörne 1952, 67.
[245] Hiisivaara 1949, 283.
[246] Hiisivaara 1949, 284.
[247] Penttilä 1953, 74.
[248] Mörne 1952, 85.
[249] Penttilä 1953, 75.
[250] Jeannette 1928, 118–119.
[251] Mörne 1952, 84.
[252] Kallio-Visapää 1952, 273.
[253] Aikio 1990, 7.
[254] Penttilä 1953, 142.
[255] Mörne 1952, 210–211.
[256] Kallio-Visapää 1952, 299.

[257] Jeannette 1927, 146–147.
[258] Jeannette 1927, 147–148.
[259] Hiisivaara 1949, 246.
[260] Kallio-Visapää 1952, 304.
[261] Kallio-Visapää 1952, 306.
[262] Jeannette 1927, 157.
[263] Jeannette 1927, 155.
[264] Kallio-Visapää 1952, 54.
[265] Hiisivaara 1949, 252.
[266] Mörne 1952, 211.
[267] Jeannette 1927, 150.
[268] Hiisivaara 1949, 253.
[269] Mörne 1952, 212.
[270] Penttilä 1953, 144.
[271] Jeannette 1927, 154.
[272] Penttilä 1953, 144.
[273] Kostiainen et al. 2004, 152–159.
[274] Penttilä 1953, 150.
[275] Kallio-Visapää 1952, 272–273.
[276] Ks. lisää Suomen romanien elämästä 1900-luvun alun Suomessa. Tervonen 2012, passim.
[277] Haapakoski 1953, 45.
[278] Mörne 1952, 155.
[279] Mörne 1952, 156.
[280] Mörne 1952, 157.
[281] Mörne 1952, 158.
[282] Mörne 1952, 164.
[283] Mörne 1952, 216.
[284] Mörne 1952, 217.
[285] Mörne 1952, 218.
[286] Mörne 1952, 219.
[287] Mörne 1952, 222.
[288] Mörne 1952. 238.
[289] Roos 1938, 24.
[290] Roos 1938, 25.
[291] Ibid.
[292] Haapakoski 1953, 28.
[293] Hiisivaara 1949, 31.
[294] Yrjö Kokko: Hyvän tahdon saaret. *Suomen Kuvalehti*, 17.01.1953, nro 3, 15. Kansalliskirjaston digitaaliset aineistot.
[295] Kallio-Visapää 1952, 45.

[296] Penttilä 1952, 37.
[297] Penttilä 1953, 166.
[298] Kallio-Visapää 1952, 22.
[299] Koistinen et al. 2004, 59.
[300] Mörne 1952, 85.
[301] Kallio-Visapää 1952, 174.